El estilo de
Juan Rulfo:
estudio
lingüístico

Bilingual Press/Editorial Bilingüe

Studies in the Literary Analysis of Hispanic Texts

General Editor
Gary D. Keller

Managing Editor
Karen S. Van Hooft

Associate Editor
Isabel C. Tarán

Editorial Board
Stephen Gilman
Juan Goytisolo
Ciriaco Morón-Arroyo
Severo Sarduy
Philip W. Silver
Gonzalo Sobejano
Mario Vargas Llosa
Saúl Yurkievich

Editorial Consultants
Richard S. Haymes
Irwin Stern

Address:

Editorial
Bilingual Press
Department of Foreign Languages
York College, CUNY
Jamaica, New York 11451
212-969-4047/4035

Business
Bilingual Press
552 Riverside Drive Suite 1-B
New York, New York 10027
212-866-4595

El estilo de
Juan Rulfo:
estudio
lingüístico

Nila Gutiérrez Marrone

ISBN: 0-916950-08-5
Printed simultaneously in a softcover edition. ISBN: 0-916950-07-7

Library of Congress Catalog Card Number: 77-93114

Printed in the United States of America

Cover design by Richard S. Haymes

Reconocimiento

Deseo expresar mi sincera gratitud a Irwin Stern por la paciente y cuidadosa lectura de mi manuscrito y sus muchas observaciones y sugerencias, y muy especialmente a Gary D. Keller, cuya generosa ayuda, estímulo y orientación fueron esenciales para la escritura de este libro.

A Joe,
mi siempre alentador
y comprensivo esposo

ÍNDICE

PARTE I: INTRODUCCIÓN

PARTE II: ÍNDICES ESTILÍSTICOS Y SINTÁCTICOS DE LA ORACIÓN RULFIANA

Parte I: Introducción

Estudios generales sobre la obra de Rulfo

Juan Rulfo, uno de los escritores contemporáneos más inaccesibles, ha logrado revolucionar las letras mexicanas con la publicación de sólo dos pequeños libros: su colección de cuentos *El llano en llamas* (1953) y su novela corta *Pedro Páramo* (1955). El alto valor artístico de su obra fue reconocida desde la publicación de su primer libro, aunque muchos de los cuentos incluídos en él ya habían sido publicados individualmente desde 1942 en las revistas literarias *Pan* y, principalmente, *América*.

Carlos Blanco Aguinaga fue uno de los primeros críticos en reconocer la importante significación de la obra rulfiana. En su ensayo "Realidad y estilo de Juan Rulfo", publicado originalmente en 1955, dice:

> Rulfo trae a la prosa mexicana esta subjetividad contemporánea, la angustia del hombre moderno que se siente nacido de la tierra, de un rincón concretísimo de tierra (Dublín, Alabama, Jalisco), y que quisiera agarrarse a ella mientras todo se le desmorona por dentro: la agonía—ya puramente contemplativa—del solitario sin fe para quien todas las cosas que lo rodean son símbolos mudos. . . .Rulfo aparece en las letras mexicanas lleno de la angustia al parecer sin solución del hombre contemporáneo. . .convencido de que hay sueños interiores que no se resuelven ni con el mensaje social ni con la "bola".[1]

En este ensayo, que constituye una de las críticas más perspicaces y valiosas de la obra de Rulfo, afirma Blanco que Rulfo, con sus dos libros: "abre nuevos derroteros para la prosa narrativa mexicana".[2] Es decir, la obra de Rulfo marca una nueva etapa, una renovación de la literatura hispanoamericana en general.

Desde entonces, muchos otros críticos han encontrado en la obra de Rulfo una fuente inagotable de ángulos interpretativos, entre ellos están Hugo Rodríguez Alcalá, Luis Leal, Mariana Frenk, José de la Colina, Luis Harss, Emmanuel Carballo y muchos otros. La mayoría

Estudios generales sobre Rulfo

de estos críticos coincide en opinar que Juan Rulfo es ya un clásico,[3] y que su novela y cuentos se consideran como joyas novelísticas tanto en México como en toda América Latina.[4] Tal vez uno de los mejores testimonios del valor y alcance universal de la obra de Rulfo es el número de idiomas a los que se han traducido *Pedro Páramo* y *El llano en llamas*. De la novela existen traducciones a dieciocho idiomas y de *El llano en llamas* a ocho, según informe del mismo Rulfo,[5] aunque hay quienes alegan que existen traducciones de *Pedro Páramo* a veinticuatro idiomas.[6]

Y junto a los críticos y el público, también han aclamado a Rulfo sus colegas: el escritor uruguayo Mario Benedetti, en 1955, reconoce que la obra de Rulfo coloca a su autor "entre los más equilibrados narradores de Hispanoamérica".[7] Un compatriota de Rulfo, el conocido escritor Carlos Fuentes, expresa su admiración por la obra de Rulfo y hace hincapié en la importancia que ésta tiene no sólo en las letras mexicanas, sino también en el desarrollo de la nueva novela hispanoamericana y la novela mundial:

> La obra de Juan Rulfo no es sólo la máxima expresión que ha logrado hasta ahora la novela mexicana: a través de ella podemos encontrar el hilo que nos conduce a la nueva novela latinoamericana y a su relación con los problemas que plantea la llamada crisis internacional de la novela.[8]

Estudios sobre el estilo de la prosa rulfiana

Uno de los aspectos de la obra de Juan Rulfo que ha llamado la atención desde el principio ha sido su estilo. En su ensayo de 1955, ya Blanco Aguinaga habla sobre el particular estilo de Rulfo y, en forma acertada, pero no muy extensa—se trata de un ensayo de veintiocho páginas—estudia varios de los elementos sobresalientes del estilo rulfiano. Unos años después, en 1959, en un artículo titulado "Edición francesa de *Pedro Páramo*", Alfonso Reyes recalca cuán básico es el estudio del estilo de Rulfo en la apreciación de *Pedro Páramo*. Dice Reyes:

> Una valorización estricta de la obra de Rulfo tendrá que ocuparse, necesariamente, del estilo que este escritor ha logrado manejar en forma tan diestra en su extraña novela.[9]

Desde luego, esta afirmación también puede aplicarse a los cuentos de Rulfo. Junto a Blanco y a Reyes, son muchos los críticos que han hecho comentarios sobre el "vigoroso" y "desnudo" estilo de Rulfo y su magistral uso del lenguaje, pero no se ha realizado todavía un estudio riguroso y sistemático del lenguaje rulfiano (especialmente en sus cuentos), a pesar de la ya voluminosa crítica que existe sobre Rulfo, y de las numerosas tesis doctorales que se ha escrito sobre este autor. Y es precisamente un estudio lingüístico del estilo de Rulfo lo que se propone realizar en esta obra. Pero antes de especificar más sobre el presente plan de trabajo, es necesario resumir los puntos principales de los estudios que existen sobre el estilo de Rulfo.

El profesor Hugo Rodríguez Alcalá, en su libro *El arte de Juan Rulfo*,[10] ofrece uno de los estudios más amplios que existen sobre la obra de Rulfo, aunque está lejos de ser exhaustivo. Este libro se ocupa principalmente de la novela *Pedro Páramo* y contiene además estudios limitados de cuatro de los cuentos de *El llano en llamas* ("En la madrugada", "No oyes ladrar los perros", "Luvina" y "El llano en llamas"). En su libro, Rodríguez Alcalá estudia aspectos estructurales de *Pedro Páramo*, rechazando la crítica negativa de Rojas Garcidueñas[11] y de Alí Chumacero.[12] Cubre también técnicas narrativas empleadas tanto en *Pedro Páramo*, como en los cuentos arriba mencionados, especialmente aquéllas que conducen a la ambigüedad, rupturas en la secuencia temporal y escasez de información que obliga al lector a participar en la "completación" de la obra. Se ocupa también Rodríguez Alcalá de estudiar bastante a fondo los personajes principales de *Pedro Páramo* y aquellos recursos estilísticos que ayudan a la creación del ambiente, tales como experiencias sensoriales, y uso de *leitmotifs* (que Rodríguez Alcalá llama "temas"), mediante la repetición de términos como lluvia, aire, murmullos, rumores y otros. El lenguaje rulfiano en la obra de Rodríguez Alcalá se investiga sólo en forma tangencial y de pasada, sin enfocarse directamente en él, ni estudiárselo como tal.

Son muchos los estudios cortos que se han hecho sobre diversos aspectos de la obra de Juan Rulfo, siendo el tema favorito de muchos de ellos la estructura de *Pedro Páramo* y las técnicas narrativas tanto de esta novela como de cuentos individuales de *El llano en llamas*.[13] Pero aparte del libro de Rodríguez Alcalá, existe sólo otro estudio largo publicado sobre *Pedro Páramo*. Me refiero al libro de George Ronald Freeman, *Paradise and Fall in Rulfo's "Pedro Páramo": Archetype and Structural Unity*,[14] que es una reproducción de su tesis doctoral "Archetype and Structural Unity: The Fall-from-Grace in Rulfo's *Pedro Páramo*".

El logrado trabajo de Freeman, que se ocupa exclusivamente de la novela de Rulfo, ofrece un estudio amplio de las imágenes en *Pedro*

Sobre el estilo de Rulfo

Páramo. Mediante la profundización de la imaginería de la novela, Freeman descubre el tejido estructural que corrobora su tesis de que el tema central de *Pedro Páramo* es "la caída de gracia", cuya clave está en la pareja de hermanos incestuosos. Freeman, al comienzo de su tesis, menciona que las imágenes en *Pedro Páramo* habían sido entonces muy poco estudiadas. Otro tanto puede decirse de las imágenes de *El llano en llamas*.

Entre las obras no publicadas sobre Juan Rulfo se encuentra un considerable número de tesis doctorales (incluídas en la bibliografía adjunta)[15] que tratan de varios aspectos de la obra de Rulfo, pero que no añaden mayormente nada nuevo a la crítica existente sobre *Pedro Páramo* y *El llano en llamas*, con la excepción de la tesis de Arthur Ramírez.[16] Esta tesis cuenta con una extensa bibliografía sobre las obras de Rulfo y crítica sobre ellas, y ha sido una fuente importante para la bibliografía compilada para el presente trabajo. Arthur Ramírez fue uno de los privilegiados a quienes Juan Rulfo no sólo accedió a verlo y a conversar con él, sino que le proporcionó valiosos datos sobre otros aspectos de su obra, aparte de sus libros *Pedro Páramo* y *El llano en llamas*. La tesis de Ramírez cubre no sólo el estudio de la novela y los cuentos de *El llano en llamas*, sino también los cuatro cuentos ("El día del derrumbe", "La herencia de Matilde Arcángel", "Un pedazo de noche" y "La vida no es muy seria en sus cosas") y fragmentos ("Un cuento" y "Los murmullos") publicados separadamente en revistas literarias. Aunque por el título de la tesis de Ramírez parecería que la mitad de ella está dedicada al estudio del estilo de Rulfo (en tanto a lenguaje), en realidad más del ochenta por ciento consiste en un estudio de las técnicas narrativas tanto de *Pedro Páramo* como de los cuentos de Rulfo. Ramírez incorpora en su tesis las opiniones de prácticamente todos los críticos que han escrito sobre este tema, y las amplía, tratando no sólo el punto de vista narrativo y función del tiempo sino también haciendo un detallado análisis de las técnicas de comienzo y fin de cada uno de los cuentos y la novela, la estructura de cada obra y técnicas de cada caracterización. Sólo una pequeña parte de esta tesis está dedicada al estilo de la prosa de Rulfo. Una vez más, Ramírez recoge los comentarios de otros críticos sobre el estilo de Rulfo, especialmente de Blanco Aguinaga y Rodríguez Alcalá y los amplía un poco, pero, como esta tesis no pretende enfocar en el estudio del lenguaje rulfiano, queda éste sin estudiarse en forma amplia.

Detalle de publicación de las obras de Rulfo

Al hablar de la obra de Rulfo, hasta el momento, me he referido solamente a su novela *Pedro Páramo* y los cuentos recopilados en el libro *El llano en llamas*, primera edición del Fondo de Cultura Económica de 1953, que contiene quince cuentos: "Macario", "Nos han dado la tierra", "La Cuesta de las Comadres", "Es que somos muy pobres", "El hombre", "En la madrugada", "Talpa", "El llano en llamas", "¡Diles que no me maten!", "Luvina", "La noche que lo dejaron solo", "Acuérdate", "No oyes ladrar los perros", "El paso del Norte", y "Anacleto Morones". La segunda edición, corregida y aumentada, de 1970, excluye el cuento "El paso del Norte" e incluye los cuentos "El día del derrumbe" y "La herencia de Matilde Arcángel". Existen también otras publicaciones de *El llano en llamas*, como la edición conjunta de *Pedro Páramo* y *El llano en llamas* de la Editorial Planeta (Barcelona) de 1969, que incluye tres cuentos más (a los quince de la primera edición de Fondo de Cultura Económica: "El día del derrumbe", "Un pedazo de noche" y "La herencia de Matilde Arcángel).

Como se ha visto, la mayoría de los cuentos de Rulfo se publicaron en forma de libro en 1953, pero la cronología de la publicación original de algunos de los cuentos es la siguiente:

"La vida no es muy seria en sus cosas", *Pan*, 1942.
"Nos han dado la tierra", *Pan*, 1945.
"Macario", *América*, 1948.
"La Cuesta de las Comadres", *América*, 1948.
"Talpa", *América*, 1950.
"El llano en llamas", *América*, 1950.
"¡Diles que no me maten", *América*, 1951.
"Los murmullos", *Revista de la Universidad de México*, 1954.
"Un cuento", *Las Letras Patrias*, 1954.
"El día del derrumbe", *México en la Cultura*, 1955.
"La herencia de Matilde Arcángel", *Cuadernos Médicos*, 1955.
"Un pedazo de noche", *Revista Mexicana de Literatura*, 1959.

La obra de Rulfo no es tan reducida como generalmente se asume, si se toma en cuenta los guiones cinematográficos que escribió Rulfo y que se enumeran más abajo. Y si el autor no tuviera el hábito de destruir muchas de sus obras que, según él, no llenan los exigentes requisitos de alto valor artístico que él requiere de su producción, posiblemente sería bastante voluminosa. Y aunque tal vez Rulfo hizo bien en destinar al canasto el producto de sus primeros intentos de escritor, como la voluminosa y aparentemente cursi novela *El hijo del desconsuelo,* que comenzó a escribir en 1937,[18] hay evidencia de que el excesivo celo en cuanto a la calidad artística de Rulfo, lo impulsa a destruir y reescribir sus trabajos en forma casi obsesiva. Muchos de sus valiosos cuentos tal vez hubieran sufrido la misma suerte que su novela de 1937, si no hubiera sido por la intervención de alguna persona iluminada, como en el caso de "La Cuesta de las Comadres", que el editor de la revista *América* salvó de ir a parar a la basura.[19] Aparte de los libros *Pedro Páramo* y *El llano en llamas,* los cuentos sueltos, "El día del derrumbe", "La herencia de Matilde Arcángel",[20] "Un pedazo de noche" y "La vida no es muy seria en sus cosas" y los fragmentos "Un cuento" y "Los murmullos", Rulfo ha escrito los siguientes guiones cinematográficos: *El despojo, El gallo de oro, La tormenta secreta* y *Maya,* éste último basado en el *Popul Vuh* y el *Chilam Mayan.*[21] La crítica, hasta el momento, no se ha ocupado en absoluto de estos guiones.

Desde la última publicación de Rulfo en 1959 del cuento "Un pedazo de noche", él ha anunciado en repetidas ocasiones la publicación de una novela que se llamaría *La cordillera* y que Rulfo planeaba publicar en 1963. Esta novela trataría sobre varias generaciones de la vida de una familia jalisciense.[22] Parece que ahora ese proyecto está cancelado, tal vez debido a la similitud temática de *Cien años de soledad* de Gabriel García Márquez. También anunció Rulfo la publicación, en 1969, de otro volumen de cuentos con temas de la ciudad, que él ahora ya conoce a fondo, que se llamaría *Los días sin floresta,*[23] pero de este libro todavía no publicado tampoco habla Rulfo, ni desea tratar más el tema de nuevas publicaciones con nadie. En 1970, le dijo Rulfo a Dimas Lidio, obviamente herido por estos anuncios que no se materializan:

> Proyectos siempre hay, usted sabe. El problema es que nada se hace. Pero mejor no hablemos de eso. Tantas veces se ha dicho que publicaré una novela o un libro de cuentos, que ya parece cosa de risa. Lo que sí le diré es que. . .nunca he dejado de escribir. He dejado de publicar, pero nunca dejado de escribir.[24]

Hay quienes opinan que "en Rulfo la autocrítica ha llegado a ser tan severa, ante su propia fama, que el vertedero de su mano no se puede abrir para dejar correr la pluma nuevamente."[25] Y sea cual fuere la razón por la que Rulfo no publica en tantos años, creo que lo importante del caso, y de lo que debe ocuparse la crítica, es que este autor ya ha producido dos libros que constituyen dos de las obras más destacadas de la literatura hispanoamericana.

George Freeman apunta que entre los aspectos de la obra de Rulfo que han sido totalmente descuidados por los críticos y que merecen atención, están el establecimiento de un texto crítico de *Pedro Páramo*[26] y un estudio a fondo de las influencias literarias en Rulfo, que vaya más allá del estudio realizado por James East Irby[27] sobre la influencia de Faulkner en cuatro escritores hispanoamericanos, siendo Rulfo uno de ellos. Freeman no lo sugiere, pero también hace mucha falta un texto crítico de los cuentos de *El llano en llamas*. Freeman hace un cotejo de varias ediciones de *Pedro Páramo* y encuentra una serie de discrepancias textuales consistentes tanto en alteraciones en división de secciones así como en cambios de léxico y sintaxis. Mientras que algunas alteraciones, considera Freeman, no son significativas, por tratarse de simples cambios de un término por otro (como "así les dicen" por "así les nombran"), hay otras que son serias, como la falta de división entre dos secciones originalmente separadas, que anulan la sensación de circularidad de la primera.[28] Durante una entrevista que Rulfo concedió a Arthur Ramírez, Rulfo indicó que él hizo pequeños cambios léxicos y correcciones ortográficas y de puntuación de una edición de *Pedro Páramo* a otra, pero señaló que Fondo de Cultura Económica no siempre le provee las pruebas antes de imprimir una nueva edición y que con frecuencia esa empresa editora realiza cambios arbitrarios de léxico y divisionales. Rulfo se negó a señalar alguna edición de *Pedro Páramo* como la aprobada por él.[29]

Propósito y desarrollo

Por la exposición arriba presentada de los estudios realizados sobre el lenguaje rulfiano, queda establecido que éste es otro de los aspectos todavía no estudiados en forma sistemática y directa, aunque sí tocado repetidas veces en forma tangencial. Este estudio se propone realizar un detallado análisis del estilo de Juan Rulfo en *El llano en llamas* a través de un extenso análisis lingüístico del lenguaje que utiliza el autor, desde los siguientes puntos de vista: 1) sintáctico, 2) análisis morfosintáctico y léxico, y 3) uso del lenguaje popular. Aunque este estudio enfoca principalmente en los cuentos de *El llano en llamas*, se harán referencias constantes a aspectos del lenguaje rulfiano en *Pedro Páramo*, obra que constituye parte importante de este estudio.

1)Análisis sintáctico: Los preceptos básicos de la teoría de la gramática transformacional generativa de Noam Chomsky[30] establecen que la estructura sintáctica del lenguaje tiene dos niveles: uno de "profundidad" (o "subyacente")—la lógica representación del significado—y otro de "superficie"—lo que oímos o vemos en forma escrita. Ambos están relacionados por medio de una serie de transformaciones posibles que preservan el significado original. Como indica Richard Ohmann en su artículo "Generative Grammars and the Concept of Literary Style",[31] dado que cada autor tiene a su disposición un gran número de patrones transformacionales para expresar determinada estructura profunda, la selección y combinación que el autor haga de ellas constituye su estilo. Yo me propongo estudiar los patrones transformacionales que son característicos de la prosa de *El llano en llamas* y *Pedro Páramo* y cómo se relacionan éstos con el *Weltanschauung* del autor. Esta sección sintáctica se dividirá en dos partes: la primera constituirá un estudio comparativo del estilo sintáctico de trozos de las siguientes obras: *Pedro Páramo, La Regenta* de Clarín y *Cien años de soledad* de Gabriel García Márquez. Este método comparativo pondrá en relieve la diversa selección de reglas transformacionales por parte de estos autores, con el fin de conseguir diferentes efectos estéticos, así como la peculiar visión del mundo de los mismos, que los impulsa a elegir un tipo de construcción sintáctica en lugar de otra. Se agregará también un breve estudio estadístico y una comparación del modo narrativo de estos tres trozos, que servirán para complementar y respaldar los resultados del estudio sintáctico.

Como la primera parte de esta sección trata de un estudio comparativo y limitado a una selección arbitraria de trozos que sirven de muestras, la segunda parte de esta sección se ocupará de un estudio sintáctico extenso del lenguaje de Rulfo en los cuentos de *El llano en llamas*. Se estudiarán reglas transformacionales preferidas por Rulfo en todo el libro, así como comparaciones del tipo de sintaxis utilizado en cada cuento por exigencias temáticas.

2) Análisis morfosintáctico y léxico: Aquí se estudiarán el léxico de Rulfo y el uso de varios elementos de la oración. La utilización de sustantivos con fines simbólicos, como contraste; deshumanización por medio del sustantivo "cosa"; uso de sustantivos que designan animales con el fin de animalizar, y otros. Se verá la limitación en el uso de adjetivos y el efecto que produce en la prosa rulfiana; tipos de adjetivos preferidos y otras formas adjetivales usadas y sus propósitos. Se hará una comparación de dos textos de Rulfo ("El cuento" y "Los murmullos" con trozos de *Pedro Páramo*) para observar la cuidadosa sustitución de términos semánticamente débiles para reemplazarlos con otros cargados de significado. Se estudiarán usos pronominales con fines de caracterización y para establecer relaciones de

poder y clase entre dos individuos de dos clases sociales distintas; entre dos generaciones y entre familiares; y el uso del pronombre impersonal para expresar alienación. También se investigarán la preferencia en los tiempos verbales; la utilización de verbos con fines simbólicos; el uso de verbos de duda para reflejar ambigüedad; el uso de perífrasis verbales.

En esta sección también se estudiará el uso de diminutivos como recurso estilístico. Aquí se seguirá la división de diminutivos conceptuales y axiológicos de Amado Alonso, y se estudiarán principalmente los diminutivos axiológicos, por su mayor valor estilístico. Se analizará la función de diminutivos en sus diversos niveles: para imitar el lenguaje popular; para fines de caracterización de personajes; para dar énfasis; para establecer clases sociales y otros.

3)En esta sección se estudiarán los recursos de lo que se vale Rulfo para producir el efecto de utilizar estrictamente un lenguaje popular rural, cuando en efecto se trata de un lenguaje muy trabajado y altamente estilizado del habla campesina. Rulfo ha tenido tanto éxito en su propósito de dar fuerte sabor de lenguaje campesino a su prosa, que ha convencido no sólo al público en general, sino también a algunos críticos cándidos de que sus obras reproducen fielmente el habla del pueblo. Mediante una comparación del cuento "El llano en llamas" y el capítulo "Luchando con Zapata" del libro *Pedro Martínez* de Oscar Lewis,[32] se pondrán en relieve los recursos de que se vale Juan Rulfo para crear la ilusión de que sus personajes hablan exactamente como los campesinos de Jalisco. Para esta comparación se han estudiado los textos de tres libros: *Juan Pérez Jolote, biografía de un tzotzil,*[33] *Pedro Martínez,* y *Los hijos de Sánchez,*[34] pero se han descartado el primero y el último, el uno por tratarse de un campesino cuyo idioma materno no es el español y el otro por referirse a lenguaje de ciudad. *Pedro Martínez* ofrece la prosa que se acerca más a una transcripción del lenguaje oral del campesino jaliciense, aunque en efecto se trata de un campesino que proviene de Morelos, un estado mexicano vecino a Jalisco. Los aspectos que se estudiarán en la comparación de estos textos serán: sintaxis, predilección léxica, uso de términos regionales, uso del diminutivo, uso de recursos retóricos y otros.

Parte II: Indices estilísticos y sintácticos de la oración rulfiana

Capítulo I: Análisis estilístico comparativo

La crítica impresionista del estilo literario

Con el fin de obtener un contraste estilístico diacrónico y otro sincrónico, para esta primera parte del estudio sintáctico se han tomado trozos de la prosa de *Pedro Páramo* y también de *La Regenta* de Leopoldo Alas y de *Cien años de soledad* de Gabriel García Márquez. Así se tiene en Rulfo (1918-) y García Márquez (1928-) dos exponentes óptimos del realismo mágico hispanoamericano de nuestro siglo por un lado, y por otro, a un escritor del siglo XIX, Clarín (1852-1901), sobresaliente miembro de la llamada segunda generación realista española.

A continuación se citan unos cuantos de los muchos comentarios de tipo "impresionista" que se han hecho sobre el estilo de la prosa de los tres escritores que nos ocupan—citas que servirán de punto de partida de esta sección.

Sobre un párrafo de *La Regenta:*

> Los rasgos poéticos que se pretenden lograr. . .escapan al lector por el *tono seco y frío* con que se reúnen los elementos paisajistas. . . .[1]

Sobre dos obras de Clarín:

> En estas dos novelas se advierte el contraste entre la duda y la fe, sensibilidad e intelectualismo, bondad y maldad, realidad e idealismo. En general ambas novelas se parecen por la *plasticidad,* la *precisión* y el *colorido* de su temática y la exposición descriptiva del *elemento vital* que ambas *despiden* con *luz* y carácter propio.[2]

Sobre la prosa de Rulfo:

> . . .un escritor en pleno dominio de su arte, dueño de una técnica efica-

císima, una de cuyas notas más sobresalientes es la *parquedad* estilística. Esta *parquedad* se nos manifiesta ora *como economía de medios expresivos*. . .ora como un *laconismo* propio de sus personajes.[3]

El estilo es tan *escueto* como sus paisajes. Lo marcan la *disciplina* y la *economía*.[4]

Sobre *Cien años de soledad:*

Porque la última paradoja que revela el análisis de ésta [la novela] : *el humor y la felicidad del estilo*, la *vitalidad* y *rapidez* de la obra, su magia y su fábula. . . .[5]

Sobre un párrafo de García Márquez:

La *sobriedad descriptiva* que denotan esos dos ejemplares trozos de prosa escogidos entre una plétora de otros igualmente característicos, *la parsimonia y sequedad del lenguaje*. . . .Sería difícil averiguar si acaso se manifieste en tales ejemplares una pasión innata por *la mesura, la observación exacta* y *la parquedad del léxico*. . . .[6]

Es contra este tipo de crítica "impresionista" generalizada, imprecisa, que muchos críticos contemporáneos, que cuentan con una sólida formación en lingüística, han reaccionado en forma enérgica. Aunque no todos recomiendan el mismo método lingüístico descriptivo, todos ellos insisten en un mayor rigor analítico. Entre ellos están Richard Ohmann, Michael Riffaterre, Roman Jakobson, Louis T. Milic y muchos otros. Curtis W. Hayes, por ejemplo, rechaza descripciones como *grand, majestic, direct,* similares a los términos subrayados arriba, por considerarlos meras etiquetas subjetivas, que no dicen nada sobre el estilo de tal o cual autor, sino más bien describen la impresión que estos críticos han recibido de la lectura en cuestión. El análisis estilístico, afirma Hayes, debe ir mucho más allá de poner etiquetas.[7] H. G. Widdowson anota que el crítico literario que utiliza una terminología impresionista, supone erróneamente que todos los lectores comparten su misma intuición hacia la obra literaria.[8]

Debe aclararse que, al insistir en un mayor rigor analítico del estilo literario, no se intenta sustituir la crítica más tradicional o la intuitiva[9] con el análisis lingüístico, sino más bien utilizar éste como un instrumento valioso que contribuya a iluminar o explicar aspectos no aclarados satisfactoriamente por otro tipo de crítica, o tal vez describirlos con mayor precisión. Por ejemplo, Walker Gibson empieza su ensayo sobre "Styles and Statistics" con esta cita:

A recognition of the dual and complementary value of intuitive judgement of language use on the one hand, and the more objective techniques of description of language phenomena which modern linguis-

Análisis estilístico comparativo

tics makes available on the other, is necessary and indeed fundamental to this view of stylistic study.[10]

En este estudio, mediante el análisis lingüístico de trozos de la prosa de *La Regenta, Pedro Páramo,* y *Cien años de soledad,* se tratará de establecer en qué consiste la "profusidad" y "reiteración" del estilo de Alas, la "parquedad" y el "laconismo" de la prosa de Rulfo, y el "humor" y "vitalidad" del estilo de García Márquez, mientras se comparan y contrastan estos estilos.

Análisis sintáctico: Clarín, Rulfo, García Márquez

El primer método de análisis lingüístico a utilizarse será el sintáctico, basado en la teoría de la gramática transformacional generativa de Noam Chomsky.[11] Se utilizará luego una breve información estadística con fines de establecer peculiaridades estilísticas, y finalmente se hará un examen más general de los trozos, utilizando terminología lingüística más tradicional, así como análisis de las figuras retóricas más prominentes, para complementar y respaldar las conclusiones del análisis sintáctico. Richard Ohmann, uno de los críticos que con mayor entusiasmo y éxito ha adoptado el análisis lingüístico basado en la gramática transformacional generativa (GTG), afirma que el análisis sintáctico, aunque básico en un análisis estilístico, no ofrece un cuadro total, y es muy importante un estudio de otros aspectos estilísticos, tales como imaginería, tropos, etc., que están fuera de la GTG.[12] Por otra parte, la GTG está todavía en un período de cambio y de momento no cubre aún todas aquellas áreas del estudio estilístico que pudiera hacerlo, principalmente porque los lingüistas no se han ocupado casi nada del estilo literario.

Cabe aclarar aquí, que el término estilo, en literatura, puede abarcar muchos otros aspectos, además de los mencionados por Ohmann, que están fuera del alcance del análisis lingüístico (de la GTG o cualquier otro), tales como temas, argumento, estructura, tipos de personajes, género literario y otros más. Para este estudio, seguimos la definición de estilo de Richard Ohmann: "A style is a characteristic use of language."[13] Explica más adelante el profesor Ohmann:

> . . .the idea of style implies that words on a page might have been differently arranged, without a corresponding difference in substance. Another writer might have said it another way.[14]

Nótese que Ohmann no alega que el significado queda intacto, al cambiarse la forma que lo contiene, pero la substancia sí.[15]

Antes de iniciar nuestro análisis sintáctico[16] se debe anotar que al aplicar la GTG al análisis de textos literarios en español se tropieza con una serie de dificultades. Por ejemplo, mientras abundan los textos de GTG aplicados al idioma inglés (varios de ellos a literatura), hay poquísimo aplicado al idioma español.[17] Por este motivo, prácticamente no existen transformaciones que se hayan desarrollado para el idioma español desde el punto de vista del español y sus peculiaridades. El libro de Roger L. Hadlich,[18] aunque bastante elemental, es una excepción en el campo. En cuanto a versiones españolas sobre la GTG, las traducciones hechas por Carlos P. Otero[19] y Helen Contreras[20] son pioneras en el mundo lingüístico hispánico. La mayoría del vocabulario descriptivo usado aquí para el análisis sintáctico procede de estos dos libros.

Uno de los más importantes elementos de la GTG para el estudio del estilo es el hecho que cuenta con el llamado componente transformacional. Este componente consta de una serie de reglas que eliden, reemplazan, insertan o trasladan elementos sintácticos. El tipo de transformaciones que elige un escritor para expresarse, determinará, en gran medida, su estilo, la "sencillez" o "complejidad" de su prosa.[21]

Los tres trozos a analizarse desde el punto de vista sintáctico provienen de la primera página de cada una de las tres novelas que nos ocupan: *La Regenta,*[22] *Pedro Páramo,*[23] y *Cien años de soledad.*[24] El primero de los textos es de Clarín:

> La heroica ciudad dormía la siesta. El viento sur, caliente y perezoso, empujaba las nubes blanquecinas que se rasgaban al correr hacia el norte. En las calles no había más ruido que el rumor estridente de los remolinos de polvo, trapos, pajas y papeles, que iban de arroyo en arroyo, de acera en acera, de esquina en esquina, revolando y persiguiéndose, como mariposas que se buscan y huyen y que el aire envuelve en sus pliegues invisibles. Cual turbas de pilluelos, aquellas migajas de la basura, aquellas sobras de todo, se juntaban en un montón, parábanse como dormidas un momento y brincaban de nuevo sobresaltadas, dispersándose, trepando unas por las paredes hasta los cristales temblorosos de los faroles, otras hasta los carteles de papel mal pegados a las esquinas, y había pluma que llegaba a un tercer piso y arenilla que se incrustaba para días, o para años, en la vidriera de un escaparate, agarrada a un plomo (pág. 7).

Si se reescribe este trozo, revirtiendo tres reglas transformacionales ampliamente usadas por Clarín (elisión de verbo copulativo,[25] transformación de cláusula relativa,[26] y reducción por conjunción,[27]) se verá claramente el importante papel que ellas desempeñan en la formación de la prosa de Leopoldo Alas:

> La ciudad dormía la siesta. La ciudad era heroica. El viento era

13

Análisis estilístico comparativo

sur. El viento era caliente. El viento era perezoso. El viento empujaba las nubes. Las nubes eran blanquecinas. Las nubes se rasgaban. Las nubes corrían hacia el norte. No había más ruido en las calles que el ruido del rumor de los remolinos. El rumor era estridente. Los remolinos eran de polvo. Los remolinos eran de trapos. Los remolinos eran de papeles. Los remolinos iban de arroyo en arroyo. Los remolinos iban de acera en acera. Los remolinos iban de esquina en esquina. Los remolinos iban revolando. Los remolinos iban persiguiéndose. Los remolinos eran de mariposas. Las mariposas se buscan. Las mariposas huyen. El aire envuelve a las mariposas en sus pliegues. Los pliegues del aire son invisibles. Aquellas migajas eran de basura. Las migajas eran sobras de todo. Las migajas eran como turbas de pilluelos. Las migajas estaban dispersándose. Las migajas estaban trepando por unas paredes hasta los cristales. Los cristales eran de los faroles. Los cristales estaban temblorosos. Otras migajas llegaban hasta los carteles. Los carteles eran de papel. Los carteles estaban mal pegados a las esquinas. Una pluma llegaba a un tercer piso. Una arenilla se incrustaba para días. Una arenilla se incrustaba en la vidriera para años. La vidriera era de un escaparate. La arenilla se agarraba a un plomo.

Con la reversión de sólo tres reglas transformacionales, la prosa de Clarín queda irreconocible. Las conjunciones y el relativo "que" han desaparecido, quedando en su lugar oraciones independientes. La formación copulativa adjetival ha reemplazado a la elidida. Muchas de las oraciones son ahora oraciones hormas, o están a un paso de serlo.

El uso constante de la conjunción y el relativo ayudan al rítmico fluir de la prosa de Clarín, imitando el movimiento que imparte el viento en el cielo (las nubes) y en la tierra (remolinos de basura). El gran recargamiento adjetival, que podría haber creado una prosa pesada y lenta, se ve contrarrestado por la construcción conjuntiva y relativa. Además, algunos de los adjetivos son de movimiento (sobresaltadas, temblorosos). Esta ligereza que refleja el impulso que da el viento, se ve altamente realzada por el uso de verbos de acción en una efectiva combinación de tiempos verbales: imperfecto: *empujaba, rasgaban, iban, brincaban, llegaban, juntaban, incrustaban;* infinitivo: *correr;* gerundios: *revolando, persiguiéndose, dispersándose, trepando;* presente del indicativo: *buscan, huyen, envuelve.* Las frases adverbiales se asemejan a los brincos que dan los remolinos propulsados por el viento: *de arroyo en arroyo, de acera en acera* y *de esquina en esquina.*

Al desarmarse la estructura de las largas oraciones típicas de la prosa de Alas, es obvio que el escritor recurre mucho a la inserción de oraciones y frases. Las construcciones sintácticas de oraciones compuestas pueden formarse con inserciones laterales (a la derecha o a la izquierda) o con inserciones centrales.[28] Las inserciones a la derecha o la izquierda son de mucho más fácil comprensión y retención y no cansan al oyente, aun cuando se añadan varias inserciones a ambos lados; sin embargo, las inserciones centrales tienden a depender demasiado de la memoria y cansarla. Aun relativamente poca inserción central tiende a retrasar la lectura considerablemente.[29] A pesar del largo de las oraciones en la prosa de Clarín y del considerable recargamiento del detallismo adjetival, ellas no son de difícil comprensión, porque el escritor distribuye sus inserciones entre laterales y centrales. Las centrales y las izquierdas son generalmente frases adverbiales o adjetivales, mientras que las derechas son del tipo de la cláusula relativa: *remolinos que. . ., mariposas que. . ., pluma que. . ., arenilla que. . . .*

La marcada preferencia en la utilización de determinadas transformaciones, afirma Ohmann acertadamente, refleja la orientación conceptual del artista, su manera preferida de organizar la experiencia.[30] La prosa de Clarín refleja una visión coleccionadora y catalogadora de la realidad, donde el mundo material objetivo juega un papel muy importante. De allí que la profusión de adjetivos y sustantivos, el uso de conjunciones y cláusulas relativas sean de primordial importancia para expresar esa realidad objetiva cuidadosamente observada y catalogada. Por ejemplo, la cláusula principal de la segunda frase "el viento empujaba las nubes" se ve, diremos así, delicadamente bordada con adjetivos, cláusulas relativas y frases adverbiales que indican precisamente de qué dirección procedía el viento (sur); sus características termales (caliente); su velocidad (lenta, expresada en forma personificada: perezoso); de qué color eran las nubes (blanquecinas); qué efecto causaba el empujón del viento en las nubes (se rasgaban); hacia dónde corrían las nubes (norte). En la tercera oración, no sólo se catalogan los elementos de que estaba formada la basura (polvo, trapos, paja, papeles, y más adelante, arenilla, pluma), y a quiénes se parecían esos elementos basurales (a pilluelos, a mariposas, a migajas), sino que inclusive exactamente por dónde iban impulsados por el viento (arroyo, aceras, esquinas, vidrieras).

Nuestro segundo trozo a analizar es de Juan Rulfo:

> Vine a Comala porque me dijeron que acá vivía mi padre, un tal Pedro Páramo. Mi madre me lo dijo. Y yo le prometí que vendría a verlo en cuanto ella muriera. Le apreté sus manos en señal de que lo haría; pues ella estaba por morirse y yo en un plan de prometerlo todo. —No dejes de ir a visitarlo—me recomendó. Se llama de este modo y de este

15

otro. Estoy segura de que le dará gusto conocerte.— Entonces no pude hacer otra cosa sino decirle que así lo haría, y de tanto decírselo se lo seguí diciendo aún después que a mis manos les costó zafarse de sus manos muertas (pág. 7).

La reescritura resulta así:

Vine a Comala porque *me dijeron que mi padre vivía acá.* Mi padre era un tal Pedro Páramo. Mi madre me lo dijo. *Yo le prometí que vendría a* verlo en cuanto ella muriera. Le apreté sus manos en *señal de que lo haría;* pues ella estaba por morirse. Yo estaba en un plan de prometerlo todo. No dejes de ir a visitarlo—me recomendó. Se llama de este modo. Se llama de este otro. *Estoy segura de que le dará gusto* conocerte. Entonces no pude hacer otra cosa sino *decirle que así lo haría.* De tanto decírselo se lo seguí diciendo aún *después que* a mis manos les costó trabajo zafarse de sus manos. Sus manos estaban muertas.

Como se ve, el revertir las reglas de reducción por conjunción, elisión de verbo copulativo y transformación de la cláusula relativa no ha hecho variar mucho la prosa de Rulfo. Todavía queda mucho del sabor rulfiano. Y esto es básicamente porque Rulfo no depende mucho de esas tres reglas, sino de varias otras más. También se ha revertido aquí la regla de elisión de la frase nominal equivalente,[31] pero ello tampoco ha producido un cambio dramático, porque se la usa una sola vez. Nótese además que las oraciones resultantes en la reescritura siguen siendo complejas y están lejos de su forma horma. La explicación de la complejidad de la prosa de Rulfo radica en el uso de una gran variedad de elementos sintácticos, sin depender mucho de unos pocos. Tal vez la estructura más usada es la subordinación nominal,[32] que no ha sido revertida, sino subrayada en la reescritura. Esta construcción tiene la apariencia de la construcción relativa porque usa la palabra "que", pero es enteramente distinta. El "que" de la construcción relativa es un pronombre, mientras que el "que" de la subordinación nominal es una palabra vacía de significado, que actúa de marcador de la inserción de otra oración.

Rulfo utiliza inserción de cláusulas y frases laterales casi exclusivamente, lo cual ayuda a producir la sensación de "sencillez" y "cortedad" de su prosa, aun cuando se trata a veces de oraciones bastante largas.[33] Otro aspecto en la prosa de Rulfo que produce el mismo efecto es su escaso uso de adjetivos. Por otra parte, muchas de sus oraciones están conectadas por la conjunción "y", y otros términos conjuntivos como "entonces", "sino", que dividen claramente una oración de otra, realzando su independencia y dándoles mayor claridad. Muchos de estos términos conjuntivos que establecen relaciones causales entre dos proposiciones ("Vine a Comala porque me dijeron. . .") contrastan con el mundo de la novela donde las leyes de casualidad no siempre funcionan. Este contraste es parte de la dualidad que existe a través de toda la novela: paraíso-infierno (ver págs. 24-25). La gran variedad de reglas transformacionales de las que depende la prosa de Rulfo hace eco a la realidad cambiante e imprecisa de la novela, donde las fronteras de lo irreal y lo real han sido borradas.

Una de las importantes características de la prosa rulfiana, sobre la que se tratará más adelante, es la asombrosa capacidad de condensación expresiva que tiene su autor. Por ejemplo, una sencilla frase como "un tal", al referirse Juan Preciado a su padre, dice muchísimo más sobre la enajenada relación entre padre e hijo que la más larga y detallada descripción de la situación. En la prosa de Rulfo queda patente su visión altamente selectiva de la realidad. Rulfo somete el lenguaje de cada una de sus obras a un largo y cuidadoso proceso selectivo, o "poda", como él lo llama, hasta quedarse con aquellas frases que aprisionen un máximo de expresión con un mínimo de palabras.[34]

El último trozo para el análisis sintáctico pertenece a *Cien años de soledad:*

Muchos años *de*spués, frente al pelotón *de* fusilamiento, el coronel Aureliano Buendía había *de* recordar aquella tar*de* remota en que su padre lo llevó a conocer el hielo. Macondo era entonces una al*de*a *de* veinte casas *de* barro y cañabrava construídas a la orilla *de* un río *de* aguas diáfanas que se precipitaban por un lecho *de* piedras pulidas, blancas y enormes como huevos prehistóricos. El mundo era tan reciente, que muchas cosas carecían *de* nombre, y para mencionarlas había que señalarlas con el *de*do. Todos los años, por el mes *de* marzo, una familia *de* gitanos *de*sarrapados plantaba su carpa cerca *de* la al*de*a, y con un gran*de* alboroto *de* pitos y timbales daban a conocer los nuevos inventos. Primero llevaron el imán. Un gitano corpulento, *de* barba montaraz y manos *de* gorrión, que se presentó con el nombre *de* Melquía*de*s, hizo una truculenta *de*mostración pública *de* lo que él mismo llamaba la octava maravilla *de* los sabios alquimistas *de* Macedonia. Fue *de* casa en casa arrastrando dos lingotes metálicos, y todo el mundo se espantó al ver que los cal*de*ros, las pailas, las tenazas y los anafes se caían *de* su sitio, y las ma*de*ras crujían por la *de*sesperación *de* los clavos y los tornillos tratando *de* *de*senclavarse, y aún los objetos perdidos *des*de hacía mucho tiempo aparecían por don*de* más se les había buscado, y se arrastraban en *de*sbandada turbulenta *de*trás *de* los fierros mágicos de Melquía*de*s. "Las cosas tienen vida propia— pregonaba el gitano con áspero acento—, todo es cuestión *de de*spertarles el ánima" (pág. 9) [Los subrayados son míos].

La reescritura de un pequeño trozo resulta en:

> Macondo entonces era una aldea de veinte casas. Las casas eran de barro. Las casas eran de cañabrava. Las casas estaban construidas a la orilla de un río. Las aguas del río eran diáfanas. Las aguas se precipitaban por un lecho. El lecho era de piedras. Las piedras eran pulidas. Las piedras eran blancas. Las piedras eran enormes. Las piedras eran como huevos prehistóricos.

Se ha reescrito sólo un pequeño trozo de la prosa arriba citada, porque es suficiente para ilustrar cómo la reversión de sólo dos reglas transformacionales (elisión de verbo copulativo y reducción por conjunción) cambian la apariencia de la prosa de García Márquez, como en el caso de la prosa de Clarín. Pero mientras que Clarín alterna construcciones conjuntivas con relativas, García Márquez utiliza, en este trozo, considerablemente más la primera. Este marcado uso de la construcción conjuntiva ayuda a la impresión de agilidad y fluidez que tiene la prosa de García Márquez—de ahí que se la haya comparado a un "chorro de palabras".[35] Igualmente, a ello se debe su sabor de narración tradicional, tipo cuento o fábula, donde el narrador va añadiendo, con sencillez y en forma efectiva, nuevos sucesos que él conoce muy bien (". . .y las maderas crujían. . .y los tornillos. . .y los objetos. . .").

Las oraciones de la prosa de García Márquez son bastante largas, pero siempre claras, parte debido a su construcción conjuntiva, y también porque sus inserciones de frases y oraciones son casi siempre laterales. Aun en el caso de la hiperbólica oración que empieza en la página 273 de *Cien años de soledad* y termina en la página 276, la expresión es siempre perfectamente clara. Todo este trozo que consta de 992 palabras, está formado por un gran número de oraciones conjuntivas (contiene 39 conjunciones "y" y varios otros términos conjuntivos), muchas oraciones de construcción relativa y de subordinación nominal, frases exclamativas y frases adverbiales. La larga estructura sintáctica, sin puntos, ayuda mucho a reforzar la idea de interminable cantaleta, como vuelo de moscardón, que da Fernanda a su marido. La hipérbole, utilizada aquí en la sintaxis, se discutirá más adelante por ser un recurso muy favorecido por García Márquez.

Otro recurso muy peculiar en la novela es el uso de la frase perifrástica "haber de", en su forma imperfecta (había de). Esta frase es una especie de *leitmotif* a través de la obra, con la que se introduce escenas del pasado. "Haber de" es una construcción de significación obligativa que ha caído en desuso en el lenguaje hablado, pero que nuestras abuelas usaban mucho, de ahí que tiene un especial sabor a lo añejo. Su utilización como primer verbo de la novela recuerda la fórmula narrativa del comienzo de cuentos fantásticos o fábulas "Dice que había una vez", y establece el mismo tono narrativo fabuloso que se irá confirmando a través de la obra. Gili Gaya indica que "haber de" es la perífrasis verbal obligativa más antigua.[36]

En el trozo analizado, García Márquez muestra una marcada preferencia por una variedad de construcciones sintácticas que contienen la preposición "de". La palabra "de" se repite nada menos que veinticuatro veces. Una de las funciones de esta repetición es, desde luego, aliterativa, si se considera que hay además veinte palabras que contienen sílabas con "de", haciendo un total de cuarenta y cuatro veces que se repite el sonido "de", además de las muchas palabras que contienen la consonante "d" ("Buendía", "recordar", "Macondo" y muchas más). Pero el insistido uso de "de" tiene otras funciones, como la mofa del español, lengua recargada de preposiciones. García Márquez aprovecha también las construcciones adjetivales prepositivas ("lecho de piedras" en lugar de "pedregoso" y "[un gitano] de barba", en lugar de "barbudo") para intercalarlas con los adjetivos directos ("aguas diáfanas", "un gitano corpulento"), haciendo así su prosa más variada. Otras frases prepositivas usadas son: de procedencia ("Alquimistas de Macedonia"); de cantidad ("aldea de veinte casas"); de tiempo ("mes de marzo"); de modo ("desesperación de los clavos"); de propiedad ("fierros mágicos de Melquíades").

García Márquez tiene un dominio perfecto sobre el lenguaje y lo utiliza con gran soltura para expresar su fabulosa capacidad inventiva. Su prosa abunda en adjetivos y sustantivos, pero no al estilo catalogador de Clarín, que desea reproducir con exactitud el mundo físico que lo rodea, sino con el fin de crear ese fantástico mundo que es Macondo; y fantástico lo es, pero encierra en sí la más pura esencia del mundo hispanoamericano en particular y de la existencia humana en general. La facilidad expresiva de este autor y su experta manipulación del lenguaje ha causado impresiones contradictorias sobre su prosa. Por un lado se ha hecho hincapié en su abundancia expresiva ("chorro de palabras") y por el otro se ha recalcado "su prodigiosa condensación".[37] Y la verdad es que el lenguaje de García Márquez tiene de ambas, comparte esa característica mágica del mundo que crea. Así, es un lenguaje muy fluido y copioso, pero a la vez denso. En menos de 350 páginas cubre cien años de la vida de la familia Buendía. A pesar de algunas similitudes entre la prosa de Clarín y la de García Márquez—largo de oraciones, abundante uso de sustantivos y adjetivos—la visión del mundo de este libro es más bien selectiva

Análisis estilístico comparativo

(más cercana a la de Rulfo) que catalogadora como la de Clarín. En la tercera parte de este estudio se tratará más sobre este punto.

Estadística de la oración: Clarín, Rulfo, García Márquez

En varias oportunidades en este ensayo se ha hablado del largo de las oraciones.[38] Para dar una idea algo más precisa de cuán largas en realidad son las oraciones que utilizan los autores que nos ocupan, se ha hecho una breve investigación estadística. Por carecerse del tiempo y medios que se requeriría para una investigación estadística extensiva, se ha procedido de la siguiente manera: se ha tomado la primera oración completa de cada página y contado su número de palabras. Se ha sumado las palabras de todas esas oraciones y dividido por el número de páginas. No se ha separado el lenguaje descriptivo del dialogal por no complicar la investigación y por considerarse que las tres novelas cuentan con ambos tipos de narración y por lo tanto los resultados no alteran el aspecto comparativo. El resultado es el siguiente:

La Regenta
Número total de páginas	670
Número total de palabras (contando sólo la primera oración de cada página)	14.667
Promedio de palabras por oración	21,89

Pedro Páramo
Número total de páginas	123
Número total de palabras (contando sólo la primera oración de cada página)	1.265
Promedio de palabras por oración	10,28

Cien años de soledad
Número total de páginas	343
Número total de palabras (contando sólo la primera oración de cada página)	8.806
Promedio de palabras por oración	25,85

El promedio del largo de las oraciones de Juan Rulfo es, en efecto, mucho menor que el de los otros dos escritores. La mitad del promedio de las oraciones de Clarín y casi una tercera parte del de García Márquez. Pero este promedio de Rulfo sólo vale para su novela; un estudio de la prosa de su cuento "Acuérdate", por ejemplo, daría un promedio de largo bastante mayor al obtenido aquí, ya que el tipo narrativo es distinto, aunque posiblemente nunca igual al largo oracional de García Márquez. El promedio del largo de oraciones de

Clarín es bastante menor que el de García Márquez, pero las oraciones de Clarín dan la impresión de ser más largas que las del otro. Esto se debe básicamente al porcentaje de inserciones centrales que tiene la prosa de *La Regenta*. El resultado presente contradice las afirmaciones de Martín Alonso, que alega que la literatura moderna se deshace de oraciones y párrafos largos.[39] García Márquez aventaja a Clarín tanto en el largo de sus oraciones como en el de sus párrafos.

Aunque el estilo de Rulfo y el de Clarín son muy distintos, ambos escritores favorecen la utilización del punto y coma, mientras que García Márquez, a pesar del largo de sus oraciones, utiliza ese tipo de puntuación extremadamente poco.

Un estudio estadístico más extenso de la prosa de estas tres novelas establecería con mayor precisión el tipo de estructuras sintácticas y de otros elementos lingüísticos predominantes.

Otros componentes estilísticos: Clarín, Rulfo, García Márquez

Al hacerse un estudio estilístico es imperativo referirse, aunque sea brevemente, a ciertos elementos claves del estilo de los autores que nos ocupan, aspectos que están fuera del análisis sintáctico.[40] En los trozos tomados de *La Regenta, Pedro Páramo* y *Cien años de soledad* se presentan tres ciudades o pueblos, uno en cada trozo: Vetusta, Comala y Macondo. Una comparación de la presentación de estos pueblos, así como de tres importantes personajes de estas novelas—Don Fermín, Pedro Páramo y Melquíades—pondrá en relieve algunos de los más importantes recursos estilísticos de estos autores.

Primero trataremos del punto de vista narrativo. La primera pregunta que se hace el lector es ¿quién es el que habla? En *La Regenta*, Clarín no ofrece complicaciones. El narrador omnisciente toma de la mano al lector para mostrarle, como si poseyera ojo mágico, el mayor número posible de los aspectos de la vida vetustense. El narrador no sólo posee la habilidad de una cámara fotográfica, que aprisiona hasta el último detalle de un determinado momento y lugar (Vetusta a la hora de la siesta y en un día ventoso), sino que también conoce otros detalles que están fuera de la observación de un lugar o momento en particular. Es decir, el narrador sabe también detalles íntimos de la vida de sus habitantes, como su tipo de comida: "Vetusta. . .hacía la digestión de cocido y olla podrida" (pág. 7). De la ciudad conoce no sólo su historia arquitectónica

> La torre de la catedral. . .era obra del siglo dieciséis, aunque antes comenzada de estilo gótico. . ." (pág. 7).

Análisis estilístico comparativo

sino hasta el aspecto de su iglesia en distintos momentos del día y en diversas ocasiones. En la noche durante fiestas:

> Cuando en las grandes solemnidades el cabildo mandaba iluminar la torre con faroles de papel y vasos de colores, parecía bien, destacándose en las tinieblas, aquella romántica mole; pero perdía con estas galas la inefable elegancia de su perfil y tomaba los contornos de una enorme botella de champaña. (pág. 8),

en la noche, pero sin fiesta:

> Mejor era contemplarla en clara noche de luna, resaltando en un cielo puro, rodeada de estrellas que parecían su aureola, doblándose en pliegues de luz y sombra. . . (pág. 8).

Con la detallada presentación del ventarrón en Vetusta no sería difícil, para un pintor hacer un cuadro. Ha sido por medio de estos detalles que muchos críticos han creído reconocer a Oviedo oculta bajo el nombre de Vetusta.

Tampoco escatima detalle Clarín al presentar al personaje Don Fermín. De éste nos ofrece una detalladísima descripción de casi centímetro por centímetro de su rostro: cejas, ojos, nariz, pómulos, labios, mentón, tez, etc.:

> Si los pilletes hubieran osado mirar cara a cara a don Fermín, le hubieran visto, al asomar en el campanario, serio, cejijunto, al notar la presencia de los campaneros, levemente turbado, y en seguida sonriente, con una suavidad resbaladiza en la mirada y una bondad estereotipada en los labios. . . . En efecto, su tez blanca tenía los reflejos del estuco. En los pómulos, un tanto avanzados, bastante para dar energía y expresión características al rostro, sin afearlo, había un ligero encarnado que a veces tiraba al color del alzacuello y de las medias. . . . En los ojos del Magistral, verdes, con pintas que parecían polvo de rapé, lo más notable era la suavidad de líquen; pero en ocasiones, de en medio de aquella crasitud pegajosa salía un resplandor punzante, que era una sorpresa desagradable, como una aguja en una almohada de plumas. Aquella mirada la resistían pocos; a unos les daba miedo, a otros asco; pero cuando algún audaz la sufría, el Magistral la humillaba cubriéndola con el telón carnoso de unos párpados anchos, gruesos, insignificantes, como es siempre la carne informe. La nariz larga, recta, sin corrección ni dignidad, también era sobrada de carne hacia el extremo y se inclinaba como árbol bajo el peso de excesivo fruto. Aquella nariz era la obra muerta de aquel rostro todo expresión, aunque escrito en griego, porque no era fácil leer y traducir lo que el Magistral sentía y pensaba. Los labios largos y delgados, finos, pálidos, parecían obligados a vivir comprimidos por la barba, que tendía a subir, amenazando para la vejez, aún lejana, entablar relaciones con la nariz claudicante. . . . La barba, puntiaguda y levantisca, semejaba al candado de aquel tesoro. La cabeza, pequeña y bien formada, de es-

peso cabello negro y recortado, descansaba sobre un robusto cuello, blanco, de recios músculos, un cuello de atleta, proporcionado al tronco y extremidades del fornido canónigo, que hubiera sido en su aldea el mejor jugador de bolos, el mozo de más partido, y a lucir entallada levita, el más apuesto azotacalles de Vetusta (pág. 12).

Pero no sólo se dan abundantes detalles de los rasgos exteriores permanentes del Magistral, sino también se describen con gran meticulosidad los aspectos físicos pasajeros del mismo, como los cambios de su expresión y de color en su rostro y sus ojos, y las precisas fuerzas interiores que producen estos cambios. Más aun, se describe el efecto que las distintas expresiones del rostro de don Fermín causan en otra gente e inclusive sabe el narrador exactamente cómo lucirá el rostro del hombre cuando sea viejo, cómo luciría si se pusiera tal o cual vestimenta y hasta la popularidad que hubiera tenido y el tipo de deporte en que hubiera sobresalido de no haber sido sacerdote.

No se puede dejar *La Regenta* sin mencionar el uso irónico de contrastes que Clarín introduce desde la primera línea de su novela. La ironía de que Vetusta, calificada de heroica, esté entretenida en una actividad totalmente anti-heroica (dormir la siesta), que sugiere flojera y dejadez, se ve reforzada inmediatamente con el hecho de que hasta sus nubes se mueven perezosamente, y luego por la detallada descripción de la basura dispersada por toda la ciudad. Como a Clarín le gusta machacar sus ideas, inmediatamente después nos bombardea con otro contraste irónico sobre la ciudad: Vetusta noble y leal versus Vetusta haciendo la digestión del cocido y la olla podrida.

La lectura de *Pedro Páramo* es totalmente opuesta a la de *La Regenta*. En la primera oración de la novela aparece el nombre del pueblo, "Comala", y el lector sabe que ése es el escenario de acción de la obra porque el verbo "vine" que utiliza el narrador en primera persona implica que se encuentra todavía allí. Pero de momento no sabemos más nada sobre Comala. El narrador ha saltado al pasado para explicar que vino en busca de su padre. Mediante la narración de la escena Juan-madre, Rulfo va preparando al lector en forma casi imperceptible para la entrada al extraño mundo de Comala. Primero está la rara falta de emoción con que se narra la muerte de la madre, y luego, las promesas que el hijo sigue haciendo a la madre ya muerta. Esto nos anticipa las conversaciones de vivos con muertos y muertos entre sí que seguirán después. Hacia mitad de la novela, recién se entera el lector del nombre del narrador, y luego, lo que se creía que era una narración en primera persona, resulta ser parte de un diálogo entre dos muertos (Juan-Dorotea). Es decir, las cosas no son como parecen. Estamos frente a una realidad cambiante.

Con respecto a Comala, sabremos más sólo recogiendo retazos de información aquí y allá de varios de los personajes de la novela a través de su lectura total. Rulfo obliga así al lector a formar un cuadro completo de Comala como si formara un rompecabezas. Y al final, no se tiene una visión única y clara (como de Vetusta), sino que por lo menos dos visiones antitéticas del pueblo.

A través de las conversaciones Juan-Abundio y Juan-Dorotea, se presenta la visión de la Comala infernal. Y son elementos impalpables o abstractos, en su mayoría, los que describen el pueblo: calor sofocante, los ruidos, las sombras, los murmullos, la tristeza, la soledad, el abandono y más que nada aquellos elementos que Comala debería tener y no tiene—ante todo la falta de aire, la bulla de niños que juegan, los pájaros y los árboles:

> ¿Y por qué se ve esto tan triste? (pág. 8).

> Habíamos dejado el aire caliente allá arriba y nos íbamos hundiendo en el puro calor sin aire (pág. 9).

> . . .yo preguntaba por el pueblo que se ve tan solo, como si estuviera abandonado (pág. 11).

> Era la hora en que los niños juegan en las calles de todos los pueblos, llenando sus gritos la tarde. . . .también había visto [en Sayula] el vuelo de las palomas rompiendo el aire quieto, sacudiendo sus alas como si se desprendieran del día. . . .Ahora estaba aquí, en este pueblo sin ruidos (pág. 11).

La visión de Comala-paraíso se presenta a través de los recuerdos de Dolores Preciado y también cuando Pedro Páramo piensa en Susana. Pero no se habla en ningún caso de Comala como pueblo, sino de los campos que la rodean. El cuadro que evoca Dolores también está expresado, en gran parte, por medio de elementos impalpables y pasajeros: olores, movimiento de espigas, rizos de lluvia, la temperatura:

> Llanuras verdes. Ver subir y bajar el horizonte con el viento que mueve las espigas, el rizar de la tarde con una lluvia de triples rizos. El color de la tierra, el olor de la alfalfa y del pan. Un pueblo que huele a miel derramada. . .(pág. 22).

> . . .no sentir otro sabor sino el del azahar de los naranjos en la tibieza del tiempo (pág. 23).

Aparte de estas visiones antitéticas, hay también cuadros intermedios de Comala, por ejemplo, las descripciones del pueblo en días de lluvia, que sirven de *leitmotif* para la introducción de Pedro Páramo en su niñez, y días de cielo gris y amenazante, que aparecen asociados al anuncio de alguna muerte. Pero estos cuadros tampoco dicen más sobre el pueblo. La siguiente cita es una observación muy limitada de un personaje (Pedro de niño) en un momento de lluvia:

> El agua que goteaba de las tejas hacía un agujero en la arena del patio. Sonaba: plas plas y luego otra vez plas, en mitad de una hoja de laurel que daba vueltas y rebotes metida en la hendidura de los ladrillos (pág. 15).

En cuanto a descripción de personajes, Rulfo exige del lector una estrecha colaboración. Mientras Clarín no deja en Don Fermín pelo ni recoveco de su mente sin describir, sobre Pedro Páramo no tenemos más que dos referencias a su estatura corpulenta: "allí estaba él, enorme, mirando la maniobra" (pág. 71) y "el cuerpo enorme de Pedro Páramo. . ."(pág. 109-110). El resto del aspecto físico del cacique lo tendrá que componer el lector. Al igual que sobre el pueblo, sabremos más sobre la personalidad de Pedro Páramo a través de la opinión de los demás, de sus actos y de su vida interior, manifestada mediante sus evocaciones de Susana. Tal vez la mejor descripción que se tiene del hombre es la que da su hijo Abundio: "es un rencor vivo" (pág. 10). Esta sola metáfora, de increíble poder expresivo, parece mostrar al desnudo el alma frustrada y resentida del cacique. Y a pesar de la falta de trazos descriptivos sobre Pedro Páramo, Rulfo crea en él uno de los personajes más completos y memorables de la literatura hispánica moderna. Y es a través de comparaciones que Rulfo aprisiona todo un mundo de significado y en ellas radica mucho de la fuerza poética de su prosa. Rulfo tiene demasiadas y bellísimas comparaciones como para discutirlas aquí, pero baste dar algunos ejemplos. Sobre Comala: "Un pueblo que huele a miel derramada" (pág. 22); sobre el espectro de Eduviges: "su voz estaba hecha de hebras humanas" (pág. 12); sobre Dorotea en el momento de morir: "Sentí cuando cayó en mis manos el hilito de sangre con que [mi alma] estaba amarrada a mi corazón" (pág. 70); sobre la mujer incestuosa: "El cuerpo de aquella mujer hecho de tierra, envuelto en costras de tierra, se desbarataba como si estuviera derritiéndose en un charco de lodo" (pág. 61).

Con García Márquez se vuelve hacia la narración de tipo clásico, pero su falta de dificultades es a veces engañosa. Al autor, de gran sentido de humor, le gusta jugar con el lector, destrozando recursos narrativos gastados. Por ejemplo, al comienzo de la novela, García Márquez parece utilizar el conocido recurso narrativo del *flashback* de un hombre sentenciado a muerte (el coronel Aureliano Buendía) que tiene ante sus ojos todo su pasado en el instante mismo de morir (recuérdese que está "frente al pelotón de fusilamiento"). Se espera que la novela termine, o por lo menos el trozo de *flashback*, con el fusilamiento del coronel, pero no es así. El coronel no solamente no muere fusilado ni tiene una muerte heroica, sino que se muere de puro viejo después de acabar de orinar.

Macondo empieza a ser descrita como si se tratara de un pueblo cualquiera y en el estilo de la novela realista ("aldea de veinte casas de barro y cañabrava"), pero muy poco después nos encontramos con un río cuyo lecho tiene "piedras pulidas, blancas y enormes como huevos prehistóricos". Con este símil, es claro que entramos en un mundo de total fantasía: en primer lugar, nadie ha visto nunca huevos prehistóricos para poder imaginarse el tamaño aproximado de las piedras, y en segundo lugar, las piedras de los ríos no suelen tener la forma de huevos. En la próxima oración, donde se nos informa que en el mundo tan nuevo de Macondo, las cosas no tenían nombre, caemos en cuenta que estamos frente a una parodia del génesis bíblico. Por otro lado, nos recuerda el enfrentamiento del europeo con el nuevo mundo americano, donde en efecto las cosas—o al menos parte de la vegetación y la fauna, por ejemplo—no tenían nombre (europeo) y había que señalarlas.

En la demostración maravillosa de Melquíades se puede observar uno de los recursos favoritos de García Márquez: la hipérbole. Como apunta Gullón, en *Cien años de soledad* hay "una sistemática distorción por la hipérbole que casa bien con el ambicioso designio del autor: crear un mundo que sea el mundo novelesco por excelencia".[42] La exageración de los efectos del imán en otros objetos metálicos tiene resultados muy cómicos: "las maderas crujían por la desesperación de los clavos y los tornillos tratando de desenclavarse. . . ." Melquíades con los lingotes metálicos recuerda al cuento de "La flauta mágica", pero lo cómico y enrevesado del caso es que el efecto de los imanes en los objetos metálicos no es resultado de magia, pero en el mundo al revés que crea García Márquez, sí lo es.

En el trozo citado, aparte de verse al gitano Melquíades en plena acción, hay una breve descripción de su físico, que resulta en un contraste harto cómico y grotesco: la gran estatura y barba desordenada de una figura imponente junto a "manos de gorrión" que sugieren pe-

queñez y delicadeza. Unas páginas después se completa la figura de
Melquíades:

> ...la muerte lo perseguía a todas partes, husmeándole los pantalones,
> pero sin decidirse a darle el zarpazo final. Era un fugitivo de cuantas
> plagas y catástrofes habían flagelado al género humano. Sobrevivió a
> la pelagra en Persia, al escorbuto en el archipiélago de Malasia, a la le-
> pra en Alejandría, al beriberi en el Japón, a la peste bubónico en Ma-
> dagascar, al terremoto de Sicilia y a un naufragio multitudinario en el
> estrecho de Magallanes. Aquel ser prodigioso que decía poseer las cla-
> ves de Nostradamus, era un hombre lúgubre, envuelto en un aura tris-
> te, con una mirada asiática que parecía conocer el otro lado de las co-
> sas. Usaba un sombrero grande y negro, como las alas extendidas de
> un cuervo, y un chaleco de terciopelo patinado por el verdín de los siglos.
> Pero a pesar de su inmensa sabiduría y de un ámbito misterioso,
> tenía un peso humano, una condición terrestre que lo mantenía enre-
> dado en los minúsculos problemas de la vida cotidiana. Se quejaba de
> dolencias de viejo, sufría por los más insignificantes percances econó-
> micos y había dejado de reír desde hacía mucho tiempo, porque el es-
> corbuto le había arrancado los dientes (pág. 12-13).

Como se ve, la descripción de García Márquez, aunque amplia,
es también altamente selectiva, como la de Rulfo. A los detalles físicos ya conocidos del gitano, en este largo párrafo se añaden sólo unos
pocos más: su mirada, su falta de dientes y el tamaño y tipo de som-
brero y chaleco. Con estos toques, deja García Márquez que el lector
complete la figura. En lo que se explaya, utilizando la hipérbole, es en
reforzar la idea de exotismo y el aura mágica del gitano: viajó por todos los rincones del mundo y la muerte le tenía especial saña, a la que
el gitano era casi inmune. Para terminar, se nos da el lado prosaica-
mente humano del gitano, que contrasta cómicamente con su superioridad sobrehumana ante la muerte: sus achaques de vejez, su taca-
ñería y su vanidad. En efecto, es su vanidad la que contribuye al aire
de tristeza y misterio del gitano, ya que éste no ríe por no mostrar su
boca sin dientes. García Márquez, que no desperdicia oportunidad
de sacar jugo al detalle cómico, ha cambiado la común expresión
"husmear los talones" a "husmeándole los pantalones".

Para concluir, sólo queda anotar que el análisis sintáctico, com-
plementado y respaldado por los otros dos, ha servido para iluminar
distintos aspectos de la prosa de estos autores, haciendo posible reemplazar el uso de descripciones impresionistas con otras más precisas de diversos elementos estilísticos utilizados.

También ha sido posible, mediante la comparación, hacer resaltar las diferencias y similitudes del estilo de estos autores. Se ha visto
que una categorización de estilos sintácticos y recursos retóricos por

Análisis estilístico comparativo

época sería errónea, ya que García Márquez y Clarín comparten muchos elementos sintácticos y recursos retóricos, al igual que Rulfo con García Márquez.

Desde el punto de vista narrativo, hay marcada diferencia entre los autores contemporáneos y el escritor realista. En Clarín se evidencia el afán de mostrarlo y explicarlo todo, mientras que García Márquez y, especialmente, Rulfo exigen una activa participación del lector.

Capítulo II: *Análisis sintáctico de* El llano en llamas

Método de trabajo de Rulfo

Antes de entrar en el análisis sintáctico de la oración rulfiana en *El llano en llamas*, se debe recordar que, como se ha visto en la parte comparativa de este estudio, las estructuras de la prosa rulfiana no son sencillas, a pesar de serlo en apariencia. Al contrario, se trata de una prosa que además de ser compleja, es altamente trabajada, como se verá más adelante. Emma Susana Speratti Piñero fue una de las primeras en darse cuenta de la gran sutileza con que Rulfo usa los recursos literarios. En 1954 dijo con respecto a los cuentos de Rulfo:

> . . .Rulfo es un fino artista cuyos recursos expresivos de tan sencillos ni parecen recursos. Por eso, quizá su efecto es más seguro e inmediato. Y a fuerza de ser verdad y arte sin artificios aparentes, los cuentos de Rulfo llegan a ser límpida poesía.[1]

Esa aparente sencillez y falta de recursos oculta a un consumado orfebre que pule y repule hasta dar con aquella verdad expresada estéticamente que Rulfo busca sin descanso. Y parte de su meticulosidad de artista está dirigida a la sintaxis de su prosa. Por ejemplo, la existencia de fragmentos titulados "Los murmullos" y "El cuento" ofrecen interesantes ejemplos de cuán trabajada es la prosa de Rulfo. Versiones similares a estos fragmentos formaron luego parte de la novela *Pedro Páramo*, después de pasar por un severo tamiz elaborador. Así, en "Los murmullos" dice Dorotea: "Por el puro miedo de agarrar la tisis, por eso nadie se paró en su casa". En *Pedro Páramo* esas líneas se han convertido en: "Claro que nadie se paró en su casa por puro miedo de agarrar la tisis".[2] Ramírez explica los efectos de este simple, pero significativo cambio:

> Rulfo renounces the "parallel" construction starting with "por" because the two component phrases of the sentence are not really parallel. Rulfo strives for a smoother simplicity; the version in the novel simply reads more smoothly, with more clearness and less complexity. Also, the difference in the rhythm puts more emphasis appropriately, on the more important idea that nobody came to visit Susana's

mother at her funeral rather than on why they didn't come.[3]

Ramírez acierta al anotar que el cambio sintáctico ha resultado en una diferencia básica de énfasis en la oración: lo que sobresale ahora es la palabra "nadie", que representa la terrible soledad de Susana en un momento tan doloroso de su vida. Sin embargo, a Rulfo le interesa especificar que no hubo maldad en la gente del pueblo, sino miedo. De ahí que en la segunda construcción se reemplaza "por" con "claro", término que tiene una doble función: de expresar lo justificado del miedo de la gente y también de reforzar la inevitabilidad de la soledad de Susana. Contrario a lo que afirma Ramírez, ambas versiones son perfectamente claras, aunque ciertamente la segunda es más fluida, ya que se ha retirado el obstáculo de la coma, que dividía claramente la oración en dos secciones. Además, la segunda oración contiene una estructura más compleja que la primera, aunque su apariencia sea de mayor sencillez.

El extenso análisis sintáctico de *El llano en llamas* se lo realizará desde dos puntos de vista: el primero es un enfoque estadístico cuantitativo que ayude a formar una idea del estilo general de Rulfo mediante un muestrario obtenido al azar, y el segundo es un enfoque cualitativo, basado en una selección subjetiva de oraciones de cada cuento, con el fin de estudiar estructuras sintácticas utilizadas por necesidades temáticas.

Análisis sintáctico cuantitativo

Hoy en día en que se han puesto de moda los estudios estadísticos del estilo literario, existe mucha controversia sobre el valor de los mismos. Pero, como anota Stephen Ullman, aun aquéllos que consideran que los estudios estadísticos no son ni necesarios ni deseables en el análisis estilístico, probablemente estarían de acuerdo con que es muy útil tener una indicación general de la frecuencia con que aparecen ciertos términos o estructuras en la prosa de un autor.[4] Luego está el problema de si es más importante saber la *frecuencia* con que aparecen ciertas estructuras o más bien el *lugar* donde se presentan. Al utilizar ambos enfoques, uno cuantitativo y otro cualitativo, se evitan las posibles distorsiones interpretativas que puedan ocurrir con la utilización del enfoque cuantitativo solamente.

Para el estudio cuantitativo se han tomado trescientas oraciones del libro *El llano en llamas*, tratando en lo posible de obtener oraciones al azar. El libro tiene 134 páginas; se han tomado las dos primeras oraciones de cada página dando un total de 268 oraciones. El resto de las treinta y dos oraciones han sido sacadas de cada cuarta página del libro. No se ha discriminado entre lenguaje descriptivo y lenguaje dialogal por haber relativamente muy poco del primero y por considerarse que ambos son muy semejantes en la prosa de Rulfo. Es decir, aunque algunos de los cuentos tienen un narrador que se aproxima a ser omnisciente, el lenguaje utilizado por éste no es más culto ni marcadamente diferente que el de los personajes.

De las trescientas oraciones obtenidas, no se ha hecho un estudio de todas las transformaciones que han intervenido en su formación—ésa sería una tarea demasiado larga e innecesaria—sino que se han estudiado las estructuras más repetidas y optativas: construcciones de reducción por conjunción; de subordinación adverbial; estructuras comparativas; de subordinación pronominal; de construcción relativa; de formación hendida; de elisión del verbo copulativo.

La regla de transformación más usada por Rulfo en las oraciones estudiadas es, sin duda alguna, la de reducción por conjunción. (Ver explicación en pág. 129, nota 27.) Treinta y uno por ciento de las oraciones estudiadas contenían estructuras conjuntivas, es decir, oraciones y frases unidas por medio de la conjunción "y". Un ejemplo de este tipo de construcción:

> Nos repartió las carabinas *y* volvió a hacer la maleta con las que le sobraba.[5]

Seis por ciento de las oraciones contenían más de una conjunción "y" en su estructura:

> Ya era tiempo de que hubieran venido las aguas *y* las aguas no aparecían *y* la milpa comenzaba a marchitarse (EM, pág. 90).

A este debe añadirse el diez por ciento de oraciones que empezaban con la conjunción "y":

> Y rodaba cada vez más en su carrera (LN, pág. 107).

En este caso, sin embargo, no se está utilizando la regla de reducción por conjunción, ya que la conjunción "y" no está uniendo oraciones, sino que va precedida por el punto de la oración anterior. Su función es expresar la idea de relación lógica y afectiva con lo dicho anteriormente. A este alto porcentaje de oraciones conjuntivas debe añadirse el treinta y uno por ciento de oraciones que contenían otro tipo de términos conjuntivos (*pero, o, aunque, ni,* etc.). Esta cifra no incluye oraciones que contenían adverbios conjuntivos:

> Los sapos no se comen; *pero* yo me los he comido también, *aunque* no se coman, *y* saben igual que las ranas (M, pág. 9).

Sintaxis de *El llano en llamas*

Este resultado establece claramente que el uso de conjunciones y otros términos conjuntivos en la prosa de Rulfo constituye un aspecto importante de su estilo. El poeta inglés Coleridge opinaba que : "a close reasoner and a good writer in general may be known by his pertinent use of connectives".[6] Esta cita que se refiere a Samuel Johnson, también se puede aplicar a Rulfo. En la parte comparativa del estudio sintáctico ya se ha anotado el efecto de sencillez y cortedad de frases que produce el uso de términos conjuntivos en la prosa de Rulfo, al realzar la independencia de cada frase. De ahí que muchos críticos hayan hablado de sus "frases brevísimas", mientras que ninguno haya notado que Rulfo puede tener oraciones considerablemente largas. Ellas pasan desapercibidas debido a la construcción conjuntiva. Por ejemplo, en el cuento "Talpa", la primera página (55) contiene una oración de ochenta y tres palabras y en la tercera página (57) del cuento hay otra de ochenta y una palabras. Si se observa con algo de cuidado, se encontrarán más oraciones de equivalente extensión.

Rulfo le tiene horror a la prosa ampulosa y bombástica,[7] y por medio de las construcciones conjuntivas obtiene el efecto estético de brevedad y claridad que busca. Pero eso no es todo. Los términos conjuntivos (*y, o, además, aunque, pero, luego,* etc.) que tienen la función de relacionar ideas y de establecer nociones de causa y efecto, reflejan el afán de los personajes de querer comprender el universo que los rodea, como si por medio de su expresión sintáctica quisieran poner orden a un mundo caótico.

La utilización repetida de la conjunción "y" sirve también para caracterizar a los personajes como campesinos incultos. Gili Gaya anota que la conjunción "y" es la primera que aparece en el lenguaje del niño, pero luego se la va sustituyendo, parcialmente, por la construcción yuxtapuesta (e. g.: "tomamos café; estaba muy bueno"). Indica Gili Gaya que el repetido uso de "y" es típico de la forma popular de las narraciones.[8]

La segunda estructura más utilizada por Rulfo es la de subordinación adverbial,[9] que aparece en veintiséis por ciento de las oraciones estudiadas. Un ejemplo:

> . . .y se reseca a uno en la lengua *hasta que* acaba con el resuello (N, pág. 16).

Esta construcción tiene efectos muy similares al de la construcción conjuntiva, porque utiliza una serie de adverbios que tiene la función de enlace, pero que al mismo tiempo aisla las oraciones y frases, dándoles la impresión de brevedad. Las conjunciones adverbiales más utilizados por Rulfo, son las más sencillas y comunes en la lengua, y por lo tanto facilmente identificables como parte del lenguaje popular: *a que, hasta que, para que, antes que, después que, aunque.*

Muy relacionadas con las construcciones de subordinación adverbial (en realidad forman parte de ellas) están las construcciones comparativas,[10] que aquí se las estudia separadamente porque constituyen una característica típica de la prosa de Rulfo. Entre las oraciones estudiadas, nueve por ciento contenían estructuras comparativas. Este porcentaje no parece en sí muy alto, comparado al de las estructuras conjuntivas, por ejemplo, pero si se considera que las estructuras comparativas en el lenguaje tienen una aplicación limitada y por lo tanto no son muy repetidas en el lenguaje, entonces se puede apreciar la significación de esta cifra. En otras palabras, todas las ideas expresadas siguen siempre unas a otras, y por lo tanto la probabilidad de que sean enlazadas por términos conjuntivos es grande, pero no todas las ideas tienen que ser comparadas, ni lo son. Ese afán comparador en los personajes de *El llano en llamas* refleja el ansia del campesino atrapado en una situación inescapable, por comprender el significado de la realidad.

Rulfo utiliza una variedad de adverbios comparativos, siendo los más comunes: "más que", "lo mismo que", "mejor que", "igual que", "peor que" y especialmente "como". Algunos ejemplos son:

. . .los sapos. . .saben *igual que* las ranas. . .(M, pág. 9).

. . .entre aquella agua negra y dura *como* tierra corrediza (E, pág. 33)[10]

Hay también numerosas comparaciones no incluidas en el porcentaje aquí mencionado, cuyo contenido semántico comparativo está completado en más de una oración. Por ejemplo:

> Sólo unas cuantas lagartijas salen a asomar la cabeza por encima de sus agujeros, y luego que sienten la tatema del sol corren a esconderse en la sombrita de una piedra. Pero nosotros, cuando tengamos que trabajar aquí, ¿qué haremos para enfriarnos del sol, eh? (N, pág. 17).

Esta comparación dramatiza la miserable situación del campesino arrojado a un ambiente inhóspito que no le corresponde y, como no cuenta con medios naturales para defenderse, está aún peor que los animales propios de la región. En un nivel simbólico, la escena representa un desamparo total del hombre en el mundo.

Las próximas estructuras a tratarse son las de subordinación nominal (explicación en pág. 129, nota 32), que se presentan en el dieciséis por ciento de las oraciones estudiadas y la construcción relativa (ver explicación en pág. 128, nota 26), que aparece en once por ciento de las oraciones. Estos tipos de estructuras producen oraciones con inserciones centrales, que, como se ha explicado en la sección anterior (ver pág. 15) tienden a producir una prosa pesada y recargada. Pero Rulfo evita producir tal impresión utilizando la construcción de subordinación nominal en oraciones cortas con dos componentes, o separando cada componente por medio de términos conjuntivos o del punto y coma:

Sólo después *supe que* no pensaban en eso (LC, pág. 23).

Todo le parecía mal: *que* estaban sucios los pesebres; *que* las pilas no tenían agua; *que* las vacas estaban reflacas (EM, pág. 53).

Las oraciones de estructura relativa también aparecen en oraciones que no insertan más de una oración central, o si son más largas, los componentes con frecuencia están separados por términos conjuntivos:

La única esperanza *que* nos queda es que el becerro esté todavía vivo (E, pág. 34).

Los únicos *que* no dejaron nunca de venir fueron los aguaceros de mediados del año, y esos ventarrones *que* soplan en febrero y *que* le vuelan a uno la cobija a cada rato (LC, pág. 23).

Una estructura que sobresale por su peculiaridad en la prosa de Rulfo es la de pronominalización oracional modificada, que aparece en el once por ciento de las oraciones estudiadas. La regla de transformación pronominal dice que la segunda vez que aparece la misma cláusula, se la reemplaza por un pronombre (generalmente *lo* o *la*).[12] Rulfo utiliza una variación de esta regla, que funciona como una especie de repetición pronominalizada de la oración anterior o posterior, a veces separada por una coma, por dos puntos o por un punto:

Mi madrina dice *eso*: que la gritería de las ranas le espantó el sueño (M, pág. 9).

Pero nosotros lo llevamos allí para que se muriera, *eso* es lo que no se nos olvida (T, pág. 64).

Quisiera que te dieras cabal cuenta de que yo no me entrometí para nada. *Eso* le dije al difunto Remigio (LC, pág. 30).

Ese constante uso de la palabra "eso", término común, que carece de distinción, da un sabor fuertemente rústico al lenguaje de los cuentos, lo cual es muy apropiado para sus personajes campesinos. El aspecto reiterativo de esa construcción es parte de la constante repetición que se presenta en diferentes formas en los cuentos y que se estudiará más adelante en mayor detalle. Algunas de las funciones de esta repetición son: dar énfasis; congelar el tiempo; reflejar el estado anímico de un personaje; reflejar incomunicación, entre otras.

Otra estructura peculiar de la prosa de Rulfo es la de formación hendida[13] que aparece en diez por ciento de las oraciones estudiadas. Unos ejemplos son:

> Es el viento el que lo acerca (N, pág. 15).

en lugar de

> El viento lo acerca.

Este tipo de construcción es de función puramente enfática y afectiva, y tiene el mismo efecto de una repetición (que en efecto lo es). Al cambiar la construcción de oración declarativa a la construcción hendida, el sujeto "el viento" aparece dos veces, la segunda por medio del pronombre relativo "que" nominalizado.

Una regla transformacional que Rulfo utiliza muy poco es la de elisión de verbo copulativo (explicación en pág. 128, nota 25). Esta regla tiene que ver con la utilización de adjetivos. Sólo seis por ciento de las oraciones estudiadas contenían estructuras adjetivales. En el capítulo sobre el léxico se tratará más sobre los adjetivos, pero aquí baste anotar que la prosa de Rulfo sobresale por su falta de adjetivos, produciéndose un efecto de desnudez y parquedad de que hablan muchos de los críticos de Rulfo.

En la primera parte del análisis sintáctico ya se mencionó que en el trozo estudiado Rulfo utilizaba principalmente inserciones laterales (ver pág. 15). El estudio de oraciones de la presente sección confirma la observación anterior. En efecto, Rulfo prefiere estructuras divididas por elementos conjuntivos e inserciones laterales, pero cuando utiliza inserciones centrales, rara vez se encontrará más de una inserción central por oración. Esto también ayuda a dar la impresión de brevedad en las oraciones de Rulfo. Numerosas inserciones, por el contrario, resultan en una prosa pesada y lenta.

Total de oraciones estudiadas: 300
Porcentaje de construcciones:

Reducción por conjunción	31%
Subordinación adverbial	26%
Estructuras comparativas	9%
Subordinación pronominal	16%

Sintaxis de *El llano en llamas*

Construcción relativa	11%
Formación hendida	10%
Elisión de verbo copulativo	6%
	109*

*9% de las oraciones contenían más de un tipo de construcción.

Análisis sintáctico cualitativo

En la parte de análisis que acabamos de tratar se han observado estructuras sintácticas que constituyen parte integral del estilo de Rulfo en general. Pero dentro de esa uniformidad de estilo, la prosa en *El llano en llamas* ofrece variaciones sintácticas que tienen que ver con la intención y el tema de cada cuento.

Después de releer los cuentos varias veces, para el estudio cualitativo se han elegido subjetivamente aquellas estructuras sintácticas que han sobresalido por su concentración en determinados cuentos y por el papel que desempeñan en ellos. Y son: construcciones en negativo; estructuras conjuntivas; estructuras impersonales; estructuras comparativas; oraciones declarativas; preguntas retóricas y frases elípticas.

Los siguientes cuentos sobresalen por el uso especial y repetido de la construcción negativa: "Nos han dado la tierra", "Luvina", "Talpa", "No oyes ladrar los perros" y "¡Diles que no me maten!". En el primer cuento hay un uso sistemático de la construcción negativa en la descripción de la tierra inútil que han recibido los campesinos:

> Después de tantas horas de caminar *sin* encontrar *ni* una sombra de árbol, *ni* una semilla de árbol, *ni* una raíz de *nada*, se oye el ladrar de los perros.
> Uno ha creído a veces, en medio de este camino *sin* orillas, que *nada* habría después; que *no* se podría encontrar *nada* al otro lado, al final de esta llanura rajada de grietas y de arroyos secos (N, pág. 15).

No, el llano *no* es cosa que sirva. *No* hay *ni* conejos *ni* pájaros. *No* hay *nada*. A *no* ser unos cuantos huizaches trespeleques y una que otra manchita de zacate con las hojas enroscadas; a *no* ser eso *no* hay *nada*. Y por aquí vamos nosotros. Los cuatro a pie. Antes andábamos a caballo y traíamos terciada una carabina. Ahora *no* traemos *ni* siquiera la carabina (N, pág. 16).

Sube polvo desde *no*sotros como si fuera un atajo de mulas lo que bajara por allí; pero *no*s gusta llenar*no*s de polvo. *No*s gusta. Después de venir durante once horas pisando la dureza del lla*no*, *no*s sentimos muy a gusto envueltos en aquella cosa que brinca sobre *no*sotros y sabe a tierra (N, pág. 20).

Estos tres trozos tienen una marcada concentración de construcciones negativas y de términos que refuerzan la negación (*nadie, nada, nunca, sin, ninguno*). Aún los elementos que el llano sí tiene, están presentados precedidos de la expresión "a no ser" (excepto), formada con el negativo al centro. Todo el cuento está salpicado de negaciones, tal es así que el término "no" se repite treinta y seis veces, "ni" aparece doce veces y doce veces la palabra "nada"; las palabras "nadie", "nunca", "ninguna" y "sin" aparecen un total de siete veces. A esto debe agregarse, al nivel de fonología, el marcado uso de los pronombres "*nos*" y "*nos*otros" (aparecen 31 veces en el cuento) y sustantivos como "lla*no*", "cami*no*" y otros, que hacen eco constante a la negación que cruza por todo el cuento. Además, también hay negación al nivel semántico por medio de los adjetivos como "arroyos secos" y "llanura rajada de grietas". La palabra "arroyo" implica la existencia de agua, pero "secos" se la niega. "Llanura" quiere decir superficie lisa, llana, pero "rajada de grietas" parece destruir el significado del término. Esta sombría negación refleja la profunda frustración y desilusión de los campesinos ante la terrible aridez de la tierra recibida. Lo aplastantemente negativo de esa aridez y calor en el llano se ve reforzado por los adjetivos "dura", "deslavada" y por las metáforas: "costra de petate", "duro pellejo de vaca", "comal acalorado" y también por el brutal contraste entre lo que el campesino ha recibido y lo que anhela y está más allá del llano: un pueblo con aire, con ladridos de perros, con olores (que simbolizan la esperanza o lo que está fuera del alcance de uno), con "agua verde" del río y "vega con árboles". Desde luego, Rulfo trasciende la crítica social, y al mismo tiempo que habla del engaño que ha sufrido el campesino, se refiere también, en un nivel simbólico, a la vida misma representada por el llano y al hombre atrapado en él, con sus ilusiones insulsas, que no pasan de ser olores de cosas que están muy lejos o inalcanzables, como la "nube aguacera corriéndose muy lejos". El tema de la vida como una peregrinación dolorosa e inútil en un camino informe ("camino sin orillas", "hemos caminado más de lo que llevamos andado") se repite en varios de los cuentos de Rulfo. La impotencia del hombre ante su destino se revela conmovedoramente en las sencillas palabras campesinas: "No se puede contra lo que no se puede" (N, pág. 18).

Otro cuento que hace marcado uso de la construcción negativa es "Luvina":

> Está plagado de esa piedra gris con la que hacen la cal, pero en Luvina *no* hacen cal con ella *ni* le sacan *ningún* provecho (L, pág. 94).

Un viento que *no* deja crecer *ni* a las dulcamamaras: esas plantitas tristes que apenas si pueden vivir un poco untadas a la tierra. . .(L, pág. 94).

Nunca verá usted un cielo azul en Luvina. Allí todo el horizonte está desteñido; nublado siempre por una mancha caliginosa que *no* se borra *nunca*. Todo el lomerío pelón, *sin* un árbol, *sin* una cosa verde para descansar los ojos; todo envuelto en el calín ceniciento (L, 95).

Una plaza sola, *sin* una sola yerba para detener el aire (L, pág. 98).

No hay ninguna fonda. . . .*No* hay *ningún* mesón (L, pág. 99).

A pesar de que la construcción negativa no es tan marcada en "Luvina" y se limita a ciertas partes de la descripción del pueblo, recalcando lo que no tiene o no se hace, el tono de "Luvina" es aún más pesimista y sombrío que el de "Nos han dado la tierra". El llano es una naturaleza petrificada, silenciosa, muerta, donde de vez en cuando sólo se mueve alguna lagartija; en "Luvina", las fuerzas naturales (especialmente el viento, el polvo, el sol) son agentes destructores muy activos, que someten al hombre a una tortura dinámica: el sol chupa la sangre; el aire rasguña, raspa, muerde, arranca, hace ruidos; la tierra (en "terrones endurecidos como piedras filosas") se clava en los pies como espinas. En "Nos han dado la tierra" todavía se está en la tierra, donde el aire es benigno, porque trae los olores (esperanza) del pueblo. En "Luvina", ya se está en el purgatorio, donde el aire es un poderoso agente de azote para el hombre. El pueblo mismo está semi-muerto. Allí no hay esperanza, sólo tristeza. Blanco Aguinaga opina que el uso de estructuras negativas en "Luvina" tiene la función de acentuar lo negativo y de negar lo exterior concreto, borrando (Rulfo) la realidad aparencial de su mundo.[14]

En el cuento "Talpa" también se utiliza la estructura negativa, esta vez para caracterizar el estado anímico de culpa de los protagonistas:

Yo sé ahora que Natalia está arrepentida de lo que pasó. Y yo también lo estoy; pero eso *no* nos salvará del remordimiento *ni* nos dará *ninguna* paz ya *nunca*. *No* podrá tranquilizarnos saber que Tanilo se hubiera muerto de todos modos porque ya le tocaba. . . (T, pág. 57).

Pero Natalia y yo *no* quisimos. Había algo dentro de nosotros que *no* nos dejaba sentir *ninguna* lástima por *ningún* Tanilo (T, pág. 61).

El remordimiento obsesivo que persigue al narrador y el reconocimiento de la trampa inescapable en la que él y Natalia han caído al tratar de acelerar la muerte de Tanilo, se refleja en los términos de negación: *no, ni, ninguna, nunca.*

En el cuento "No oyes ladrar los perros", la construcción negativa aparece desde el título y luego se presenta a través de todo el cuento, como una letanía:

—Tú que vas allá, Ignacio, dime si *no* oyes alguna señal de algo o si ves alguna luz en alguna parte.
—*No* se ve *nada.*
—Ya debemos estar cerca.
—Sí, pero *no* se oye *nada.*
—Mira bien.
—*No* se ve *nada.* . . .
. . .Tú que llevas las orejas de fuera, fíjate a ver si *no* oyes ladrar los perros . . .
—Sí, pero *no* veo rastro de *nada.* (NO, pág. 114).

—Mira a ver si ves algo. . . .
—*No* veo *nada.*

—Dame agua.
—Aquí *no* hay agua. *No* hay más que piedras. Aguántate. Y aunque la hubiera, *no* te bajaría a tomar agua. *Nadie* me ayudaría a subirte otra vez y yo sólo *no* puedo. (NO, pág. 117).

El diálogo entre padre e hijo se asemeja al rezo vacío de una letanía. La incomunicación entre ellos queda patente mediante las respuestas negativas que dan el uno al otro. El hijo tiene sed, pero el padre no puede ni quiere bajarlo. Además, en ese vía crucis del padre no hay agua, sólo piedras. El padre, agotado físicamente de llevar el peso del hijo en los hombros, pide ayuda con la esperanza de llegar pronto, pero el hijo tampoco puede ayudarlo. Toda la desilusión y amargura del padre hacia el hijo que resultó malhechor se reflejan en las conmovedoras dos líneas con que termina el cuento (ambas de estructura negativa):

—¿Y tú *no* los oías, Ignacio?—dijo—. *No* me ayudaste *ni* siquiera con esta esperanza. (NO, pág. 118).

El cuento "¡Diles que no me maten!" también empieza con la estructura negativa en el título. Y es aquí el desesperado rechazo a la muerte lo que se expresa por medio del negativo. La primera línea del cuento repite esa oración negativa, pero a lo largo del cuento, queda la palabra "diles" como súplica obsesionada de Juvencio Nava en su inútil lucha contra la muerte. Y sólo al final del cuento, cuando el viejo enfrenta al coronel, vuelve a repetir: "¡*No* me mates! ¡Díles que no me maten!" (D, pág. 92), pero esa fervorosa súplica no puede conmover al coronel, cuyo deseo de venganza tiene la implacabilidad de la muerte. El destino del hombre, nos dice Rulfo, como el de Juvencio, es nacer con la partida contra la muerte perdida, y es mejor enfrentar esa realidad. En el caso de Nava, su muerte es doblemente patética, porque en su afán por evitar la muerte, desperdició la vida.

En páginas anteriores se ha hablado suficientemente sobre la construcción conjuntiva en la prosa de *El llano en llamas* en general. Ahora nos referimos a tres cuentos en particular que utilizan marcadamente este tipo de construcción: "Macario", "Es que somos muy pobres" y "El paso de Norte". El propósito de las construcciones conjuntivas (con "y") en los tres casos es de caracterización. Había dicho Gili Gaya que la construcción conjuntiva es más marcada en los niños y el pueblo.[15] En su libro *Estudio de lenguaje infantil*, Gili Gaya dice:

> La conjunción es un nexo principalmente intelectual, que fortalece la relación sintáctica y especifica sus matices lógicos. Por eso los niños y las personas de escasa instrucción usan un corto número de conjunciones muy sencillas (y, que, pero); la mayor parte de las que aparecen en los diccionarios son propias del habla culta y literaria (antes bien, sin embargo, puesto que, si bien, a fin de que, luego, etc.)[16]

y añade que "la unión copulativa con 'y' es anterior a los 4 años" y la más frecuente en la niñez.[17] Rulfo, consciente de este hecho, hace que tanto Macario como el narrador de "Es que somos muy pobres", que es un niño, se expresen con una profusión de conjunciones "y". Sobre la edad de Macario hay bastante controversia entre los críticos, pero lo importante es que el muchacho es retardado mental, y sea cual fuere su edad, tiene la mentalidad de un niño. He aquí un par de ejemplos:

> *Y* mi madrina dice que si en mi cuarto hay chinches *y* cucarachas *y* alacranes es porque me voy a ir a arder en el infierno. . .(M, pág. 12).

> . . .la vaca esa que era de mi hermana Tacha porque mi papá se la regaló para el día de su cumpleaños *y* que tenía una oreja blanca *y* otra colorada *y* muy bonitos ojos (E, pág. 32).

En el cuento "Paso del Norte", hay indicación de que el narrador es un campesino tal vez más humilde e ignorante que los demás personajes de *El llano en llamas*. Rulfo hace que este personaje utilice un lenguaje mucho más regional que el usado en otros cuentos (de lo que se tratará más adelante). Parte de esta caracterización de campesino ingenuo y víctima de una ignorancia completa, es su uso de abundantes conjunciones "y":

> Me puso unos calzones *y* una camisa *y* me echó a los caminos pa que aprendiera a vivir por mi cuenta *y* ya casi me echaba de su casa con una mano adelante *y* otra atrás (P, pág. 120).

Dos cuentos sobresalen por la construcción impersonal: "Macario" y "Nos han dado la tierra". En otros cuentos también se la utiliza, pero en menor grado. La función de esta construcción en los dos cuentos es la de expresar alienación. En "Nos han dado la tierra", el impersonal está incluido en el título, y constituye una característica sintáctica típica de la obra. Esta construcción representa al gobierno de la revolución, institución impersonal y fraudulenta, que ha hecho a los campesinos víctimas de su buena fe—no solamente les ha arrebatado sus armas y caballos, sino que les ha asignado una tierra árida, imposible de cultivar:

> Yo siempre he pensado que en eso de *quitarnos* la carabina *hicieron* bien. Por acá resulta peligroso andar armado. *Lo matan a uno* sin avisarle, viéndolo a toda hora con "la 30" amarrada a las correas. Pero los caballos son otro asunto (N, pág. 17).

> Así nos *han dado* la tierra. Y en este comal acalorado *quieren* que sembremos semillas de algo, para ver si algo retoña y se levanta. Pero nada se levantará aquí (N. pág. 18).

En el caso de "Macario", el muchacho retardado vive en un mundo hostil e incomprensible. Las cosas le suceden a él sin que sepa cómo ni por qué:

> *Dicen* en la calle que yo estoy loco. . .(M, pág. 9).

> Un día *inventaron* que yo andaba ahorcando a alguien. . .(M, pág. 10).

El mundo exterior es tan amenazante para Macario, que él prefiere el refugio de su cuarto, covacha infestada por toda clase de bichos asquerosos y algunos peligrosos (cucarachas, grillos, alacranes). Pero allí tampoco está del todo a salvo, porque si bien sabe como defenderse de los insectos, vive en constante terror de los pecados y demonios (ideas que Felipa y su madrina han inculcado en el pobre muchacho, para poder tenerlo más a su merced). El caso de alienación de Macario es aplastante. El muchacho es juguete de toda clase de fuerzas misteriosas e incomprensibles y hasta sus propias manos actúan por su cuenta:

> En la calle suceden cosas. Sobra *quien lo descalabre* a pedradas apenas lo ven a *uno*. *Llueven* piedras grandes y filosas por todas par-

tes. Y luego hay que remendar la camisa y esperar muchos días a que se remienden las rajaduras de la cara o de las rodillas. Y aguantar otra vez que le *amarren* a *uno* las manos, porque si no *ellas corren* a arrancar la costra del remiendo y vuelve a salir el chorro de sangre (M, pág. 12).

Nótese también que ambos cuentos combinan la construcción impersonal en tercera persona plural con el pronombre singular "uno", lo cual refleja una desigual lucha entre "ellos", victimario desconocido y misterioso y el "uno" que representa a las víctimas en el sufrimiento, como una sola entidad. (Ver el uso del pronombre impersonal en pág. 65).

Otro uso que se presenta más marcado en "Macario" que en cualquier otro cuento es el de la construcción comparativa, aunque existen muchas comparaciones en toda la obra de Rulfo. Cuanto más incomprensible es el mundo que lo rodea, tanto más el afán inútil de Macario de comprenderlo. Todo lo que puede alcanzar con su mente retardada es una constante comparación de unas cosas con otras, que se le presentan por asociación: compara a Felipa con su madrina; a las ranas con los sapos; a los ojos de Felipa con los de un gato; a la leche de Felipa con las flores del obelisco; a la leche de chiva con la de puerco; a los peligros de la calle con los de su cuarto, y así interminablemente. Macario simboliza al hombre que, debido a su limitada capacidad mental, trata inútilmente de comprender el sentido de la vida.

Una peculiaridad de "Talpa" y "La Cuesta de las Comadres", cuya trama incluye un asesinato cometido por el narrador, es el uso de oraciones declarativas contundentes, mediante las cuales se confiesa el crimen cometido. Tanto en "Talpa" como en "La Cuesta de las Comadres", Rulfo no especifica quién es el oyente— si la historia se narra a algún oyente en particular o sólo al lector. Blanco Aguinaga opina que los personajes de Rulfo siempre hablan sólos y sus diálogos son en realidad monólogos ensimismados.[18] Pero sean diálogos o monólogos ensimismados, el hecho es que en ambos cuentos hay una especie de compulsión por la confesión del crimen en forma tajante. En el caso de "Talpa", el narrador está prácticamente estrangulado por el remordimiento y se siente compelido a confesar el crimen en forma contundente:

Porque la cosa es que a Tanilo Santo entre Natalia y yo lo matamos (T, pág. 56).

Esta auto-acusación obsesiva se repite varias veces más en la historia y actúa como una verdadera persecución de la consciencia. La confesión brutal del narrador de "La Cuesta de las Comadres" llega mucho más de sorpresa:

—A Remigio Torrico yo lo maté (LC, pág. 26),

porque el asesino, hasta ese momento se había referido a los Torricos en forma muy amistosa. Y aunque la confesión del crimen tiene un elemento compulsivo, no hay en toda la narración indicación alguna de remordimiento. El narrador es un foragido de la pasta de los Torricos, con quienes hubiera querido compartir más sus fechorías, pero no puede hacerlo por su avanzada edad. Incapaz de comunicarse con Remigio Torrico mientras estaba vivo, el narrador lo mata para poder vivir él; luego se disculpa socarronamente y explica al cadáver que él no mató a Odilón:

Ya debía haber estado muerto cuando le dije:
—Mira, Remigio, me has de dispensar, pero yo no maté a Odilón. Fueron los Alcaraces. . .(LC, pág. 29).

Dos de los cuentos, "Nos han dado la tierra" y "El hombre" utilizan la construcción interrogativa retórica que aparece exclusivamente en estos dos cuentos. En los demás, la interrogación sólo aparece en medio del diálogo. En el primer cuento, el narrador, oprimido por la extensión y desolación del llano, se pregunta:

¿Quién diablos haría este llano tan grande? ¿Para que sirve, eh? (N, pág. 16).

y más adelante expresa su total desamparo e impotencia ante la inclemencia del sol:

. . .¿qué haremos para enfriarnos del sol, eh? (N, pág. 17).

En el cuento "El hombre", las preguntas no son tanto retóricas como parte de un diálogo que tanto el perseguidor como el perseguido tienen consigo mismos, y que refleja el alto grado de alienación que han alcanzado, el uno al huir por evitar las consecuencias de su horrendo crimen, el otro por su implacable sed de venganza. Sus propias voces les resultan extrañas:

Oía su voz, su propia voz, saliendo despacio de su boca. La sentía sonar como una cosa falsa y sin sentido. ¿Por qué había dicho aquello? Ahora su hijo se estaría burlando de él (EH, pág. 41).

Una de las estructuras sintácticas más utilizadas en la prosa de *El llano en llamas* y con frecuencia notada por los críticos es la de repetición. Es tal la abundancia de construcciones reiterativas en los cuentos de Rulfo, que el crítico mexicano Emmanuel Carballo[19] las considera un defecto en la prosa de Rulfo por su exceso.

Arthur Ramírez comenta acertadamente que la aparente discrepancia entre el estilo de gran economía de Rulfo y el uso de estructuras repetitivas, se explica y justifica mediante el gran número de funciones que realizan estas estructuras.[20] Blanco Aguinaga fue el primero en notar la función multifacética de las repeticiones en Rulfo y en ofrecer una explicación original de ellas. Refiriéndose al siguiente trozo de "Luvina":

> *Ya mirará usted* ese viento que sopla sobre Luvina. Es pardo. Dicen que porque arrastra arena de volcán; pero lo cierto es que es un aire negro. *Ya lo verá usted.* Se planta en Luvina prendiéndose de las cosas como si las mordiera. . .escarbando con su pala picuda por debajo de las puertas, hasta sentirlo bullir dentro de uno como si se pusiera a remover los goznes de nuestros mismos huesos. *Ya lo verá usted* (L, pág. 95).

dice Blanco Aguinaga:

> Con este repetir se sitúa la conversación en un lento y ensimismado tiempo interior. Como para no salir de sí mismos, como para evitar cualquier progresión temporal, vital, los personajes de Rulfo tienen la costumbre de recoger, cada cierto número de frases, la frase inicial de su charla para hacer así que todas sus palabras queden suspensas en un mismo momento sin historia. . . .No se permite el paso del tiempo entre la primera palabra y la última. Se recoge todo en una repetición o una variante de la frase original. Este procedimiento de aquietamiento, este monótono y machacante hablar interior recorre todos los cuentos de Rulfo y va a ser fundamental en *Pedro Páramo*.[21]

En esta cita, Blanco Aguinaga toca cuatro funciones básicas de la repetición en la prosa de Rulfo: 1) meditación obstinada de los personajes que 2) resulta en paralización del tiempo interior y que a su vez 3) anula el tiempo exterior, poniendo los hechos fuera de la historia; 4) efecto de monotonía y aquietamiento. Muchos críticos han seguido a Blanco Aguinaga en la interpretación de las estructuras reiterativas, pero algunos han añadido las siguientes interpretaciones: que la repetición sirve para "mimetizar la desolación del paisaje"[22]; para transmitir al lector un aura de fatalismo[23]; para expresar la angustia del hombre, al estilo de Faulkner.[24] Arthur Ramírez añade la función de énfasis de la repetición.[25] Se ve cómo la repetición funciona para énfasis en el siguiente ejemplo:

> *Somos cuatro.* Yo los cuento: *dos* adelante, otros *dos* atrás. Miro atrás y no veo a nadie. Entonces me digo: *"Somos cuatro".* Hace rato, como a eso de las once, éramos veintitantos; pero puñito a puñito se han ido desperdigando hasta quedar nada más este nudo que somos

nosotros (LL, pág. 15).

Se recalca que del grupo de más de veinte hombres, sólo han quedado cuatro, realzando lo inhóspito del llano, que ha vencido a todos los demás. La repetición sirve también para hacer resaltar la pobreza del medio ambiente, junto con la descripción por lo negativo, de lo que ya se ha hablado.

El motivo de la memoria en el hombre es uno de los más constantes en la obra de Rulfo, y se lo encuentra prácticamente en todos los cuentos, pero ningún crítico ha comentado sobre ello. Por medio de las estructuras de repetición, Rulfo ilustra como la memoria obsesiva mantiene al hombre atrapado:

> *Lo que queríamos* era que se muriera. No está por demás decir que eso era *lo que queríamos* desde antes de salir de Zanzontla y en cada una de las noches que pasamos en el camino de Talpa. Es algo que no podemos entender ahora; pero entonces era *lo que queríamos*. Me *acuerdo* muy bien (T, pág. 57).

En este ejemplo, como en muchos otros en los cuentos de Rulfo, se ve la fuerza destructora de la memoria, que se presenta en forma de obsesión y que no le permite al hombre recuperarse de sus fracasos y culpas. La memoria se extiende como un tentáculo que viene del pasado, distorcionando los recuerdos hasta convertirlos en pesadilla, para hacer una tortura del presente y estrangular el futuro. La repetición del verbo "acordarse" se presenta en forma obsesiva en todo *El llano en llamas* y particularmente en el cuento "Acuérdate" donde se repite diez veces este verbo, tanto en su forma imperativa ("acuérdate") o en la perifrástica ("te debes acordar").

En "¡Díles que no me maten!" también se observa esta repetición obsesiva y torturada. El término "díles", que se repite muchas veces y se utiliza en plan de ruego, hace también resaltar la total falta de comunicación que existe entre humanos a pesar de la existencia del lenguaje. Como las palabras no desempeñan su esencial función de comunicación, quedan entonces como simples sonidos huecos, vacíos de significado. Entre los personajes de Rulfo existe una incomunicación crónica, tal es así que la violencia con frecuencia reemplaza al lenguaje como único medio de comunicación efectivo. Estos son los casos de Juvencio Nava con su compadre Guadalupe Terreros, y del narrador de "La Cuesta de las Comadres" con Remigio Torrico. Tal vez por eso los personajes de Rulfo parecen hablar como mayor facilidad con los muertos o los animales que con otros seres humanos. Muchos de los cuentos son diálogos aparentes, en los que el interlocutor no participa, como si no escuchara o pudiera ser alcanzado por las palabras del narrador. Con este recurso se acentúa la aguda sensación de soledad e incomunicación de los personajes.

Una forma de repetición frecuente es el que se encuentra en frases idiomáticas y que tiene, en general, la función de caracterizar a los personajes como campesinos, por medio del lenguaje rural mexicano. Algunos ejemplos son: "*Luego luego* se engarruñó. . ."(LC, pág. 29); ". . .no dejan ver *nada* de *nada*" (LC, pág. 23); "Yo no me había fijado *bien* a *bien* en Esteban" (N, pág. 19). Pero Rulfo también aprovecha para expresar afectividad mediante estas repeticiones idiomáticas como en: "*No se puede* contra lo que *no se puede*" (N, pág. 18), que reflejan impotencia y fracaso; "*Voy* a lo que *voy*" (EH, pág. 37) que indica el deseo de afirmarse de un ser totalmente alienado.

Es también muy constante el tipo de repetición anafórica, que produce el ritmo monótono e hipnótico de los golpes de martillo, como en el cuento "El hombre":

> Debían llegar a eso de la una, *cuando* el sueño es más pesado; *cuando* comienzan los sueños; después del "Descansen en Paz", *cuando* se suelta la vida en manos de la noche y *cuando* el cansancio del cuerpo raspa las cuerdas de la desconfianza y las rompe (EH, págs. 38-39).

Varios de los cuentos de Rulfo contienen oraciones elípticas que parecen incompletas, pero ellas se encuentran en mayor número en los cuentos "Macario" y "Es que somos muy pobres" y tienen la función de imitar el lenguaje de un niño y el de un retardado mental. He aquí un par de ejemplos:

> En mi cuarto hay muchos (M, pág. 13).

> Y mamá no quiere (E, pág. 34).

Finalmente se debe mencionar que los cuentos contienen gran abundancia de estructuras que utilizan perífrasis verbales, y que se las estudiará en mayor detalle en páginas posteriores.

En el estudio cuantitativo de la sintaxis de *El llano en llamas*, queda establecido que las estructuras más típicas de la prosa rulfiana son las conjuntivas, que utilizan las transformaciones de reducción por conjunción (31%) y la de subordinación adverbial (26%). Estas estructuras utilizan conjunciones que dividen las oraciones en entidades cortas y claras, y dan la impresión de brevedad. Estas conjunciones—*y, hasta que, para que,* etc.—por ser las más comúnmente usadas en español, refuerzan el sabor de lenguaje popular en la prosa de Rulfo. También bastante típicas en la prosa de Rulfo son las estructuras de subordinación nominal (16%) y la relativa (11%). Se ha visto que en estas estructuras Rulfo utiliza pocas inserciones, y que éstas generalmente son laterales, evitando una prosa pesada y que dependa demasiado de la memoria del lector.

De importancia en la prosa rulfiana, aunque aparecen en menor porcentaje, son las estructuras comparativas (9%), utilizadas principalmente con fines de caracterización de personajes; las estructuras de pronominalización modificada (11%) y de formación hendida (10%) tienen el fin reiterativo y enfatizante.

En el análisis cualitativo, se ha visto que por razones temáticas, Rulfo utiliza repetidamente un determinado tipo de estructuras sintácticas. Para expresar desengaño, desilusión, impotencia, sentimiento de culpa, se utilizan estructuras negativas. Con fines de caracterización de personajes se utilizan construcciones conjuntivas, comparativas y elípticas. Las construcciones impersonales aparecen en los cuentos donde se expresa alienación, y las estructuras de repetición se presentan en cuentos donde se expresa congelación del tiempo, meditación obstinada, aquietamiento interior en los personajes, uso de giros populares y otros.

Parte III: Análisis estilístico del léxico y la morfosintaxis en *El llano en llamas*

Capítulo I: Análisis léxico

Con frecuencia, cuando se habla del llamado "realismo mágico", se asocia a éste el estilo barroco.[1] Las obras de Juan Rulfo, especialmente *Pedro Páramo* y algunos de sus cuentos, van agrupadas bajo la etiqueta del realismo mágico, pero su estilo está muy lejos de ser barroco. Al contrario, el autor mexicano le tiene verdadero horror al rebuscamiento del estilo barroco, y afirma: "Trato de defenderme del barroquismo. Y lo haré por todos los medios que tenga a mi alcance".[2] Rulfo, que confiesa que empezó escribiendo con una gran tendencia a la prosa ampulosa,[3] aprendió una valiosa lección de su primer crítico y descubridor, Efrén Hernández:

> Con unas enormes tijeras podadoras [Efrén Hernández] me fue quitando toda la hojarasca, hasta que me dejó tal como me ves, hecho un árbol escueto.[4]

Desde entonces, Rulfo ha adoptado el sistema de poda aprendido de Hernández y lo aplica a su obra con extremada rigurosidad, aunque de vez en cuando tiene dudas sobre la excesiva poda aplicada: "Creo que en mi lucha por apartarme de las complicaciones verbales he ido a dar a la simpleza".[5] Por los fragmentos publicados de novelas no terminadas ("Un cuento" y "Los murmullos"), que luego formaron parte de *Pedro Páramo*, en su forma elaborada, se puede ver la cuidadosa selección de vocabulario. Ya se ha visto en páginas anteriores el cuidado que dedica Rulfo a la sintaxis de su prosa. Ricardo Estrada hace una comparación bastante detallada de una porción de "Un cuento" y de la primera parte de *Pedro Páramo*.[6] Aquí se tomará sólo un par de líneas de cada porción para ilustrar cómo Rulfo busca aquellos términos (en este caso sustantivos y verbos) que ofrezcan un mayor número de matices expresivos:

> *Fui* a *Tuxcacuezco* porque me dijeron que *allá* vivía mi padre, un tal Pedro. Mi madre me lo dijo.[7]

> *Vine* a *Comala* porque me dijeron que *acá* vivía mi padre, un tal Pedro *Páramo*. Mi madre me lo dijo (*PP*, pág. 7).

El primer cambio que salta a la vista es el reemplazo de "Tuxcacuezco" por "Comala". Estrada anota varios motivos por los que "Comala" es un término mucho más acertado que el otro: 1) "Tuxcacuezco" es un término en extremo regional, que tiende a quitar algo del sentido universal que Rulfo desea dar a su obra; 2) es término de difícil pronunciación, mientras "Comala" es de dicción dúctil (y agregamos, rítmica); 3) es término más sencillo y plástico, y 4) muy superior por su valor simbólico.[8] El término sugiere la cualidad infernal del pueblo. Arthur Ramírez agrega que "Comala" recuerda al "estado de coma", estado que está entre el sueño y la muerte, sugiriendo también en la novela una atmósfera surrealista de pesadilla.[10]

Otro importante cambio es el verbal y sus implicaciones. El verbo "ir", con su correspondiente "allá", ha sido reemplazado por el verbo "venir" y su adverbio "acá". Estrada explica que este cambio se debe al deseo de Rulfo de que el narrador permanezca "acá", donde los sucesos están desarrollándose.[11] Debe agregarse que, como sugiere Arthur Ramírez, "venir" indica "a one way process, a sense of entrapment".[12] Esto es muy importante, porque el "fui" indicaba una acción pasada, acabada y lejana, además de incluir la clara noción del regreso del narrador, mientras que con el "vine", no solamente los hechos se acercan considerablemente al narrador, sino que implica un viaje truncado por la derrota: Juan, en lugar de encontrar a su padre, ha encontrado la muerte. El último cambio consiste en que en la versión de *Pedro Páramo* se ha incluido el apellido "Páramo", añadiéndose fuerza a la presentación del personaje central de la obra, cuya presencia dominante se hará sentir a través de toda la novela.

Habiéndose ilustrado la meticulosidad de Rulfo al seleccionar el lenguaje de su prosa, ahora queda por especificar el tipo de léxico que utiliza. Ante todo, hay que anotar que a Rulfo le interesa presentar una visión del mundo a través de sus personajes campesinos, de ahí la abundancia de la narración en primera persona, los diálogos y los monólogos, y aún en aquellas porciones narradas por un narrador omnisciente, el autor no se aparta del modo de expresión que se apro-

Análisis léxico

xima al lenguaje rural mexicano. Por lo tanto, el léxico que selecciona Rulfo se compone casi siempre de términos sencillos de uso común, notándose la ausencia casi completa de términos cultos. En *Pedro Páramo* y *El llano en llamas* sólo se han encontrado cuatro términos cultos o especializados. Dos de ellos "latifundio" y "manifestar" tienen una función de caracterización clara, porque son parte del habla de un delegado del gobierno en "Nos han dado la tierra". Rulfo deliberadamente quiere contrastar el habla verbosa y pedante del funcionario público con la sencillez del lenguaje de los campesinos. Estos se quejan, clara y directamente, de que en el llano no hay agua y por lo tanto no se puede cultivar. El funcionario del gobierno les contesta primero con obvias mentiras sobre la fertilidad del llano: "En cuanto allí llueva, se levantará el maíz como si lo estiraran" (N, pág. 18), y luego con términos que los campesinos no entienden:

> —Eso manifiéstenlo por escrito. Y ahora váyanse. Es al latifundio al que tiene que atacar no al Gobierno que les da la tierra (N, pág. 18).

Los otros dos términos cultos encontrados en *Pedro Páramo*— "rumoroso" *(PP*, pág. 120) y "sempiternamente" (*PP*, pág. 55)—parecen habérsele escapado a Rulfo en esta cuidadosa selección de un lenguaje popular rural. Y el adjetivo "rumoroso", por encontrarse en medio de un trozo de narración omnisciente, no desencaja tanto con el resto del discurso como el adverbio "sempiternamente" en labios de la mujer incestuosa, que utiliza un lenguaje corriente campesino, limitado aún más por su condición de perpetua prisionera de su vergüenza ("Yo sé tan poco de la gente. Nunca salgo. . .desde que me hizo su mujer. Desde entonces me la paso encerrada, porque tengo miedo de que me vean" (*PP*, pág. 55).

El lenguaje utilizado por Rulfo en los cuentos es típicamente rural, por lo que abunda en términos que reflejan la vida campesina de los personajes: (sobre la naturaleza) sol, luna, tierra, nubes, lluvia, río, viento, aire; (sobre la agricultura) milpa, cementeras, surcos, cebada, maíz, sembrar; (animales domésticos) vaca, ternero, toro, caballo, borrego, perro, gallina; (otros pájaros e insectos) zopilotes, chachalacas, lagartija, alacranes, cucarachas, grillos, comejenes. Hay una ausencia casi total de términos mecánicos que contrastan el mundo natural con el industrializado y que también indican el aislamiento en que vive el campesino jalisciense con respecto al desarrollo de la capital, México. En todo *El llano en llamas* sólo hay referencia a muy pocos productos de una sociedad industrial mecanizada: el tren, armas de fuego, el teléfono, el gramófono, la linterna, la luz eléctrica.[13] Vale anotar que muchos de ellos están concentrados en los cuentos "El llano en llamas" y "Paso del Norte", lo que indica que muchos de estos productos, con la excepción de la luz eléctrica, el gramófono y las armas de fuego, no han llegado a los campesinos, sino que éstos los encuentran cuando salen de su tierra. En "Paso del Norte" se menciona un "gramófono" como valioso y raro objeto con el que un ex-bracero se gana ahora la vida en su pueblo. La luz eléctrica se menciona en forma indirecta en el cuento "En la madrugada": "Esa noche no encendieron las luces, de luto, pues don Justo era el dueño de la luz" (EM, pág. 53). Aparece también brevemente en "No oyes ladrar los perros": "Ya es muy noche y han de haber apagado la luz en el pueblo" (NO, pág. 117). Las armas de fuego aparecen en muchos de los cuentos, y es el producto de la sociedad industrial que se hace sentir más en el mundo rural mexicano, y para el cual existen varios nombres que designan la variedad de armas: "fusiles", "máuseres", "la 30", "carabinas", "pistolones" y otros. Sin embargo, estas armas de fuego generalmente aparecen en manos de gente no campesina: los soldados que fusilan a Juvencio Nava; los que disparan a los braceros en "Paso del Norte"; o en manos de campesinos cuando actúan como revolucionarios. Las armas propias del campesino son machetes y cuchillos, pero una aguja o un leño (como en "La Cuesta de las Comadres") puede tambíen servirle como arma de agresión.

Un tipo de léxico muy abundante en la obra de Rulfo consiste en términos que varios críticos y también lexicógrafos[14] mexicanos denominan "mexicanismos". Estos pueden dividirse en dos grandes grupos: 1) desviaciones de la norma culta, similares al tipo de términos que se encuentran en muchas de las regiones rurales de todo el mundo hispano (algunos de los cuales son arcaísmos), y 2) términos que proceden del náhuatl.

Entre los términos del primer grupo están:

Verbos a los cuales se ha agregado un prefijo:

"arrejuntarse" por "juntarse"
"afigurarse" por "figurarse"
"afusilar" por "fusilar"
"devolverse" por "volverse"
"alevantarse" por "levantarse", y otros.

Formación de un nuevo verbo, sustantivo o adjetivo, de otro sustantivo o adverbio:

"aluzar" de "luz" (análogo a "alumbrar" de "lumbre")
"criminar" de "crimen"

Análisis léxico

"fuereños" de "fuera"
"desahijar" de "hijo"
"encuerada" de "cuero"

Contracción de dos términos en uno:

"dizque" por "dice que"
"contimás" por "cuanto más"

Supresión de una consonante:

"ciudá" por "ciudad"
"indina" por "indigna"
"onde" por "donde"

Supresión de una sílaba:

"pa" por "para"
"migración" por "inmigración"

Sustitución de una vocal por otra:

"aletiar" por "aletear"
"trairá" por "traerá"

Sustitución o añadidura de una consonante:

"güesitos" por "huesitos"
"güevos" por "huevos"
"infestar" por "infectar"

Sustitución de una consonante por una vocal y otra consonante:

"influencia" por "influenza"

Metátesis:

"naide" por "nadie"

Arcaísmos:

"devisar" por "divisar"
"truje" por "traje"
"haiga" por "haya"

El cuento "Paso del Norte" es el que contiene una mayor concentración de este tipo de léxico, por medio del cual se caracteriza al campesino sin educación alguna, acentuando su aguda vulnerabilidad en una sociedad rapaz.

Hay una abundancia de términos que pertenecen al segundo grupo, muchos de los cuales designan la flora y la fauna del suelo jalisciense. Hugo Rodríguez Alcalá opina que no es imprescindible conocer la significación exacta de estos términos.[15] Es cierto que Rulfo tiene mucho cuidado en mantener el equilibrio del lenguaje que utiliza para no ahogarlo con términos y expresiones regionales, mediante una cuidadosa distribución de éstos, de tal manera que el contexto provea una idea aproximada del significado de vocablos mexicanos. Sin embargo, el conocimiento de la exacta significación de estos términos enriquece considerablemente la lectura de la obra de Rulfo. Ya se ha mencionado anteriormente el ejemplo del término "comal" (ver pág. 49). Es cierto que en la metáfora sobre el llano "comal acalorado", el adjetivo "acalorado" ya da la idea de algo muy caliente. Sin embargo, sin conocer su significado preciso, no se puede apreciar el impacto afectivo de la metáfora. En la lectura de *Pedro Páramo*, el lector no informado no podrá asociar "Comala" con "comal", perdiendo así importantes matices semánticos del nombre del pueblo. Asimismo, el lector que ignore el significado de muchos términos del náhuatl que Rulfo utiliza con mucha frecuencia para describir sus paisajes—tales como: "ahuatado", cubierto de espinas; "chicalote", "garambayo", "huizache", "huizapol" y otros, que se refieren a plantas espinosas—no podrá captar el simbolismo de la vida como un camino de espinas que presenta Rulfo en *El llano en llamas*.

He aquí ejemplos de mexicanismos del segundo grupo, la mayoría de los cuales proviene del náhuatl, con la excepción de dos términos, que aparecen al final de esta lista:[16]

Del náhuatl:

> ajolote: de *a* + *xolotl* (liso, pelado) + *atl* (agua); animal anfibio.
> amole: de *amulli* (jabón); planta del jabón.
> camichin: de *coatl* (serpiente) + *michin* (pescado); árbol, variedad de matapalo.
> coamil: de *cuahuitl* (palo) + *milli* (sementera); terreno dedicado al cultivo.
> chincual: de *tzinco* (ano) + *atl* (agua); erupción alrededor del ano; sarampión.
> huizache: de *huitztli* (espina) + *ixachi* (abundante); arbusto erizado de púas.
> mezcal: de *metl* (maguey) + *ixcalli* (cocido, hervido); bebida alcohólica hecha a base de maguey.
> nixtenco: de *nextli* (ceniza) + *co* (lugar); fogón.
> pilmama: de *pilli* (hijo) + *mama* (que carga); ama de cría.
> tapanco: de *tlapantli* (azotea); granero.
> tequesquite: de *tetl* (piedra) + *quizquitl* (eflorescente); sustancia salina.

Del maya:

> guacho: de *huach* (mexicano no nacido en Yucatán); soldado; "pelado" sucio y ratero.

Del tarasco:

53

Análisis léxico

tambache: (no se indica la derivación); bulto de ropa.

Vale también anotar que existen muchos términos cuya fonética es muy afín a la española, pero que no figuran en la mayoría de los diccionarios de la lengua española. Algunos ejemplos son: apalcuachar, arrebiatado, atejonado, culimpinar, chamuco, güero, malorear, pajuelear, pizcadora, retachar, tambache y muchos otros.[17]

Como se ha dicho anteriormente, es posible leer *El llano en llamas* y *Pedro Páramo* sin la ayuda de un diccionario de mexicanismos, pero es muy útil contar con un glosario de términos regionales para un lectura más profunda de estas obras. Con este propósito, se ha preparado una lista de los términos regionales que aparecen en las dos obras de Rulfo, la que forma parte de este libro (ver págs. 118-124).

Capítulo II: Análisis morfosintáctico

Sustantivos

Después de tratar el léxico en general de la obra de Rulfo, cabe ahora analizar la función de partes de la oración (sustantivos, pronombres, adjetivos, adverbios, verbos) en la obra de Rulfo. El uso de sustantivos en *El llano en llamas* sobresale en los siguientes aspectos: creación de escenarios; uso simbólico; contraste; nombres de animales y animalización; deshumanización.

Generalmente, los escenarios en que se mueven los personajes de los cuentos están descritos en forma muy breve, con unos cuantos sustantivos—los más indispensables y cuidadosamente elegidos—que tienen la función de proveer una información esquemática, pero esencial, que el lector debe completar. Por ejemplo, en el cuento "Macario" tenemos poquísimos sustantivos con los cuales formar el cuadro donde se desarrolla la acción:

> Estoy sentado junto a la *alcantarilla* aguardando a que salgan las *ranas* (M, pág. 9).

Todo el cuento se desarrolla en este escenario que está descrito prácticamente con un sólo término: "alcantarilla". "Ranas" añade un detalle de información que aparecerá en el futuro, pero que todavía no es parte del escenario. Fuera de la posición de Macario ("sentado") y el lugar aproximado ("junto"), sólo se tiene, unas líneas después, un sólo dato más sobre el cuadro: "con una *tabla* en la *mano*" (M, pág. 9). Rulfo se limita a mencionar sólo aquellos sustantivos que son indispensables para la narración—la tabla y la mano—, ambas importantes para la misión de Macario: aplastar las ranas a tablazos. Otros escenarios en este cuento, evocados por Macario, son la iglesia y su cuarto. Sobre el primero de éstos, la descripción no pasará del sustantivo "iglesia", sin añadirse un sólo detalle del aspecto físico de ésta. (El lector tendrá que imaginarse una iglesia de pueblo mexicano). El segundo escenario evocado es el cuarto de Macario. En este caso, aparte del sustantivo "cuarto", tenemos cinco otros sustantivos que completan el desnudo y patético cuadro de la covacha donde Macario pasa la mayor parte de su vida: ocote, talegas, cucarachas, grillos y alacranes.

La acción en "No oyes ladrar los perros" trata de un largo y penoso viaje de un padre anciano con el hijo moribundo cargado en sus hombros. El escenario donde transcurre esta acción está muy parcamente trazado, con unos cuantos sustantivos: piedras, arroyo, paredón, luna. Es esta última la única que recibe más atención descriptiva: mediante su situación en el cielo, su color y tamaño, más el tipo de sombra de los hombres que proyecta, se va marcando el paso del tiempo. Al llegar a destino, al sustantivo "pueblo", sólo se añaden los siguientes mínimos datos descriptivos: tejados, tejabán, pretil de la acera.

Aún en los cuentos donde el escenario juega un papel dominante, como en "Luvina", o donde se describe más extensamente el paisaje para determinar el tono del cuento, como "En la madrugada", es siempre relativamente muy poca la información concreta que ofrece Rulfo. En "Luvina", en tres páginas que tratan sobre el paisaje, y que contienen muchos más adjetivos de los que generalmente emplea Rulfo, el cuadro presentado sigue siendo muy esquemático: cerros altos, piedra gris, loma, tierra blanca y empinada, barrancas hondas, montes, arena de volcán. Dos tipos de vegetación que se mencionan, "dulcamaras" y "chicalote", no se pueden considerar parte del paisaje por la brevedad de su permanencia. Los sustantivos que acaban dominando ese paisaje son: sol, nubes, tierra, y especialmente, viento, los cuales están seguidos de verbos que expresan el furioso dinamismo de las inclemencias del tiempo. Es una visión casi apocalíptica del paisaje. Sobre el paisaje en la obra de Rulfo comenta Octavio Paz:

> Juan Rulfo es el único novelista mexicano que nos ha dado una imagen—no una descripción—de nuestro paisaje. . .no nos ha entregado un documento fotográfico o una pintura impresionista sino que sus intuiciones y obsesiones personales han encarnado en la piedra, el polvo, el pirú. Su visión de este mundo es, en realidad visión de otro mundo.[1]

En el cuento "En la madrugada" la descripción del paisaje inicial está casi totalmente dominada por una serie de sustantivos que designan sustancias amorfas y pasajeras, como: nubes, niebla, vapor, humo, olores. Retirados estos elementos de nebulosidad, queda escasa información concreta contenida en los sustantivos: "San Gabriel", "pueblo", "árboles", "tierra", "cocinas", siendo todos sustantivos genéricos (con la excepción del nombre del pueblo), que no dicen nada en particular sobre estos elementos.

Un sustantivo utilizado con mucha frecuencia es "cosa". En parte, este frecuente uso de "cosa" tiene el propósito de reflejar un lenguaje inculto, de gente que, por su ignorancia, no puede encontrar los términos más precisos para expresar sus ideas. Por ejemplo:

> No sentía dolor, sólo una *cosa* negra que le fue oscureciendo el pensamiento hasta la oscuridad total (EM, pág. 52).

> Pero ahora que está muerto la *cosa* se ve de otro modo (T, pág. 58).

Pero en muchos casos, el sustantivo "cosa" tiene el claro fin de rebajar a las personas, de deshumanizarlas, como en los siguientes ejemplos de *Pedro Páramo*:

> El asunto comenzó—pensó—cuando Pedro Páramo, de *cosa* baja que era se alzó a mayor. Fue creciendo como una mala yerba (*PP*, pág. 73).

> ¡Damiana! Encárgate de esa *cosa*. Es mi hijo (*PP*, pág. 73).

> . . .llegó a Talpa aquella *cosa* que era mi hermano Tanilo Santos, aquella *cosa* tan llena de cataplasmas y de hilos oscuros de sangre. . . (T, págs. 62-63).

En el primer caso, es el padre Rentería, conocedor de las atrocidades que ha cometido Páramo, que lo considera un ser inferior a humano, llamándolo "cosa baja". Hay una gradación en "cosa baja" y "mayor", que expresan el aumento en la bajeza de Pedro Páramo. La segunda calificación completa la deshumanización: "mala yerba". En el segundo ejemplo, es Pedro Páramo el que se refiere a su hijo Miguel como "cosa". Esto refleja la concepción del mundo de Páramo, para quien todos son objetos que él usa. Irónicamente, esa "cosa" se convierte en el único ser hacia quien Pedro llega a tener cariño durante su vida adulta, aparte de Susana San Juan.

En el tercer ejemplo, el narrador de "Talpa", como en el caso de Pedro Páramo con su hijo infante, ha dejado de ver en su hermano a un ser humano y lo percibe más bien solamente como a un objeto que estorba sus amores con su cuñada Natalia. El sustantivo "cosa" aquí tiene también la función de realzar el efecto desfigurador de la enfermedad de Tanilo, que casi ha eliminado su apariencia humana: Tanilo es un cadáver andante. El sustantivo "cosa" también se utiliza con una carga afectiva de rechazo o de algo que está fuera de la comprensión: "No, el llano no es *cosa* que sirva" (LL, pág. 16) y "Allí nos estuvimos horas y horas sin cansarnos viendo la *cosa* aquella" (E, pág. 32). En ambos casos hay una degradación de lo nombrado (el llano y el río).

Análisis morfosintáctico

En los siguientes ejemplos, el sustantivo "cosa" se utiliza en un sentido eufemístico, porque se prefiere evitar el pronunciar el nombre de algo repulsivo y desagradable: "...no salía nada de sangre y sí una *cosa* [puz] amarilla como goma de copal" (T, pág. 56), y "La Virgencita le daría el remedio para aliviarse de aquellas *cosas* [llagas] que nunca secaban" (T, pág. 56).

Con frecuencia aparecen en los cuentos de Rulfo sustantivos que designan específicamente una parte del cuerpo, destacándola de tal manera que parecen ser entidades independientes y autónomas del resto del cuerpo del personaje.[2] Diane Hill interpreta esta técnica como parte de la visión desintegradora del mundo que presenta Rulfo, dando como ejemplo la primera parte del cuento "El hombre":

> Los pies del hombre se hundieron en la arena, dejando una huella sin forma, como si fuera la pezuña de algún animal. Treparon sobre las piedras, engarruñándose al sentir la inclinación de la subida, luego caminaron hacia arriba, buscando el horizonte (EH, pág. 37).

"El hombre, como entidad física, no se presenta hasta el final del cuento. Pero su presencia, sus acciones y hasta sus actitudes se revelan por los pies y las huellas que ha dejado en la tierra".[3] Además de expresar desintegración, y como otra fase de ella, esta repetida separación de partes o elementos de una persona, expresa también profunda alienación de los personajes, como en otras porciones de este mismo cuento, donde el hombre no puede reconocer su propia voz, o como en el caso de "Macario", donde las manos del muchacho parecen tener vida propia. Hay en algunos casos personificación de estas partes aisladas del cuerpo humano, como los "pechitos" de Nacha. Un caso parecido a éste, aunque la técnica es un poco distinta porque no incluye el uso del diminutivo, es el que aparece en "La Cuesta de las Comadres":

> Yo nunca conocí a nadie que tuviera un alcance de *vista* como el de Remigio Torrico. Era *tuerto*. Pero el *ojo* negro y medio cerrado que le quedaba parecía acercar tanto las cosas, que casi las traía junto a sus manos. Y de allí a saber que qué bultos se movían por el camino no había ninguna diferencia. Así, cuando su *ojo* se sentía a gusto teniendo en quién recargar la *mirada*, los dos se levantaban de su *divisadero* y desaparecían de la Cuesta de las Comadres por algún tiempo (LC, pág. 23).

El sustantivo "ojo" domina este trozo y viene individualizado y con propiedades casi mágicas: es una especie de telescopio humano. Los sustantivos "vista", "mirada" y "divisadero" refuerzan la capacidad visual de ese ojo, que además de poseer la capacidad telescópica de acercar los objetos, actúa como tentáculo que atrapa a las víctimas ("recargar la mirada"), como si con los ojos se diera ya el primer golpe a los desprevenidos caminantes.

Los sustantivos que designan animales aparecen muy frecuentemente en los cuentos de Rulfo, no sólo para completar el escenario campesino donde se mueven los personajes, sino también como base de comparaciones que resultan en una variedad de efectos: presentar la vida campesina, animalizar a personajes, reflejar la concepción del campesino de sí mismo como parte integral de la naturaleza, y en función de símbolo. Las comparaciones de otros objetos o personas con animales resultan muy convincentes y lógicas en personajes campesinos que pasan su vida rodeados de todo tipo de animales. Con frecuencia los personajes comparan a otros personajes con animales, con el deliberado propósito despectivo:

> Te esperé un mes, despierto de día y de noche, sabiendo que llegarías a rastras, escondido como una mala *víbora* (EH, pág. 4l).

En otras oportunidades, la comparación se presenta como si se produjera espontáneamente, con fines descriptivos:

> . . .porque nomás dió dos o tres respingos como un *pollo* descabezado y luego se quedó quieto (LC, pág. 29).

En este caso, la comparación de la víctima con un animal tiene el efecto de reflejar más bien la brutalidad del asesino. Existen muchos ejemplos donde se equiparan hombres con animales, metales con animales, animales con hombres, mostrando así un ambiente dinámico y fluido, donde el hombre, y todos los demás seres y objetos de la naturaleza, son parte indivisible, casi intercambiable de ella:

> Lo vió brillar [al machete] como un pedazo de *culebra* sin vida, entre las espigas secas (EH, pág. 39).

> . . .con un ruido [de *rezos*] igual al de muchas *avispas* espantadas por el humo (T, pág. 64).

> Y se oía cómo el viento llevaba y traía aquel rumor [de *voces*] revolviéndolo hasta hacer con él un solo *mujido* (T, pág. 62).

> . . .lleno por dentro y por fuera de un hervidero de *moscas* azules que zumbaban como si fuera un gran *ronquido* que saliera de la boca de él (T, pág. 65).

También se utilizan nombres de animales con fines simbólicos. En *Pedro Páramo*, explica Edelweis Serra, el caballo representa "el líbido de la conotación sexual" (refiriéndose a Miguel Páramo), y el

Análisis morfosintáctico

toro "el principio masculino fecundador"[4] (con referencia a Pedro Páramo). En "Luvina", el sustantivo "comejenes", que al principio del cuento "entraban y rebotaban contra la lámpara de petróleo, cayendo al suelo con las alas chamuscadas" (L, pág. 95), es símbolo de las aspiraciones humanas truncadas. El hombre, como los comejenes, tiene la absurda pretensión de volar hacia la luz (los ideales) y sólo acaba quemándose las alas. Al concluir el cuento, los comejenes, ya sin alas, han sufrido una completa degradación: de seres que vuelan se han convertido en seres que se arrastran (gusanos). Los gusanos, que simbolizan la muerte, representan también al narrador, muerto en vida, después de haber perdido sus ideales.

Además de los nombres de animales, hay muchos otros sustantivos que funcionan a un nivel simbólico en la prosa de Rulfo. Se ha mencionado mucho el simbolismo de nombres propios en *Pedro Páramo*, comenzando por el título del libro que es nombre del cacique protagonista (Pedro-piedra, Páramo-desierto). En los cuentos, si hay simbolismo en los nombres propios, es un simbolismo mucho más sutil, más difícil de captar. Por otra parte, en muchos de los cuentos ni siquiera se sabe el nombre del narrador, reforzándose el anonimato de los personajes de Rulfo. Entre los nombres de personajes de más fácil asociación están "Natalia" en "Talpa" y "Alcancía", apellido del asesino en "El hombre". Tal vez Rulfo tuvo el propósito irónico de llamar "Natalia", sustantivo que deriva de "nacer", a una mujer que en lugar de hacer nacer, se ocupa de tratar de acelerar la muerte de su propio marido. En el caso de "Alcancía", su primer significado de vasija para guardar monedas, no parece encajar con el personaje, pero su tercera acepción[5] parece ser más descriptiva de las acciones del personaje: "Olla llena de alquitrán y otras materias inflamables que, encendida, se arrojaba a los enemigos".[5] Luego está la asociación con "alcance", que significa "seguimiento, persecución", y no hay duda que Rulfo estaba consciente de ello, y también de la asociación con "alcanzar", que funciona en un nivel irónico con respecto a José Alcancía, porque él no alcanza salvarse, sino que es alcanzado por su perseguidor y así alcanza su muerte. Hay luego otros nombres propios cuyo simbolismo es más difícil de establecer, y se corre el riesgo de especular demasiado. Por lo tanto, más vale ocuparse de los numerosos sustantivos comunes que Rulfo emplea con fines claramente simbólicos. Abundan los sustantivos que simbolizan la muerte, tema constante en toda la obra de Rulfo. Además de "gusano" ("Luvina" y "Talpa"), ya mencionado, están los sustantivos

"noche",[6] "polvo", "llagas" y "baile" (danza macabra) (en "Talpa");
"luna" (en "El hombre" y "No oyes ladrar los perros"); símbolos de
culpa: "hinchazón" ("El hombre") y "piedras" ("Talpa" y "Anacleto
Morones"); símbolos de la vida como vía expiatoria: "viaje" y "camino" ("Nos han dado la tierra", "Talpa", "No oyes ladrar los perros",
"¡Díles que no me maten!", "En la madrugada"); el viento y el aire son
símbolos cósmicos de hostilidad ("Luvina"), al igual que el "polvo"
en "Talpa". El "viento" y el "aire" también pueden ser símbolos de esperanza, como lo son la "lluvia", los "olores" y los "ladridos" de perro
("Nos han dado la tierra").

Varios de los cuentos contienen una serie de sustantivos de contraste. Por ejemplo, en "Nos han dado la tierra" se contrastan los sustantivos de lo que se desea: pueblo, semilla, árboles, río, aire, raíz, co-
nejo, olores—sustantivos que simbolizan la fertilidad y la vida de plenitud—con los que ofrece la realidad inhóspita del llano: sol, calor,
aridez, lagartija, huizaches, zacate. En "Macario" están los sustantivos que designan lo comestible (comida y leche de varios tipos),
asociados con todo lo positivo. La comida, para Macario, es una
especie de antídoto contra la muerte y los consiguientes suplicios del
infierno, además de saciar su hambre crónica. En la primera página
solamente se menciona el sustantivo "comida" tres veces, una vez el
sustantivo "comedera", doce veces el verbo "comer" en distintos
tiempos, y una vez el verbo "cenar" en gerundio. Opuestos a estos sustantivos que se refieren a la alimentación están aquéllos que constituyen una constante amenaza para Macario: chamucos, demonios,
pecados, cucarachas, alacranes, pedradas.[7]

En el mundo fluido y cambiante de Rulfo, se han borrado las barreras entre lo humano, lo animal, lo mineral y lo vegetal; lo concreto
de lo abstracto; lo sólido de lo líquido; lo espacial de lo temporal.
Esta técnica contribuye a crear una realidad imprecisa y movible. El
conocido director de cine, Luis Buñuel, admira esa cualidad en la
prosa de Rulfo:

> Lo que más me atrae de la obra de Rulfo es el paso de lo misterioso a la
> realidad, casi sin transición; esa mezcla de realidad y fantasía me
> gusta mucho.[8]

Es muy pronunciado en Rulfo este cruce de barreras por lo que se to-
marán sólo algunos ejemplos a modo de ilustración:

Sustantivos abstractos a los que se les atribuyen cualidades de
objetos sólidos:

> . . .mientras él *arrastraba* su *esperanza* (T, pág. 56).

Análisis morfosintáctico

> El anduvo solo, únicamente *maniatado* por el *miedo* (D, pág. 89).

> Cuando el *cansancio* del cuerpo raspa las *cuerdas* de la *desconfianza* y las *rompe* (EH, pág. 38).

Sustantivos que designan elementos líquidos o gaseosos, pero a que se les atribuyen cualidades de objetos sólidos o cualidades humanas:

> . . .una *lluvia* de triples *rizos* (*PP*, pág. 22).

> . . .*andan* [las nubes] de un cerro a otro *dando tumbos* como si fueran vejigas infladas *rebotando* y *pegando* de truenos igual que si se *quebraran* en el filo de las barrancas (L, pág. 96).

Sustantivos abstractos a los cuales se les atribuyen acciones de animales o características humanas:

> Yo diría que es el lugar donde *anida* la *tristeza* (L, pág. 96).

> . . .*golpeando* con sus *manos* de aire las cruces del viacrucis (L, pág. 99).

A substancias amorfas se les atribuyen características de solidez y forma:

> . . .apelotonados bajo el sol, retorciéndose entre la *cerrazón* del *polvo* que nos *encerraba* a todos en la misma vereda y nos *llevaba* como *acorralados* (T, pág. 60).

A substancias sólidas se les atribuyen cualidades de substancias pastosas:

> . . .esas *plantitas* tristes que apenas si pueden vivir *untadas* a la tierra (L, pág. 94).

A un elemento temporal se le atribuyen características espaciales o físicas:

> Ahora se trata de *cruzar* el *día*, de *atravesarlo* como sea para correr del calor y del sol (T, pág. 60).

> ...más *allá* de muchos *días*. . .(T, pág. 57).

> ...en esa *hora desteñida* en que todo parece chamuscado (D, pág. 90).

Otro aspecto de esta técnica de borrar fronteras en la obra de Rulfo son las conversaciones de hombres con animales y con cadáveres.

Pronombres

Dado que la prosa de Rulfo cuenta con abundantes diálogos, se puede observar allí la función estilística de los pronombres. Rulfo tiene mucha conciencia del valor expresivo de los tratos pronominales y los aprovecha magistralmente con una variedad de fines: caracterización de personajes y establecimiento de las distintas clases sociales y jerarquías de poder; en el tratamiento de padres e hijos; para expresar conflicto en las relaciones familiares; para reflejar alienación y solidaridad.

Uno de los recursos más efectivos utilizados en la caracterización del personaje Pedro Páramo es la variedad de tratamientos y usos pronominales. Una instancia de gran poder expresivo en la novela se encuentra en las páginas donde se narra la transición de Pedro Páramo de simple muchacho joven, hijo de familia, a patrón absoluto de La Media Luna:

> —Siéntate, Fulgor. Aquí hablaremos con más calma.
> Estaban en el corral. Pedro Páramo se arrellanó en un pesebre y esperó:
> —¿Por qué no te sientas?
> —Prefiero estar de pie, Pedro.
> —Como tú quieras. Pero no se te olvide el "don" (*PP*, pág. 39).

Fulgor Serrano ha venido a enfrentar a su nuevo patrón, de quien tiene una opinión muy pobre, formada a base de los comentarios del propio Lucas Páramo, padre de Pedro: "Es un inútil". . ."Un flojo de marca. . . .No se cuenta con él para nada, ni para que me sirva de bordón servirá cuando yo esté viejo. Se me malogró, qué quiere usted, Fulgor" (*PP*, pág. 41). Fulgor inclusive esperaba pronto apoderarse de las tierras que codiciaba, dejadas por Don Lucas: "Vente para acá tierrita de Enmedio. La veía venir. Como que aquí estaba ya" (*PP*, pág. 42). Fulgor Serrano se dirige a Páramo con el trato familiar "Pedro", y además, no acepta la invitación de sentarse, con una respuesta un tanto impertinente y hasta algo desafiante. Rodríguez Alcalá anota que Serrano ha "venido a hablarle desde la superioridad de los años y de la experiencia" y "le choca el tuteo del muchacho".[9] Además, lo que tal vez desconcierta y fastidia más a Serrano es el tono y actitud superior de Pedro Páramo, completamente inesperada. Considérese que estaba acostumbrado al respetuoso trato de "usted" que le daba don Lucas. El trato familiar de "Pedro" que da Fulgor a Páramo ignora el hecho de que Pedro es ahora el patrón. Páramo corrige rápidamente esta situación, afirmando enérgicamente la relación de patrón a empleado entre ellos, al exigir que Fulgor añada "don" a su nombre. Poco después, ya convencido de la poderosa y despiadada superioridad de su amo, Fulgor Serrano ustea a Pedro Páramo, pero no usa el respetuoso "don Pedro", sino el sumiso y servil "patrón" ("Me vuelve a gustar cómo acciona usted, patrón... [*PP*, pág. 89]).

La astuta personalidad de Pedro Páramo se revela mediante sus tratos con Bartolomé San Juan y con los revolucionarios. Al primero le da el cortés y respetuoso trato de "usted" simplemente porque quiere conseguir la mano de su hija. Posteriormente ordenará que lo maten. A los revolucionarios se dirige con el astuto e hipócritamente humilde trato de "patrones" (—Patrones...¿en qué puedo servirlos? [*PP*, pág. 100]). Contrastan también el trato íntimo y afectivo del "tú" que dedica Pedro Páramo a Susana San Juan, en sus evocaciones de la muchacha ("Pensaba en ti, Susana" [*PP*, pág. 16]) y el irónico y frío "usted" acompañado del hipócrita "Doloritas", que utiliza para dirigirse a su mujer, Dolores Preciado ("¿Por qué suspira usted, Doloritas?" [*PP*, pág. 24]).

Otro de los usos pronominales con fines estilísticos en Rulfo se encuentra en el cuento "No oyes ladrar los perros". En este cuento, el padre, en el diálogo con su hijo, alterna el tratamiento pronominal entre "tú" y "usted". Gary Keller ha notado el gran significado sicológico de estas vacilaciones pronominales por parte del padre.[10] El padre está emocionalmente dividido entre el afecto de padre y el sentimiento de rechazo y repugnancia que le producen las acciones pasadas de su hijo maleante. Con el tuteo habla el padre, que a pesar de todo, sigue siendo padre. En cambio, el usteo es alienante; con él se rechazan los lazos familiares y de solidaridad. Como dice Rodríguez Alcalá, el usteo convierte al padre en juez.[11]

Los tratos pronominales en Rulfo reflejan las clases sociales a que pertenecen los personajes, y las relaciones de poder entre ellos; por ejemplo, el borreguero de "El hombre", que está a merced del licenciado, por la profesión de éste y su clase social superior, trata de usted a su poderoso interlocutor. Los campesinos de "Nos han dado la tierra" ustean y llaman "señor delegado" al funcionario del gobierno. Juvencio Nava ustea a su acaudalado compadre Don Lupe (dueño de los potreros), y recibe de él el tuteo. Curiosamente, Juvencio, a tiempo de suplicar que le perdone la vida el coronel (hijo de don Lupe), usa el tuteo ("¡No me mates!") en lugar del usteo, como para tratar de acercarse más a él y conmoverlo, mediante el tratamiento familiar. El tuteo también tiene la función de recordarle al coronel la diferencia de edades: Juvencio es un anciano que se dirige a un hombre joven, a quien conoció de pequeño.

Una de las formas pronominales frecuentes en Rulfo es la de la tercera persona plural (ellos), expresada en la desinencia verbal de la forma impersonal. Esta forma se utiliza en varios de los cuentos, especialmente en "Macario", "Nos han dado la tierra" y "Paso del Norte":

> *Dicen* en la calle que yo estoy loco. . .(M, pág. 9)

> Así nos *han* dado la tierra (N, pág. 18).

> Pos nos *clarearon* anoche (P, pág. 125).

En los verbos de estos ejemplos, el agente que realiza la acción es siempre un "ellos" desconocido y anónimo (o puede ser el gobierno, entidad impersonal y lejana). El uso de esta forma impersonal refleja la profunda alienación por parte de los personajes. El filósofo Martin Heidegger explica que el pronombre "ellos" tiene la extraña combinación de ubicuidad, pero que no se lo puede hacer responsable de nada—lo hace todo sin ser nadie:

> The "they" is there alongside everywhere [*ist überall dabei*], but in such a manner that it has always stolen away whenever Dasein[12] presses for a decision. Yet because the "they" presents every judgment and decision as its own, it deprives the particular Dasein of its answerability. The "they" can, as it were, manage to have "them" constantly invoking it. It can be answerable for everything most easily, because it is not someone who needs to vouch for anything. It "was" always the "they" who did it, and yet it can be said that it has been "no one".[13]

Es interesante notar que frente al "ellos" de la forma impersonal mencionada arriba, Rulfo utiliza la forma pronominal también clasificada como "impersonal", el pronombre "uno", con la función opuesta a la anterior, es decir, con el fin de expresar solidaridad o unión en el sufrimiento y agresión que se sufre por parte de "ellos":

> Y aguantar otra vez que le amarren a *uno* las manos. . .(M, pág. 4).

> *Uno* platicaría muy a gusto en otra parte, pero aquí cuesta trabajo. *Uno* platica aquí y las palabras se calientan en la boca con el calor de afuera, y se le resecan a *uno* en la lengua hasta que acaba con el resuello (N, pág. 16).

> Lo maten a *uno* sin avisarle. . .(N, pág. 17).

> . . .se clavan en los pies de *uno* al caminar. . .(L, pág. 96).

Análisis morfosintáctico

El pronombre "uno" frente a "ellos" también realza la disparidad de la confrontación. Mariano Azuela en su novela *Los de abajo* utiliza con frecuencia este pronombre de solidaridad del hombre del pueblo. Por ejemplo, en su conversación con Luis Cervantes, Demetrio Macías utiliza el pronombre "uno" para referirse a sí mismo y hombres como él, y subrayando que Luis está fuera de lugar entre los revolucionarios:

> —¿De veras quiere irse con nosotros, curro?. . . .Usté es de otra madera, y la verdá, no entiendo cómo pueda gustarle esta vida. ¿Qué cree que *uno* anda aquí por su puro gusto. . . .Cierto, ¿a qué negarlo? a *uno* le cuadra el ruido; pero no sólo es eso. . . .[14]

Los serranos que en la primera etapa de la revolución acogen a los revolucionarios, también utilizan el pronombre de solidaridad "uno" para describirse a sí mismos cuando narran los abusos del gobierno:

> . . .que nos *roban* nuestros puercos, nuestras gallinas y hasta el maicito que tenemos para comer; que *queman* nuestras casas y se *llevan* nuestras mujeres, y que, por fin, donde *dan* con *uno*, allí lo *acaban* como si fuera un perro de mal.[15]

Adjetivos

Es conocida la actitud negativa de Rulfo frente a los adjetivos, por considerarlos parte de un lenguaje barroco y retórico que carece del vigor y de la precisión que él desea en su prosa.[16] Al referirse a la prosa española contemporánea, el escritor mexicano dice que la encuentra débil porque los españoles "adjetivan mucho".[17] Rulfo desea presentar una visión austera del mundo, y por lo tanto, utiliza solamente los adjetivos más indispensables y con frecuencia los reemplaza por formas adjetivales más vigorosas. Además, la narración de las obras de Rulfo está presentada desde el punto de vista de los personajes, campesinos humildes, y una prosa recargada de adjetivos resultaría en un lenguaje inverosímil. El calificar supone en el hablante una actitud contemplativa, que sería falsa, si se la atribuye a labradores cuya vida y escasa cultura no conducen a la contemplación. Gili Gaya anota que:

> El uso abundante y preciso de adjetivos está en razón directa del grado de cultura, y constituye (al lado de las conjunciones) un criterio diferenciador muy importante entre los planos sociales de las hablas sincrónicas.[18]

Rulfo no solamente tiene mucho cuidado en no excederse en el número de adjetivos, sino también en el tipo de adjetivos que son en su mayor parte objetivos. Estos sirven para dar breves características físicas sobre algo: color, textura, temperatura, forma. Generalmente Rulfo utiliza sólo un adjetivo calificativo: "cosa amarilla", "agua espesa", "palos guajes". Bastante menos frecuente es la agrupación de más de un adjetivo calificativo: "piedras grandes y boludas" (LL, pág. 69) y "piernas redondas, duras y calientes" (T, pág. 57).

Entre estos adjetivos objetivos, tal vez el más común es el que designa el color del objeto nombrado: "ojo negro", "cebada amarilla", "una oreja blanca y otra colorada", "cielo gris", y muchos más. Algunos de estos colores, especialmente el verde por un lado y el negro por otro, tienen valor simbólico. El verde simboliza todo aquello que el campesino desea: fertilidad, esperanza, plenitud, alivio ("agua verde del río", "lomas verdes", "tierra verde"). El color negro simboliza la maldad o algo desagradable: "ojo negro" (de Remigio Torrico, el asesino), "figuras negras, sobre el negro fondo de la noche" (las mujeres de Luvina). Los paisajes descritos en tonos grises siempre acompañan experiencias desagradables, a veces de pavor o desesperación; en el cuento "El hombre", acompaña al perseguido un cielo gris: "Solo el puro cielo, cenizo" (EL, pág. 38), y "La madrugada estaba gris" (EL, pág. 39). El paisaje de Luvina se describe en tonos negros y grises: "[El cerro] está plagado de piedra gris. . ." (L, pág. 94), "[el viento] es pardo" (L, pág. 94), y ". . .es un aire negro" (L, pág. 95).

Muy rara vez se encuentran en Rulfo adjetivos subjetivos, y en las contadas oportunidades que aparecen, van dirigidos a objetos ("plantitas tristes") y no a personas. Tampoco se hallarán adjetivos que pasen juicio sobre situaciones o acciones. Es evidente que hay una falta completa de análisis o explicación de hechos en la prosa de Rulfo.

Un tipo de adjetivo que se encuentra con frecuencia en los cuentos es el demostrativo, siendo el más utilizado el "aquello", que no añade información alguna a lo narrado, pero que agrega un deliberado tono de imprecisión, porque los hechos narrados y los paisajes descritos siempre provienen de la memoria algo borrosa de los personajes: "aquellas barrancas", "aquellos cerros", "esa madrugada", "aquella soledad". A esto debe añadirse una serie de adverbios que nunca especifican en cuanto a espacio o tiempo: "allá abajo", "la tierra de por allí", "estaba allí", "tan allá, tan lejos", "el pueblo está todavía muy allá".

Con frecuencia Rulfo evita una forma de adjetivación directa,

Análisis morfosintáctico

empleando en su lugar la forma adjetival prepositiva (con "de"), especialmente la que va precedida de "llena de", que es mucho más vigorosa; así, en lugar de utilizar "yerba espinosa", dirá "yerbas llenas de espinas" (EH, pág. 37); también dirá: "La madrugada estaba gris, llena de aire frío" (EH, pág. 39); "con sus dientes pelones, colorados de sangre" (LL, pág. 81); "La mañana estaba llena de nublazones" (E, pág. 31); "con sus negros vestidos puercos de tierra" (AM, pág. 129), entre muchos otros.

Otro tipo de calificación que se encuentra con frecuencia en la prosa de Rulfo y que ya se ha estudiado anteriormente, es la calificación por lo negativo; por ejemplo, "camino sin orilla" (N, pág. 15).

Se debe mencionar que una forma de calificación constante en Rulfo es por medio de la comparación. A menudo los personajes parecen no poder encontrar los términos adjetivales con los cuales describir algún objeto, situación o sensación satisfactoriamente, acudiendo entonces a la comparación que ilustre mejor lo dicho. Por ejemplo:

. . .terrones endurecidos como piedras filosas (L, pág. 96).

. . .con aquellas piernas flacas, como sicuas (D, pág. 89).

. . .con los pelos untados a la cara como si les hubiera lloviznado (AM, pág. 127).

Entonces vi que se le iba entristeciendo la mirada, como si comenzara a sentirse enfermo (LC, pág. 29).

Verbos

La utilización de verbos en la prosa de Rulfo es muy variada en tanto a tipos de verbos, formas verbales y por el papel que desempeñan. A pesar de que muchos críticos han comentado sobre el mundo estático que presenta la obra de Rulfo[19]—estatismo asociado con la falta de verbos—abundan los verbos en *Pedro Páramo* y *El llano en llamas*. Por ejemplo, si se cuenta el número de verbos en las primeras cien palabras de *Pedro Páramo* y se lo compara con el que existe en las primeras cien palabras de *La Regenta* o de *Cien años de soledad*, se obtiene el siguiente resultado:[20]

Pedro Páramo	100 primeras palabras	28 verbos
La Regenta	100 primeras palabras	13 verbos
Cien años de soledad	100 primeras palabras	12 verbos

La explicación para esta aparente contradicción (estatismo versus abundancia verbal) radica en el tipo de verbos que utiliza Rulfo. En primer lugar, existe en varios de los cuentos una clara oposición de verbos de acción atribuidos a los elementos de la naturaleza (viento, aire, sol, tierra, polvo), frente a verbos de reposo de los personajes: estar, quedar, mirar, oír. El ejemplo más dramático es "Luvina". En este cuento, los elementos de la naturaleza están personificados, en su papel de agentes de azote cósmico, y despliegan desenfrenado dinamismo:

> El *sol* se *arrima* mucho a Luvina y nos *chupa* la sangre y la poca agua que tenemos en el pellejo (L, pág. 103).

> . . .la *tierra*, además de estar reseca y achicada como cuero viejo, se ha llenado de rajaduras. . .que no son sino terrones endurecidos como piedras filosas que se *clavan* en los pies de uno al caminar como si allí hasta a la *tierra* le hubieran *crecido* espinas (L, pág. 96).

> . . .es un *aire* negro. . . .Se *planta* en Luvina *prendiéndose* de las cosas como si las *mordiera*. Y sobran días en que se *lleva* el techo de las casas como si se *llevara* un sombrero de petate, dejando los paredones lisos, descobijados. Luego *rasca* como si tuviera uñas; uno lo oye mañana y tarde, hora tras hora, sin descanso, *raspando* las paredes, *arrecando* tecatas de tierra, *escarbando* con su pala picuda por debajo de las puertas. . .(L, pág. 95).

Opuestos a estos verbos de dinámica acción, están los verbos pasivos correspondientes al narrador y a la gente de Luvina: nombrar ("la nombran cuesta de la Piedra Cruda" [L, pág. 94]); hablar y quedar ("El hombre que *hablaba* se *quedó* callado" [L, pág. 95]); oír ("uno lo oye" [L, pág. 94]); acomodarse y dormir ("Aquella noche nos *acomodamos* para *dormir*"[L, pág. 99]); o de esa pasividad absoluta se para a un algo de movimiento, pero movimiento insulso, absurdo, vacío, sugiriéndose la imagen de muñecos de cuerda:

> Usted ha de pensar que le *estoy dando vueltas* a una misma idea. Y así es, sí señor. . . .*Estar sentado* en un umbral de la puerta, *mirando* la salida y la puesta del sol, *subiendo* y *bajando* la cabeza, hasta que *acaban aflojándose* los resortes y entonces todo se *queda quieto*, sin tiempo, como si se viviera siempre en la eternidad (L, pág. 101).

A los verbos de reposo de los personajes, se debe agregar aquellos en negativo, que niegan una acción: "En Luvina *no hacen* cal, *ni le sacan* ningún provecho" (L, pág. 94); o verbos yuxtapuestos—acción/no acción—el segundo de los cuales cancela al primero: "*camino y camino y no ando nada*" (EH, pág. 45).

Análisis morfosintáctico

Dos tipos de verbos son muy importantes en la prosa de *El llano en llamas*, aquellos que expresan duda y los verbos relacionados con la memoria. La importancia de estos verbos radica en el propósito básico de Rulfo de presentar una realidad inasible, cambiante, engañosa. Rulfo considera que las facultades humanas (especialmente la memoria), son muy deficientes, y siendo los únicos instrumentos con los que se cuenta, la percepción de la realidad será entonces siempre muy limitada y dudosa.

Entre los verbos de duda están: parecer, debe ser, no saber, que se presentan en todos los cuentos. He aquí algunos ejemplos: "Parecía ser aún temprano" (L, pág. 97); "Ninguno de los bultos pareció darse cuenta" (D, pág. 91); ". . .parecía tener miedo. . .parecía dormir. . ." (NO, pág. 115); "debía ser la sierra" (LN, pág. 106); "se sacudía como si sollozara" (NO, pág. 118); "no supo si lo habían oído" (D, pág. 90); "No se sabe si las golondrinas vienen de Jiquilpan o salen de San Gabriel" (LM, pág. 49). Hay también muchas oraciones precedidas de los adverbios de duda "tal vez" o "quizás": ". . .le salían chorretes de lágrimas. O tal vez era sudor" (EH, pág. 39); "También había dicho eso un poco antes, o quizá la noche anterior" (LN, pág. 105). Los personajes no están nunca seguros de nada, ni lo es el mismo narrador omnisciente.

Al hablarse de las estructuras de repetición, ya se ha tratado sobre el tema de la memoria y el repetido uso del verbo "acordarse" (ver pág. 45). Sólo queda aquí agregar que mientras todos los cuentos contienen el verbo "acordarse", en algunos la deficiencia de la memoria y su poder destructor juegan un papel principal, como en el caso de "En la madrugada" y en "Luvina". En este último cuento, el narrador explica la poca relación que existe entre la realidad pasada y vivida y la memoria que se conserva de ella:

> Resulta fácil ver las cosas desde aquí, meramente traídas por el recuerdo, donde no tienen parecido alguno (L, pág. 97).

En el cuento "En la madrugada", el resignado Esteban trata de deducir si cometió o no cometió el crimen de que se le acusa, por los mismos medios que utilizará su interlocutor y el mismo lector: análisis de los hechos. Su memoria no le sirve de nada en esta situación, porque no recuerda nada. Sólo le queda la duda, no muy firme, de que un hecho de la magnitud del asesinato debería "dejar rastro" en la memoria.

Rulfo tiene mucha conciencia de las distintas posibilidades verbales con fines estilísticos, de todo el grupo de verbos de movimiento que pueden reemplazar al verbo "estar" como verbo copulativo: ir, andar, venir, quedar. Freeman señala que uno de los cambios que realiza Rulfo en *Pedro Páramo* de la tercera a la quinta edición, es el verbo "venir" por el verbo "estar" en la siguiente línea:

> tercera edición: "mi cabeza *estaba* llena" (*PP*, pág. 13).

> quinta edición: "mi cabeza *venía* llena" (*PP*, pág. 12).[21]

Nótese el aumento de vigor en la expresión en el segundo ejemplo, donde las ideas mismas parecen en movimiento, opuesto al estatismo del primer ejemplo. Además, los verbos de movimiento dan mayor colorido a la expresión. En *El llano en llamas* abundan verbos de acción que reemplazan al verbo "estar" y que son muy corrientes en el lenguaje hablado. Por lo tanto, Rulfo acerca así más su prosa al efecto de lenguaje oral popular. He aquí algunos ejemplos:

El verbo "andar" en lugar del verbo "estar":

> . . .¿dónde andan? (LN, pág. 106).

> . . .andaba metida en líos (A, pág. 110).

El verbo "quedar" en lugar del verbo "estar":

> Y el otro se quedaba callado (NO, pág. 115).

> Yo entonces calculé que con unos cien pesos quedaba arreglado todo (D, pág. 87).

El verbo "venir" reemplaza al verbo "estar":

> . . .vamos dejando el día (LN, pág. 106).

Todas estas formas verbales son parte de un número considerable de perífrasis verbales que utiliza Rulfo en su prosa, y que ayudan en gran medida a dar la impresión de tratarse de lenguaje popular hablado. He aquí las más repetidas:

> acabar por + infinitivo ("había acabado por ser un puro pellejo" [N, pág. 88]).
> dejar de + infinitivo ("Malo cuando deja de hacer aire" [L, pág. 102]).
> dejarse + infinitivo ("Y se fue, dejándose caer por la cuesta de la Piedra Cruda. . ." [L, pág. 98]).
> echar + infinitivo ("Luego, como si fueran sombras, echaron a caminar calle abajo. . ." [L, pág. 101]).
> llegar a + infinitivo (". . .y no digo que llegamos a matar a nadie. . ." [LC, pág. 28]).
> llenar de + sustantivo (". . .se ha llenado de rajaduras" [L, pág. 96] en lugar de "rajarse").
> pasar + gerundio ("Los hijos se pasan la vida trabajando. . ." [L,

Análisis morfosintáctico

pág. 102]).

pegar + sustantivo (". . .pegar el brinco del pecho de la madre al azadón. . ." [L, pág. 101] en lugar de "brincar").

poner a + infinitivo (". . .se puso a romper la cerca. . ." [D, pág. 86]).

vivir + gerundio (". . .vivía tocando canciones. . ." [A, pág. 111]).

Al igual que los sustantivos y adjetivos, varios de los verbos tienen valor simbólico, especialmente aquellos relacionados con la idea de desintegración, los cuales simbolizan la muerte: "desmoronar", "desbaratar" y "derretir".

Aquí no se estudiarán en detalle los tiempos verbales desde el punto de vista narrativo, porque es tema ya muy tratado por otros críticos de Rulfo.[22] Baste anotar que varios de los cuentos de Rulfo están narrados en primera persona por un personaje testigo ("Acuérdate") o protagonista ("El llano en llamas", "Talpa", "Luvina"). En estos casos se utiliza en forma bastante consistente el imperfecto, exceptuando aquellos trozos donde se transcribe un diálogo. En cuentos como "Macario" y "Nos han dado la tierra", se combinan los tiempos presente y el imperfecto. Al otro extremo están cuentos como "En la madrugada" y "El hombre", donde se utilizan una gran variedad de tiempos verbales, porque existen varios puntos de vista narrativos. En el cuento "En la madrugada" se narran los mismos episodios varias veces, desde distintos puntos de vista, como si se intentara aclarar el misterio de la muerte de Don Justo Brambila. Pero el cuento termina con la misma nebulosidad con que empieza y no se ha llegado a establecer si Esteban en efecto asesinó a su patrón o si éste murió como resultado de su caída "contra el empedrado del corral" (EM, pág. 52).

Mediante el análisis morfosintáctico se ha visto que muchos de los efectos estilísticos que consigue Rulfo están basados en una cuidadosa selección de sustantivos, pronombres, adjetivos y verbos. Los sustantivos desempeñan una importante función tanto en las austeras descripciones de personajes y paisajes como en el simbolismo y la deshumanización de personajes. Debido a que la prosa rulfiana cuenta con un número muy limitado de adjetivos, las descripciones de escenarios, por medio de unos pocos sustantivos claves, requieren la activa participación imaginativa del lector. Los pocos adjetivos que utiliza Rulfo son adjetivos objetivos calificativos, y muchos de ellos tienen valor simbólico, especialmente los colores. Entre los adjetivos se encuentran también algunos demostrativos tales como "aquella" y "esa", que ayudan a dar ese tono de marcada vaguedad e imprecisión a los escenarios rulfianos.

Estilo de *El llano en llamas*

Los pronombres desempeñan un papel importante en el estilo de *Pedro Páramo* y *El llano en llamas*. Se utilizan con maestría los tratamientos pronominales, junto a otro tipo de tratamientos sociales, para establecer jerarquías entre personajes, para denotar clases sociales y relaciones de poder entre personajes y clases sociales, para expresar conflictos generacionales y para reflejar solidaridad y alienación.

Finalmente, los verbos y tiempos verbales se utilizan con una variedad de fines estilísticos: simbólicos, para personificar los elementos naturales y para reflejar el habla popular jalisciense. A pesar de la gran cantidad de verbos que contiene la prosa de Rulfo, el mundo creado en sus obras es más bien estático, porque a los verbos de acción se les asigna la tarea de expresar el dinamismo de la naturaleza, mientras que para los personajes se utilizan principalmente verbos de reposo, de meditación o dos verbos acción/no-acción, donde la no-acción del segundo verbo cancela la acción del primero. También son de importancia los verbos relacionados a la memoria ("acordarse") y los de duda ("creer", "parecer", y "no saber") que ayudan a crear esos ambientes imprecisos y nebulosos de la novela y los cuentos de Rulfo.

Capítulo III: Análisis del diminutivo como recurso estilístico en El llano en llamas y Pedro Páramo

Resumen del diminutivo como signo lingüístico

Ninguno de los críticos que han escrito sobre la obra de Rulfo se ha ocupado de hacer un estudio detallado sobre la función de los diminutivos en *Pedro Páramo* o *El llano en llamas*. Los pocos que sí mencionan el diminutivo en Rulfo, lo hacen muy de pasada una o dos veces. Sin embargo, los dos libros de Rulfo están salpicados de diminutivos,[1] y la interpretación de muchos de ellos, dada la situación clave que ocupan en determinado trozo o línea, es muy importante.

El estudio del diminutivo realizado en este capítulo está basado en los estudios lingüísticos de Dámaso Alonso[2] y los estudios sobre el diminutivo hechos por Amado Alonso.[3] Estos últimos constituyen los más perspicaces y penetrantes estudios realizados sobre la función del diminutivo en el español y su importancia estilística. Varios libros destacados sobre el diminutivo, tales como *El diminutivo: (Historia y funciones en el español clásico y moderno)*, de Emilio Náñez Fernández,[4] cuyo contenido es fuente valiosa para el desarrollo de este capítulo, y *Diminutive, Augmentative, and Pejorative Suffixes in Modern Spanish: (A Guide to Their Use and Meaning)*, de Anthony Gooch,[5] así como muchos de los artículos cortos sobre el diminutivo escritos durante los últimos 25 años, consideran también las obras de Amado Alonso como fundamentales para el estudio del diminutivo en español.

Como lo anota Náñez,[6] para llegar a una comprensión del diminutivo y su función, es necesario aclarar el concepto de "signo lingüístico". El concepto del "signo lingüístico" de Dámaso Alonso, con el cual concordamos, difiere del de Saussure en dos aspectos básicos. Saussure define al signo lingüístico de la siguiente manera:

> Lo que el signo lingüístico une no es una cosa y un nombre, sino un concepto y una imagen acústica. . . .Llamamos "signo" a la combinación del concepto y de la imagen acústica. . . .Y proponemos con-

servar la palabra "signo" para designar el conjunto, y reemplazar "concepto" e "imagen acústica" respectivamente con "significado" y "significante".[7]

En cambio, Dámaso Alonso no cree que un signo contenga un sólo significado ni menos sea un mero concepto. Dice más bien:

> Los "significantes" no transmiten "conceptos", sino delicados complejos funcionales. Un "significado" (una imagen acústica) emana en el hablante de una carga psíquica de tipo complejo, formada generalmente por un concepto (en algunos casos, por varios conceptos; en determinadas condiciones, por ninguno), por súbitas querencias, por oscuras, profundas sinestesias (visuales, táctiles, auditivas, etc., etc.): correspondientemente, ese sólo "significante" moviliza innumerables vetas del entramado psíquico del oyente: a través de ellas percibe éste la carga contenida en la imagen acústica. "Significado" es esa carga compleja.[8]

Es decir, mientras que Saussure presenta un concepto unificado del signo lingüístico (a un significante único corresponde un concepto único), Dámaso Alonso ve dentro del significante un complejo de significados parciales.

Por otra parte, en la noción del significado, Dámaso Alonso distingue dos niveles de significado: uno inicial (el del hablante) y otro final (el del oyente). La comunicación se produce en base a lo que haya en común dentro de los dos significados.[9] Menciona Náñez[10] acertadamente que la diferencia entre Saussure y D. Alonso consiste principalmente en el enfoque de ambos lingüistas. Saussure estudia el lenguaje desde un punto de vista social, mientras que el enfoque de D. Alonso es la creación poética. Se debe agregar también que Saussure se ocupa más del aspecto denotativo del lenguaje, mientras que D. Alonso del connotativo.

De esta división del significado sale también la noción de intencionalidad de los significados que Náñez llama "el alma de signo".[11] La intencionalidad, dice este lingüista, puede referirse 1) a esencias o conceptos (conceptual) y 2) a valores (axiológica). En los estudios del diminutivo, Amado Alonso se ocupa principalmente del análisis de los diminutivos cuya función lingüística es axiológica. A. Alonso considera que la función afectiva del diminutivo es mucho más prevalente en el lenguaje que su función conceptual de empequeñecimiento. Mucho más que empequeñecedor, el diminutivo actúa como un vehículo de énfasis. Dice A. Alonso:

> El diminutivo parece más bien contener un realce del concepto; un deslindamiento del concepto con relación a la ocasión particular, motivado en el afecto del hablante.[12]

Análisis del diminutivo

Afirma también A. Alonso que "el diminutivo, históricamente, era signo de un afecto"[13] y la función empequeñecedora se derivó de la afectiva. Pero en muchos casos, el diminutivo tiene una combinación de funciones tanto axiológicas como conceptuales. (Véase que aquí A. Alonso concuerda con D. Alonso en que el signo lingüístico contiene un complejo de significados):

> . . .nos conviene imaginarnos cada diminutivo como un torzal de diversas fuerzas espirituales en cuya forma y colorido ha predominado una de las vetas.[14]

Entre los diminutivos axiológicos, A. Alonso distingue no sólo su oficio expresivo, sino también entre aquéllos dirigidos al objeto nombrado y aquéllos dirigidos al interlocutor. Los primeros expresan un temple afectivo hacia lo nombrado, "destacan el objeto nombrado en el plano primero de la conciencia".[15] Los diminutivos dirigidos al interlocutor son aquéllos por medio de los cuales se desea influenciar la conducta para lograr nuestro propósito. Aclara A. Alonso que entre estos últimos diminutivos debe diferenciarse los meramente efusivos (términos de cortesía) de los que llevan una corriente intencional activa hacia el interlocutor. Algunos diminutivos pueden tener una combinación de direcciones al interlocutor y al objeto nombrado.

La división entre diminutivos dirigidos al objeto nombrado y al interlocutor es importante en el estudio de los personajes de Rulfo, o de cualquier otro autor, porque el primer grupo ilumina las emociones internas de los personajes, mientras que el segundo tiene una función social y es un marcador de la interacción de personajes de distintas clases sociales o distintas esferas de poder.

Al analizar el diminutivo, Náñez anota que éste es una palabra que consta de dos partes: un tema y un sufijo (o morfema semantizado).[16] Es decir que cada una de estas partes constituye un significante con su respectivo significado, o complejo de significados. Dice Náñez: "De la tensión entre estos dos significantes, tema y sufijo, nace el gran valor expresivo del diminutivo y su importancia como signo lingüístico".[17] Añade que esta tensión se manifiesta de dos maneras fundamentales: como un refuerzo o apoyo del sufijo al tema y como un contraste. Es de importancia la situación del diminutivo en la oración para determinar si el diminutivo refuerza o sirve de contraste al resto de la oración. De ahí la importancia del diminutivo para el humor, la sátira y la ironía.[18]

En su libro sobre el diminutivo, Anthony Gooch [19] concluye que este sufijo se encuentra principal y casi exclusivamente en el lenguaje popular, en el familiar y el personal, y que se presenta muy poco en el lenguaje de estilo literario o culto. Menciona Gooch como ejemplo al lenguaje que utilizan escritores españoles tales como Pérez Galdós, Vicente Blasco Ibáñez, Pío Baroja, Camilo José Cela y Antonio Buero Vallejo, en cuyas obras se trata de reproducir el lenguaje hablado de personajes que pertenecen a diversas clases sociales y áreas geográficas distintas dentro de España. En el caso de Rulfo, el abundante uso de diminutivos constituye también uno de los muchos recursos que utiliza el autor para imitar el lenguaje popular jalisciense.

El diminutivo en Rulfo

Los diminutivos en español se presentan en todas las partes de la oración, pero los más frecuentes son los derivados de sustantivos y adjetivos. Rulfo usa el diminutivo en sustantivos (propios y comunes), en adjetivos y en adverbios, pero nunca en verbos (a veces se presenta el diminutivo en el gerundio). Los más numerosos son los diminutivos de adverbios: "afuerita", "adelantito", "ahorita", "apenitas", "despacito", "tantito" y otros. Siguen en número los diminutivos de sustantivos (comunes): "aguilitas" "agüita", "dinerito", "manchita", "puñaditos", "ranchito", "tierrita" y otros; sustantivos propios: "Susanita", "Miguelito", "Doloritas". El número menor de diminutivos se presenta en los adjetivos: "añejita", "blandito", "güerito", "livinito", "suavecita", "tiernito" y otros. (Recuérdese que Rulfo es muy parco con los adjetivos). Casi la totalidad de los diminutivos de Rulfo tienen la terminación "-ito", "-ita" (que es la más común en México), con las siguientes excepciones: "-illo", "-illa" (e.g., chiquillo, vaquilla) y "-etes" (e.g., chorretes).

Diminutivos dirigidos al objeto nombrado. Siguiendo la división de diminutivos axiológicos de Amado Alonso, se estudian aquí dos grupos de diminutivos, los que van dirigidos al objeto nombrado y a lo dicho, y los que van dirigidos al interlocutor. Los primeros tienen varias funciones en la prosa de Rulfo: caracterización de personajes, reflejar doblez, socarronería, emoción del peligro, valoración interesada, énfasis y otras.

Al primer grupo de diminutivos pertenecen los cuentos que tienen un narrador en primera persona, pero cuyo oyente no está especificado: "Macario", "Nos han dado la tierra", "La Cuesta de las Comadres", "Es que somos muy pobres", "Talpa" y "El llano en llamas". En "Macario", los diminutivos se hallan concentrados en dos

Análisis del diminutivo

momentos de la narración y establecen el tono en ellos: en el relato de la relación erótico-maternal que Felipa tiene con Macario y con relación a momentos de peligro. En ambos casos se tratan de diminutivos dirigidos a lo dicho, ya que no hay interlocutor (Macario está hablando sólo, para evitar quedarse dormido, hecho que resultaría en la furia de su madrina):

> Felipa antes iba todas las noches a mi cuarto donde yo duermo, y se arrimaba conmigo, acostándose encima de mí o echándose a un *ladito*. . . .Y por un *ratito* hasta se me olvidaba del miedo. . .(M, págs. 10-11).

Estos diminutivos ("ladito" y "ratito") no indican reducción en el tiempo o la distancia, sino que reflejan la emoción y el gusto que siente el muchacho en su contacto físico con Felipa, y la sensación de protección maternal momentánea que le produce la compañía de la mujer. El primer diminutivo "ladito", situado al final de la oración, es una rúbrica de una situación agradable. En la segunda oración, con "ratito" hay un contraste entre la situación agradable y lo efímero de la misma, que se encuentra acechada por el miedo. Los próximos diminutivos aparecen en relación a momentos de peligro:

> Y ni siquiera prendo el ocote para ver por donde se me andan subiendo las cucarachas. Ahora me estoy *quietecito*. . . .No vaya a suceder que me encuentren desprevenido los pecados por andar con el ocote prendido. . . .También hay alacranes. . . .A Felipa le picó una vez uno en una nalga. Se puso a llorar y a gritarle con gritos *queditos* a la Virgen Santísima. . .(M, pág. 13).

> Porque yo creo que el día en que deje de comer me voy a morir, y entonces me iré con toda seguridad *derechito* al infierno. . . .Y entonces le pedirá [la madrina] a alguno de toda la hilera de santos que tiene en su cuarto, que mande a los diablos por mí, para que me lleven a rastras a la condenación eterna, *derechito*, sin pasar ni siquiera por el purgatorio. . .(M, pág. 14).

El narrador, para expresar la imperiosa necesidad de mantenerse sin movimiento para no provocar a los pecados, utiliza el diminutivo extendido de quieto: "quietecito" (cuando podía muy bien haber elegido "quietito"), reforzando el sentido de urgencia de la situación. Ese control sobre su cuerpo le libra también del ataque de los alacranes. El adjetivo "queditos" empleado para calificar los gritos de Felipa, no solamente ilustra efectivamente el peligro de los alacranes, que ha resultado en la picazón de Felipa, sino también ilustra la relación prohibida entre ésta y Macario. La mujer debe contener su dolor y miedo a las consecuencias de la picadura del alacrán dada su situación comprometida. El adverbio en diminutivo "derechito", que se repite dos veces, refuerza la sensación de peligro y miedo que siente Macario de irse al infierno, y su creencia de que de allí no se puede salir.

Los diminutivos en "Nos han dado la tierra" están relacionados con el desaliento y profunda desilusión ante la extensión árida del llano. He aquí un ejemplo:

> Hace rato, como a eso de las once, éramos veintitantos; pero, *puñito* a *puñito* se han ido desperdigando hasta quedar nada más ese nudo que somos nosotros (N, pág. 15).

Con el término "puño" ya se contrasta la vastedad del llano con la insignificancia de los hombres que lo cruzan, pero el diminutivo repetido "puñito a puñito" le añade la fuerza emotiva de desaliento e impotencia.

"La Cuesta de las Comadres" es uno de los cuentos que contiene más diminutivos, y éstos sirven para caracterizar la personalidad taimada del narrador, como si por medio de sus abundantes diminutivos quisiera disfrazar los hechos de su narración. Los más importantes diminutivos son los que revelan la socarronería de los Torricos y del narrador:

> Los difuntos Torricos siempre fueron buenos amigos míos. Tal vez en Zapotlán no los quisieran; pero, lo que es de mí, siempre fueron buenos amigos hasta *tantito* antes de morirse (LC, pág. 21).

Ese diminutivo "tantito", que aparece en la tercera línea del cuento, y que puede pasar desapercibido en una primera lectura, cobra importancia al ser releído el cuento, cuando se sabe que el narrador es el asesino de Remigio Torrico. Ahora se comprende la ironía y el tono socarrón del narrador. El "tantito" que parecía reflejar la emoción del narrador hacia la muerte de sus amigos, revela ahora el cinismo del asesino. Los diminutivos utilizados en la escena en que los Torricos, después de asesinar a un arriero, se llevan la carga de azúcar del mismo, son cruciales para la caracterización de los tres foragidos y revelan la maestría de Rulfo. El narrador nota que el arriero no se mueve y anuncia a sus amigos que el hombre parece muerto. Luego de verificar el hecho dando una patada en las costillas al muerto, vuelve a repetir:

> —Está bien muerto—les volví a decir.
> —No, no te creas, nomás está *tantito* atarantado porque Odilón le dió con un leño en la cabeza, pero despúes se levantará. Ya verás que en cuanto salga el sol y sienta el *calorcito*, se levantará muy aprisa y se

Análisis del diminutivo

irá en seguida para su casa. ¡Agárrate ese tercio de allí y vámonos!—
Fue todo lo que me dijeron.

Ya por último le di una última patada al *muertito* y sonó igual que
si se la hubiera dado a un tronco seco. Luego me eché la carga al hom-
bro y me vine por delante. Los Torricos me venían siguiendo. Los oí
que cantaban durante largo rato, hasta que amaneció (LC, pág. 25).

La hipócrita capa de afecto que expresan los diminutivos "tantito" y
"calorcito", refuerzan en forma efectiva el cruel y cínico humor de los
asesinos empedernidos, que luego dejan a su víctima y se van cantan-
do. Otro tanto expresa el diminutivo irónico "muertito" que utiliza el
narrador, mientras da patadas al cadáver. Recuérdese que unas líneas antes en la historia el narrador había expresado su gran deseo de
"meterse" en los trabajos en que ellos andaban. En realidad, la narración del asesinato del arriero llega en forma oblicua, para ilustrar que
el narrador ya estaba demasiado viejo para participar en las fechorías
de los Torricos. Poco más adelante, durante la narración del asesinato de Remigio Torrico, hay otros dos diminutivos del mismo tipo
de los estudiados. El tono hipócritamente inocentón que quiere dar
el narrador a todo este trozo, se establece mediante varios diminutivos que preceden la escena del asesinato: "yo me senté *afuerita* de mi
casa", (LC, pág. 26); "el gabán que yo tenía estaba ya *todito* hecho ga-
rras". . ."tuve que llevarme al *chivito chiquito*[21] allí metido" (LC, pág.
28). Al hablar de los diminutivos, afirma Leo Spitzer: "Los sufijos
funcionan como la signatura en clave en la música: ellos determinan
el tono de la frase.[22] La escena misma del crimen contiene dos diminutivos importantes:

Por eso, al pasar Remigio Torrico por mi lado, desensarté la aguja y
sin esperar otra cosa se la hundí a él *cerquita* del ombligo. Se la hundí
hasta donde le cupo. Y allí la dejé. . . .Entonces vi que se le iba entristeciendo la mirada como si comenzara a sentirse enfermo. Hacía mucho
que no me tocaba ver una mirada así de triste y me entró la lástima.
Por eso aproveché para sacarle la aguja de arriba del ombligo y metér-
sela más *arribita*, allí donde pensé que tendría el corazón. Y sí, allí lo
tenía, porque nomás dió dos o tres respingos como un pollo descabe-
zado y luego se quedó quieto (LC, pág. 29).

Los diminutivos "cerquita" y "arribita" no están aquí para represen-
tar acortamiento de la distancia entre la aguja y el ombligo de Remigio, sino como realce de la ironía que existe por la discrepancia entre
el tono lacónico y hasta compasivo del asesino, y la brutalidad de la
situación. En las palabras del narrador se detecta un dejo de socarronería que revela la satisfacción de haber logrado sobrevivir a su
potencial asesino. Aquí los diminutivos no sirven para suavizar el

tema brutal del cuento, como afirma erróneamente Arthur Ramírez[23]; al contrario, ellos realzan la brutalidad.[24]

En *El llano en llamas* hay varios diminutivos, pero los más significativos son los que tienen un resultado irónico por el contexto. Por ejemplo, al narrar la escena del toreo, dice el "Pichón": "Los ocho *soldaditos* sirvieron para una tarde" (LL, pág. 83). Este diminutivo, que podría tomarse como una expresión de lástima o afecto hacia los víctimas, contrasta con la narración de hechos terriblemente crueles, con una objetividad escalofriante. Nótese también que el mismo "Pichón" participó en la matanza de los soldados.

En la última parte de este cuento hay un grupo de diminutivos que reflejan la emoción del narrador al enfrentar la mujer que lo espera: "La que estaba allí, *afuerita* de la cárcel, esperando quién sabe desde cuando. . ." (LL, pág. 83), y "Era una *muchachita* de unos 14. . ." (LL, pág. 83). Hay orgullo de padre en el diminutivo que se utiliza en la descripción del hijo: "Era *igualito* a mí, con algo de maldad en la mirada" (LL, págs. 83-84). Rodríguez Alcalá opina que el contenido de juicio moral de "algo de maldad" es una indicación de reforma del personaje.[25] Al contrario, la combinación de "igualito a mí" con el "algo de maldad" refleja esa mezcla de evaluación precisa de la situación y de socarronería por parte del protagonista, que se solaza orgullosamente al notar la potencialidad de maldad en los ojos de su hijo—lo que da una pauta negativa para el futuro del narrador y su hijo (y por lo tanto), simbólicamente, de México). La prueba de esta interpretación es que ya en una oportunidad anterior el narrador había pasado un juicio moral de mayor peso: explica que la gente los rechazaba "de tanto daño que hicimos" (LL, pág. 82). Pero esto no le impide añadir unas líneas después: "Algunos estuvimos esperando [a Pedro Zamora] a que regresara, que cualquier día apareciera de nuevo para volvernos a levantar en armas; pero nos cansamos de esperar" (LL, pág. 82-83).

En "Es que somos muy pobres", los diminutivos más importantes son de dos tipos: los de valoración y los de emoción relacionados a una situación de peligro; en el primer grupo están "becerrito" y "capitalito"[26]:

> Yo le pregunté a un señor que vio cuando la arrastraba el *río* si no había visto también al *becerrito* que andaba con ella (E, pág. 33).

> Porque mi papá con muchos trabajos había conseguido a la "Serpentina", desde que era una vaquilla, para dársela a mi hermana, con el

Análisis del diminutivo

> fin de que ella tuviera un *capitalito* y no se fuera a ir de piruja como lo hicieron mis otras dos hermanas las más grandes (E, págs. 33-34).

Aquí el diminutivo, como dice Amado Alonso, se está "poniendo el dedo sobre su 'valor', y más exactamente, sobre lo valioso que nos es (es tensión entre sujeto y objeto, visión interesada)."[27] En este cuento donde el tema central es la carcomiente pobreza de la familia del narrador, los diminutivos de valor realzan la aguda carencia económica de la familia, que de una miseria económica va pasando a una miseria moral.

Los siguientes diminutivos tienen un alto valor estilístico en "Es que somos muy pobres":

> . . .mi hermana Tacha está *tantito* así de retirado de hacerse piruja (E, pág. 34).

> Llora [Tacha] con más ganas. De su boca sale un ruido semejante al que se arrastra por las orillas del río, que la hace temblar *todita*, y, mientras, la creciente sigue subiendo. El sabor a podrido que viene de allá salpica la cara mojada de Tacha y los dos *pechitos* de ella se mueven de arriba abajo, sin parar, como si de repente comenzaran a hincharse para empezar a trabajar por su perdición (E, pág. 35).

Los diminutivos "tantito", "todita" y "pechitos" realzan la sensación de inminente peligro que rodea a Tacha. El más poderoso de estos diminutivos es "pechitos", que tiene la virtud de personalizar los senos de la muchacha, de convertirlos en entes independientes y provocadores, con una mezcla de inocencia y sensualidad, capaces de arrastrar al mal a su dueña.

Similares a estos diminutivos son los que se utilizan en "Talpa" en los siguientes ejemplos:

> Unas llagas así de grandes, que se abrían *despacito*, muy *despacito*, para luego dejar salir a borbotones un aire como de cosa echada a perder que a todos nos tenía asustados (T, pág. 58).

El diminutivo "despacito" no está aquí para indicar mayor lentitud— de eso se encarga la repetición y el adverbio "muy"—sino para dar más fuerza a la forma aparentemente inofensiva en que se abren las llagas, pero luego, como a traición, dejan salir los "borbotones" de aire mal oliente. Hay en el diminutivo una personalización de las llagas (la muerte) que putrificará a Tanilo físicamente y al narrador y Natalia moralmente. Hay también en este cuento varios otros diminutivos, como el que subraya la desesperanza y derrota de Natalia: ". . .lloró largamente allí con un llanto *quedito*" (T, pág. 55), y los diminutivos relacionados con el cariño y la esperanza: "La *Virgencita* le daría el remedio. . ." (T, pág. 56); "Natalia lo arrodilló junto a ella, *enfrentito* de aquella *figurita* dorada que era la Virgen" (T, pág. 63); los que realzan la sensación de protección y alivio: "[La Virgen] sabe borrar esa mancha y dejar que el corazón se haga *blandito*" (T, pág. 64).

En *Pedro Páramo* hay un buen número de diminutivos dirigidos hacia el objeto nombrado que tienen la función de caracterizar a los personajes, mediante la expresión de una serie de emociones: astucia, desdén, cosificación, respeto, codicia:

> Entonces yo dormía a su lado, en un *lugarcito* que ella me hacía debajo de sus brazos (*PP*, pág. 79).[28]

> . . .nunca dejé de creer que fuera cierto; porque lo sentí entre mis brazos, *tiernito*, lleno de ojos y de boca. . . (*PP*, pág. 64).

> "Juega—le decía—juega con este *juguetito* tuyo" (*PP*, pág. 93).

Mediante los tres diminutivos de los ejemplos arriba citados, se expresa el cariño y ternura que necesitan o sienten los personajes. En el primero, Susana evoca su niñez, cuando dormía protegida junto a su madre. En el segundo ejemplo, es Dorotea la que habla de su hijo imaginario, que su ansia de tenerlo lo hace tan real. El diminutivo "tiernito" realza el hambre de ternura maternal que siente la "Curraca" y contrasta más vivamente con su esterilidad. El último ejemplo es una evocación de Justina, de la época cuando ésta daba de lactar a Susana, entonces una bebé. El "juguetito" es el pecho de Justina, que ésta ofrece con desbordante cariño y ternura maternales a su hija de leche.

En los siguientes ejemplos, se expresa el desdén por medio del diminutivo:

> ¿Creíste que era yo? Ha de ser la que habla sola. La de la sepultura grande. Doña *Susanita*. . . .Ahora recuerdo que ella nació aquí, y que ya de *añejita* desaparecieron (*PP*, pág. 82).

> Y todo por las ideas de don Pedro, por sus pleitos de alma. Nada más porque se le murió la mujer, la tal *Susanita*. Ya te has de imaginar si la quería (*PP*, pág. 85).

> Lo asustado que estaba el *Miguelito*, aunque después le diera risa (*PP*, pág. 108).

En estos ejemplos, el diminutivo impone un claro tono desdeñoso. En los dos primeros ejemplos, es Dorotea la que se refiere a Susana San Juan en tono despectivo. El diminutivo en el nombre propio, que

Análisis del diminutivo

suele ser signo de afecto, está aquí utilizado sarcasticamente para expresar menosprecio. Hay una intensificación gradual en los tres diminutivos que utiliza Dorotea para referirse a Susana: en "doña Susanita" ya hay condescendencia, que se intensifica al calificarla de "añejita" y termina en obvio desdén, con un toque de sarcasmo con "la tal Susanita", donde "doña", que mantenía un forzado tono de respeto, ha sido reemplazado por el abiertamente hostil y despectivo tono de "la tal". En el último ejemplo, es Trujillo, el abogado de Pedro Páramo, frustrado al no recibir la retribución de encubridor que cree corresponderle. Destila rabia, desprecio y mofa el uso de "Miguelito", en lugar de "Miguel", y tal vez le sirve como único desahogo a su impotencia frente a Pedro Páramo.

Otros diminutivos de interés son los que cosifican a la persona, como en los siguientes ejemplos:

> El *muchachito* se retorcía, pequeño como era, como una víbora (*PP*, pág. 73).

> Pensó en Susana San Juan. Pensó en la *muchachita* con la que acababa de dormir. . . ."*Puñadito* de carne" le dijo. . . (*PP*, pág. 112-13).

Con estos diminutivos se produce un proceso de desvaloración. En el primer ejemplo, el término "muchachito" que utiliza el Padre Rentería para referirse a Miguel Páramo en su niñez, no indica afecto o tamaño, sino el comienzo de este proceso de desvaloración que termina en un descenso hasta el nivel animal (comparación con una víbora). En el segundo ejemplo, inmediatamente se ve el contraste entre la referencia a la mujer que Pedro Páramo ama, por medio de su nombre completo, que afirma su condición humana e individual, frente al genérico de "muchachita", que luego pierde el elemento humano para quedarse reducido en sólo "un *puñito* de carne", cuya única función, desde el punto de vista de Páramo, es satisfacer sus apetitos carnales.

El diminutivo sirve también para dar realce al carácter astuto de Pedro Páramo en sus manipulaciones de la gente que lo rodea:

> Pedro los miraba. No se le hacían caras conocidas. *Detrasito* de él, en la sombra, aguardaba el Tilcuate (*PP*, pág. 100).

En esta escena de Pedro Páramo frente a los revolucionarios, el "detrasito" indica el dominio completo que tiene Pedro Páramo sobre sus contendientes, mediante la prevención y la astucia.

Los frecuentes diminutivos que se utilizan para referirse a difuntos reflejan el respeto hacia la muerte y los fallecidos, por ejemplo:

Dorotea, durante su confesión con el Padre Rentería, se refiere constantemente a Miguel Páramo en diminutivo: "...era yo la que le conseguía muchachas al difunto *Miguelito*" (*PP*, pág. 77); "Desde que él fue *hombrecito*" (*PP*, pág. 78); "Pos que yo era la que le conchavaba las muchachas a *Miguelito*" (*PP*, pág. 78); Abundio sobre su mujer muerta: "...me lo iré a beber junto a la *difuntita*..." (*PP*, pág. 125). El narrador de "Paso del Norte" se refiere a su amigo muerto así: "Pos estoy cuidando este *muertito*" (P, pág. 124). Ya se ha apuntado que en algunos casos, este diminutivo de respeto hacia la muerte y compasión hacia el fallecido, puede adquirir un tono irónico y socarrón, como en el caso de "La Cuesta de las Comadres".

Los siguientes diminutivos caracterizan el aspecto codicioso del personaje Fulgor Serrano:

> "Vente para acá *tierrita* de Enmedio". La venía venir. Como que aquí estaba ya. Lo que significaba una mujer después de todo (*PP*, pág. 42).

> "¡Ven, *agüita*, ven! ¡Déjate caer hasta que te canses! Después córrete para allá, acuérdate que hemos abierto a la labor toda la tierra, nomás para que te des gusto (*PP*, pág. 66).

Estos diminutivos parecerían pertenecer al grupo de los dirigidos al interlocutor, pero aquí el personaje Fulgor Serrano se dirige a la tierra y al agua en forma retórica, para expresar la especial emoción (codicia hacia la tierra) que lo mueve. Los diminutivos así causan un realce del concepto que llega a personificar ambos términos, especialmente "tierra", personificación que queda reforzada al compararse a la tierra con la mujer. Queda también subrayada la codicia de Fulgor, que desea poseer a la tierra como a una mujer.

Diminutivos dirigidos al interlocutor. El segundo grupo de diminutivos a estudiar es el dirigido al interlocutor y aparece en aquellos cuentos que contienen mayor porción de diálogo y en la parte dialogal de *Pedro Páramo*. Estos diminutivos pueden ser: de cortesía, de humildad, de ruego, de burla, para desdibujar la idea y otros.

Amado Alonso llama diminutivos "de cortesía" a aquellos que expresan "un apocamiento cortés (o estratégico) en el hablante o en lo que dice".[29] En Rulfo hay muchos de estos ejemplos. En "Luvina", el narrador dice a su interlocutor:

Análisis del diminutivo

> Pero tómese su cerveza. Veo que no le ha dado ni siquiera una *proba-dita* (L, pág. 97).

El narrador, al utilizar el diminutivo "probadita", no tiene otra intención que la de ser más amigable con su colega. Ambos pertenecen a la misma clase social y no hay apocamiento en el trato mutuo. No sucede así con el diálogo entre el borreguero y el licenciado en "El hombre":

> Que me lo dieran *ahorita*. De saber lo que había hecho lo hubiera apachurrado a pedradas. . . .Lo vi venir más flaco que el día antes, con los güesos *afuerita* del pellejo (EH, pág. 44).

> . . .el charco donde se puso a sorber era *bajito* y estaba plagado de ajolotes. . . .¿Dice usted que mató a *toditita* la familia de los Urquidi? De haberlo sabido lo atajo a puros leñazos (EH, pág. 45).

> "El *animalito* murió de enfermedad", le dije yo. Pero como si no me oyera. Se lo tragó *enterito*. . . .Yo creí que había puesto a secar sus trapos entre las piedras del río; pero era él, *enterito*, el que estaba allí boca abajo, con la cara metida en el agua (EH, pág. 46-47).

Los abundantes diminutivos que utiliza el borreguero al hacer su narración son del tipo de la cortesía estratégica y de humildad frente a un superior. El licenciado ha acusado al borreguero de encubridor y este último trata de defenderse y de impresionar a su poderoso interlocutor sobre su completa inocencia. El diminutivo más recomendativo del grupo es el "toditita" (diminutivo repetido de todo—todito, toditito), con el cual el borreguero quiere convencerlo de la sorpresa y horror que siente ante el crimen múltiple cometido por José Alcancía.

"Paso del Norte" es otro cuento en que el narrador utiliza varios diminutivos del tipo de cortesía:

> —Ey, tú, ¿qué haces aquí?
> —Pos estoy cuidando este *muertito* (P, pág. 24).

> —Le quité al muerto este *tantito*. A ver si me ajusta (P, pág. 26).

> Quizá mañana encuentre algún *trabajito* pa pagarle lo que le debo. . . .
> Entonces *orita* vengo, voy por ella (P, pág. 26).

Los dos ejemplos primeros son parte de un diálogo entre el narrador y un guarda de la frontera. El último pertenece al diálogo del narrador con su padre. En ambos casos, los diminutivos tienen la función de expresar humildad, con una actitud defensiva ante un interlocutor más poderoso. Hay un afán de ensordinar la expresión. Se trata de casos en los que:

> Lo que se logra [con los diminutivos] es desdibujar un poco la nitidez de perfiles de la expresión, lo achicado es la expresión, como quién achica la voz.[30]

En "Anacleto Morones", durante el diálogo entre Lucas y las mujeres de Amula, se intercambian una variedad de diminutivos de cortesía como: "¿No quieren otra *poquita* de agua de arrayán?" (AM, pág. 132). Pero los más interesantes son los que Lucas utiliza para provocar a las mujeres, como el siguiente ejemplo:

> Eras *suavecita*. Me acuerdo. Te siento todavía aquí en mis brazos. *Suavecita*. Blanda (AM, pág. 132).

Con el diminutivo "suavecita" Lucas pretende evocar la emoción que le producía el contacto del cuerpo de Nieves, pero en realidad su intención es avergonzar a la mujer y alborotarla para que se vaya. Es un diminutivo cínico y calculado para producir una reacción en el oyente.

Entre los diminutivos más activos, dirigidos al interlocutor están los que son a la vez vocativos y que tienen la intención de actuar más activamente sobre el interlocutor:

> Del otro lado respondieron: "¡Sálvame *patroncito*! ¡Sálvame! ¡Santo Niño de Atocha, socórreme!" (LL, pág. 68).

> No tardaré en morirme *solito*, derrengado de viejo. ¡No me mates! (D, pág. 92).

En ambos casos, se trata de diminutivos de ruego, cuya específica función es producir un efecto determinado: conmover. Pero en el primer ejemplo, el diminutivo tiene la función calculadamente activa y no expresa una actitud emocional por parte del hablante. Se trata, en efecto, de una trampa. No es un ruego individual sino colectivo ("Del otro lado respondieron") que después de unos momentos va seguido de una descarga (que "brotó de ellos") y muchas más ("Sentíamos las balas pajueándonos los talones" [LL, pág. 68-69]). Es decir, los supuestos vencidos que pedían socorro, son los que atacan en forma intensa y prolongada ("Siguieron disparando todavía después que habíamos subido hasta el otro lado a gatas, como tejones espantados por la lumbre" [LL, pág. 69]).

En el segundo ejemplo, el diminutivo "solito" contiene una combinación de carga emocional y activa. El propósito de Nava es conmover al coronel, presentándose como objeto digno de lástima para evitar que lo maten, pero el mismo Nava se ahoga en su auto-com-

Análisis del diminutivo

pasión.

Son también diminutivos de ruego y persuasión los que aparecen en *Pedro Páramo* en los siguientes trozos:

1) Hoy estamos a 1. Sí, apenas para el 8. Dígale que espere unos *diyitas* (*PP*, pág. 42).

2) Se me murió ya, madre Villa. Anoche *mismito*, muy cerca de las once (*PP*, pág. 123).

   Deme otro cuartillo, madre Villa. Y si me lo quiere dar *sobradito* pos ahí es cosa de usté. Lo único que le prometo es que éste sí me lo iré a beber junto a la *difuntita*; junto a mi Cuca (*PP*, pág. 125).

   Vengo por una *ayudita* para enterrar a mi muerta (*PP*, pág. 126).

3) —Desearía también. . .Los gastos. . .El traslado. . .Un mínimo adelanto de honorarios. . .Algo extra, por si usted lo tiene a bien.
   —¿Quinientos?
   —¿No podría ser un poco, digamos, un *poquito* más?

   Cuántas veces él tuvo que sacar de su misma bolsa el dinero para que ella le echaran tierra al asunto: "¡Date de buenas ganas que vas a tener un hijo *güerito*!" (*PP*, pág. 108).

En el primer ejemplo, Fulgor Serrano ha pedido la mano de Dolores Preciado y desea una boda inmediata. La muchacha, joven, tímida e inexperta, trata de persuadir a Serrano que se postergue la fecha por unos días. Dolores utiliza el diminutivo "diyitas", no para significar menos días, sino para dar más eficacia a su petición. Pero ésta cae a oídos sordos.

En el segundo grupo de ejemplos, el diálogo de Abundio está salpicado de diminutivos cuya función es la de conmover a la madre Villa y más adelante a Pedro Páramo para que le ayuden. En este caso, como en el de Juvencio Nava, los diminutivos no son de cálculo frío, sino que contienen también la carga emotiva de Abundio, que acaba de sufrir la pérdida de su esposa. Abundio conmoverá a la madre Villa, pero su padre le negará ayuda, precipitando su propia muerte.

En el tercer grupo de ejemplos, se trata de dos instancias en que se ve en acción al personaje Gerardo Trujillo, abogado de Pedro Páramo. Rulfo nos presenta eficazmente dos facetas de Trujillo. En la primera, Trujillo se encuentra en una situación bochornosa, al tener que rogar a Pedro Páramo que le dé algo que Trujillo cree que le corresponde: recompensa por haber encubierto los crímenes de Páramo y su hijo. La humillación y la impotencia de Trujillo se ve reflejada en ese "un poquito más". Este diminutivo es de persuación y humildad, y al mismo tiempo sirve para desdibujar los perfiles de la expresión, como si se quisiera disminuir la importancia de la petición, que no la cantidad que se pide. Considérese que el diminutivo va precedido de las expresiones "si Vd. lo tiene a bien" y de "digamos", modos idiomáticos que tienen la función de ensordinar el lenguaje. Aquí Trujillo está totalmente a merced de Pedro Páramo. El segundo ejemplo es un reverso en la situación del abogado. Trujillo actúa ahora en su papel de uno de los tentáculos de abuso de Pedro Páramo. A las muchachas seducidas o violadas por Miguel Páramo, sólo les quedan unas cuantas monedas y el consuelo cínico de Trujillo de que tendrán un hijo "güerito".

En el ejemplo anterior se ha visto cómo Pedro Páramo usa a la gente que necesita y luego la descarta. Los ejemplos que siguen ilustrarán aún más la pericia manipuladora del cacique y su efectivo uso del poder. En esta caracterización del inescrupuloso Páramo (como en el caso de Trujillo), el diminutivo también juega un papel importante:

> —¿Quién se lo dirá? A ver, dime, aquí entre nosotros dos, ¿quién se lo dirá?
> —Estoy seguro que nadie.
> —Quítale el "estoy seguro que". Quítaselo desde *ahorita* y ya verás como todo sale bien (*PP*, pág. 89).

> Entre paréntesis: ¿Te gustaría el *ranchito* de la Puerta de Piedra? Bueno, pues es tuyo desde *ahorita* (*PP*, pág. 103).

> Contla está que hierve de ricos. Quítales *tantito* de lo que tienen. ¿O acaso creen que tú eres su pilmama y que estás para cuidar sus intereses? (*PP*, pág. 112).

En el primer ejemplo, Pedro Páramo ordena a Fulgor Serrano que haga asesinar a Bartolomé San Juan. Pedro advierte una nota casi imperceptible de duda en Fulgor y reacciona amenazadoramente. Con el diminutivo "ahorita", Pedro refuerza el tono terminante y amenazador de su decisión. En los siguientes ejemplos, Páramo hábilmente manipula a su gente, logrando mantenerse al margen de los posibles estragos de la revolución. A Tilcuate lo tienta astutamente con el "ranchito" y el "ahorita". Estos diminutivos realzan el valor del objeto ofrecido y lo inmediato de la posesión. Más adelante, al persuadir a Tilcuate que asalte al pueblo de Contla, en lugar de pedirle dinero a él, Pedro Páramo utiliza el diminutivo "tantito" que recomienda la acción y minimiza la significación del crimen, pero no la cantidad a robarse. Más aún, al recalcar Pedro de que Tilcuate no es nodriza de los ricos de Contla, le sugiere que tiene todo el derecho a apropiarse de lo ajeno, y toca también el nervio vivo del machismo de Tilcuate, al compararlo con una nana si no lleva a cabo el robo.

Un interesante uso del diminutivo en la novela, es la que utiliza Pedro Páramo para dirigirse a su esposa Dolores:

> "¡Doloritas! ¿Ya ordenó que me preparen el desayuno?" Y tu madre se levantaba antes del amanecer. Prendía el nixtenco. Los gatos se despertaban con el olor de la lumbre. Y ella iba de aquí para allá, seguida por el *rondín* de gatos. "¡Doña *Doloritas!*".
>
> "¿Cuántas veces oyó tu madre aquel llamado? 'Doña *Doloritas*, esto está frío. Esto no sirve' " (*PP*, pág. 22-23).

Pedro, frente a Serrano, se refiere a Dolores en forma despectiva "la Lola", pero en su relación con ella "la Lola" ha sido reemplazado por "Doña Doloritas". El "doña" implica respeto y el diminutivo "Doloritas" generalmente es signo de afecto. Pero Pedro Páramo no tiene ni cariño ni respeto por su mujer, de ahí que el uso de estos términos sea de tono cínico y sarcástico. La falsedad de su relación con Dolores se recrudece por el contraste entre "Doña Doloritas" y las constantes quejas y censura de todo lo que hace Dolores. Nótese también la ironía del uso del sustantivo "rondín" (de ronda) que significa "guardia" o "capataz" encargado de la vigilancia. El desamparo de Dolores queda agudamente realzado al presentarse a un grupo de gatos como única protección. Páramo no sólo ha despojado a Dolores de su fortuna, sino que la hace objeto de constante humillación, para finalmente deshacerse de ella en la primera oportunidad que se le presenta. El efecto del tratamiento de Pedro en Dolores queda sencilla, pero efectivamente subrayado por Eduviges: "Tu madre en ese tiempo era una muchachita de ojos humildes. Si algo tenía bonito tu madre, eran los ojos" (*PP*, pág. 22). Y después de su relación con Pedro Páramo: "Y aunque estaba acostumbrada a pasar lo peor, sus ojos humildes se endurecieron" (*PP*, pág. 23).

Por medio del análisis de la función estilística de un considerable número de diminutivos se ha visto que Rulfo los utiliza con pericia en sus cuentos y novela. Los diminutivos del primer grupo (dirigidos al objeto nombrado), expresan una gama de emociones por parte de los personajes, por lo que son muy importantes en la caracterización de los mismos. Estos diminutivos también sirven, en algunos casos, para dar énfasis y con fines de ironía. Los diminutivos del segundo grupo (los dirigidos al interlocutor) son también importantes para la caracterización de personajes porque estos diminutivos rubrican las intenciones de los personajes, así como también indican el tipo de relaciones que existe entre ellos.

Finalmente, hay que hacer hincapié en el hecho de que una de las principales funciones de los diminutivos en la prosa rulfiana es la de reflejar el lenguaje popular y oral, ya que los diminutivos son propios de estos niveles del lenguaje, más bien que del lenguaje culto o literario, donde muy rara vez se encontrarán.

Parte IV: El lenguaje popular como recurso estilístico

Comparación estilística de "Luchando con Zapata" y "El llano en llamas"

Juan Rulfo ha expresado en repetidas oportunidades sus ideas sobre el papel que debe desempeñar el lenguaje popular en la prosa del escritor contemporáneo:

> ...la verdadera misión del escritor moderno es recoger en lenguaje fácil y sencillo trozos de la vida diaria, los grandes y pequeños acontecimientos que a todos nos pueden ocurrir.[1]

Su prosa misma, Rulfo afirma, "no es un lenguaje escrito—es el auténtico de los provincianos, de los jaliscienses, por ejemplo".[2] En otra ocasión dice Rulfo: "...el sistema aplicado, finalmente, primero en los cuentos, después en la novela fue utilizar el lenguaje del pueblo, el lenguaje hablado que yo había oído de mis mayores y que sigue vivo hasta hoy".[3] Rulfo quería "escribir como se habla".[4] Es evidente que el meollo de la prosa de Rulfo es el habla popular de su pueblo, pero de ahí a que se trate de reproducciones exactas del lenguaje rural jalisciense, dista mucho. Sin embargo, algunos críticos han tomado las afirmaciones de Rulfo demasiado literalmente.[5] Por ejemplo, un crítico ha comentado negativamente sobre el uso de lenguaje rural hablado en Rulfo, afirmando reprobadoramente que "la reproducción de la manera de hablar de las gentes del campo corresponde al fonógrafo, pero no al novelista".[6] Pero no han faltado los críticos de mayor visión que han reconocido el gran talento de Rulfo de crear un lenguaje altamente artístico, utilizando el habla campesina. Mariana Frenck comenta al respecto:

> El modo de hablar de los personajes de *Pedro Páramo*, aunque basado en el lenguaje de la gente de Jalisco, nunca deja de ser creación. Está muy lejos de ser reproducción literal, interesante desde el punto

de vista filológico, pero que como recurso literario no deja de ser peligrosa.[7]

José de la Colina rechaza la idea de que Rulfo copie el lenguaje popular campesino, apuntando con énfasis el aspecto creativo de la prosa de Rulfo:

> Falso que su lenguaje sea el usual entre los campesinos o entre los indios castellanizados. Rulfo es un creador y no un recogedor del lenguaje: no apunta taquigráficamente la expresión hecha de su pueblo, sino que procura captar la fuerza dinámica de tal expresión, para crear con ella a sus criaturas.[8]

En la elaboración artística del lenguaje popular, Rulfo sigue la tradición de escritores como José Hernández, Ricardo Güiraldes, Mariano Azuela y Federico García Lorca. Todos ellos han sabido crear un lenguaje altamente poético, manteniendo la esencia y verosimilitud del habla popular.

Similitudes y contrastes en el léxico y la forma

Una manera efectiva de iluminar aspectos de la elaboración artística en la prosa de Rulfo y realzar la diferencia entre su prosa y el lenguaje hablado rural, es mediante una comparación de un texto de Rulfo con otro que sea transcripción del lenguaje campesino mexicano. Afortunadamente existen grabaciones de lenguaje campesino en el libro de Oscar Lewis, *Pedro Martínez*.[9] Si bien no constituye el ideal requerido, ya que la familia Martínez, cuyas grabaciones forman parte de este libro, no procede de Jalisco sino del Estado de Morelos, este libro ofrece una serie de aspectos favorables para una comparación significativa: en primer lugar, Morelos es un estado cercano a Jalisco y cuenta con una topografía similar y por lo tanto comparte el mismo tipo de medio ambiente, con la consiguiente influencia semejante que éste pueda tener en la vida y sicología de campesinos de ambos estados. Además está el importante hecho de que ellos comparten el mismo nivel socio-económico y forman parte de la misma zona dialéctica (el Valle de México).[10] La descripción que hace Lewis de las peculiaridades del carácter del campesino de Morelos en general y de Pedro Martínez en particular corresponde exactamente a las que hace Rulfo sobre el jalisciense. Dice Lewis:

> Pedro carece de sensibilidad y empatía hacia los demás y muestra la típica tendencia del campesino mexicano a ocultar sus sentimientos y reprimir toda expresión emotiva. Su relato está lleno de acción, vio-

> lencia, destrucción y muerte, pero lo cuenta con tal desapasiona-
> miento y naturalidad que le infunde la calidad de lo impersonal. Lo
> que es esencialmente trágico y dramático emerge como algo relativa-
> mente plano por el apagado tono emotivo en que lo cuenta (*PM*,
> pág. xx).

Por su parte comenta Rulfo:

> La gente [de Jalisco] es hermética. Tal vez por desconfianza no sólo
> con el que va, con el que llega, sino entre ellos. No quieren hablar de
> sus cosas, de lo que hacen.[11]

Completando el paralelo, afirma Luis Harss: "Rulfo dice que en esos
lugares de Jalisco ocurren las cosas más lóbregas sin que nadie se al-
tere por ellas".[12] La caracterización de esa aparente falta de emoción
en los campesinos mexicanos ante hechos horrendos, ha producido
en la prosa de Rulfo lo que se llama en inglés *understatement*, que resulta en un realce de los hechos por el contraste. Esta característica
también se encuentra en la narración de Pedro Martínez, aunque en
menor grado.

Se debe anotar que hay indicación de que la zona de Jalisco tiene
menos influencia de las lenguas nativas, que parecen haber sido ab-
sorbidas en generaciones pasadas, mientras que en la zona de Morelos, donde vive la familia Martínez (el pueblo de Azteca) la influencia
del náhuatl es mucho más activa, ya que el mismo Pedro Martínez es
bilingüe (náhuatl-español),[13] mientras que en los cuentos de Rulfo
no hay indicación explícita de bilingüismo. Sin embargo, el considerable número de términos provenientes de lenguas indígenas en la
prosa de Rulfo, indica que el lenguaje de Jalisco no está exento de influencia de lenguas nativas, aunque tal vez lo esté en menor grado que
en Morelos. (Ver pág. 53 y el Apéndice, págs. 118-124).

Para delimitar un tema comparativo que podría resultar excesi-
vamente largo, se ha tomado como base de comparación el capítulo
del libro de Lewis titulado "Luchando con Zapata" y el cuento "El
llano en llamas" de Rulfo. El mencionado capítulo del libro de Lewis
ofrece la ventaja comparativa de la similitud temática. En "Luchando con Zapata", el campesino Pedro Martínez narra su participación
en la Revolución Mexicana. El cuento "El llano en llamas" ofrece
exactamente el mismo tema e inclusive el mismo punto de vista narrativo. Ambos cuentos son narrados por campesinos que son a la vez
testigos y participantes en la Revolución, en su calidad de soldados
de grupos revolucionarios. El largo de ambas narraciones es similar:
"El llano en llamas" cuenta con 18 páginas, con aproximadamente
280 palabras por página, haciendo un total (aproximado) de 5040

palabras. "Luchando con Zapata" tiene un largo de 14 páginas, con aproximadamente 480 palabras por página, haciendo un total (aproximado) de 6720 palabras.

Aunque ambos narradores son campesinos, hay algunas disparidades entre ellos. En primer lugar, el "Pichón", narrador de "El llano en llamas", es un personaje de ficción[14] de quien ni siquiera sabemos su verdadero nombre, y cuya existencia empieza y termina con su narración. Por el contrario, Pedro Martínez es un campesino a quien Lewis entrevistó en numerosas oportunidades. Se conoce mucho sobre él, no solamente a través de las grabaciones transcritas en varios capítulos del libro de Lewis, sino también de las que presentan otros miembros de su familia (esposa e hijo), y también los juicios de Lewis. Sin embargo, en adelante nos limitaremos a considerar a Pedro Martínez sólo tal cual se presenta en la porción "Luchando con Zapata", para simplificar la comparación.

Hay también alguna diferencia en el calibre moral de los narradores, que resulta principalmente del hecho que Rulfo presenta al "Pichón" exclusivamente en su función de soldado revolucionario, sin darnos referencia alguna sobre su vida anterior a la revolución o a lazos familiares. La Revolución lo ha convertido en un ser totalmente desarraigado, sin ideales, para quien la violencia revolucionaria se ha hecho ya una forma de vida que él acepta y desea continuar. De ahí que espera por mucho tiempo el retorno de su líder, Zamora, para "volvernos a levantar en armas" (LL, pág. 83). Y cuando cambia de actividades, lo hace forzado por las circunstancias: falta de cabecilla, persecución del gobierno, la cárcel. La misma familia con la que acaba al final del cuento le es impuesta por la voluntad de una de las muchas mujeres a quienes el "Pichón" violó. En cambio, Pedro Martínez se presenta como un hombre de convicciones políticas y morales, además de mostrar una marcada orientación familiar. Su historia está salpicada de constantes referencias a su familia y su preocupación por el bienestar de ella. Al considerar el ferviente zapatismo de Pedro Martínez, sin embargo, hay que tomar en cuenta que Pedro narra su historia muchos años después de la Revolución, y es probable que haya absorbido mucho de la propaganda zapatista post-revolucionaria fomentada por el gobierno. Aunque Pedro Martínez no revela mucha mayor emoción que el "Pichón" frente a muchos de los sangrientos hechos que narra, su desapasionada narración deja vislumbrar sentimientos de compasión hacia un herido, de cariño a su familia, de lealtad a Zapata, expresados generalmente

Similitudes y contrastes

mediante las abundantes interjecciones que contiene su prosa (sobre los que se hablará más en adelante). Además, Pedro tiene ciertas reglas morales de conducta que no desea romper: por ejemplo, se niega a robar maíz utilizando la fuerza de las armas que lleva, especialmente porque considera que puede obtenerlo por medios pacíficos. A lo largo de su narración, Pedro se muestra más bien como un hombre tranquilo y pacífico, además de hogareño. Como había sucedido con Demetrio Macías, el personaje de *Los de abajo* de Azuela, Pedro se ve arrojado a la revolución por la pobreza y las circunstancias del momento. Se podría, tal vez, suponer que otro tanto sucedió con el "Pichón", pero esto no queda explícito en el cuento. Además, hay evidencia de un espíritu más aventurero, como lo muestra su afición a robarse muchachas.

Antes de iniciar el análisis del lenguaje, es importante mencionar algunas de las diferencias formales entre "El llano en llamas" y "Luchando con Zapata", que ponen en relieve el contraste entre una obra de arte y la narración de un campesino. "El llano en llamas" cubre un período aproximado de ocho años (cinco años con Pedro Zamora, tres en la cárcel y un período no especificado esperando a Zamora). "Luchando con Zapata" cubre un período de cinco años (de 1914 a 1918). Ambas historias son narraciones cronológicas, y dado el límite de extensión narrativa, es obvio que en ambos casos se ha aplicado un proceso de selección. Y este proceso constituye una de las diferencias más marcadas entre estas narraciones. En Rulfo, debajo del lenguaje aparentemente sencillo y directo de un campesino inculto, se oculta una cuidadosa selección de los trozos más significativos de su experiencia revolucionaria. Cada hecho narrado tiene un propósito muy deliberado de presentar un determinado aspecto de la vida de los revolucionarios: su sicología, el caos y la violencia revolucionarios, el oportunismo de los dirigentes y otros. Cada porción narrada es cuidadosamente seleccionada y medida. En "Luchando con Zapata" existe también selección de material, pero no es una selección planeada ni con propósitos determinados, y, desde luego, carece de toda finalidad artística. La narración es una cadena de hechos, cronológicamente narrados, seleccionados subconscientemente por la memoria, y que se presentan a veces por asociación, y en forma desordenada, más parecida a la narración del cuento "Macario" (aunque en este cuento el desorden es más aparente que real y está artísticamente calculado).

El largo de cada hecho narrado en "Luchando con Zapata" es

generalmente muy breve—se narran muchas batallas en cuatro o cinco oraciones cada una—sin existir discriminación en cuanto a la importancia de un hecho sobre otro. Por ejemplo, la narración sobre la primera vez que Pedro Martínez ve un avión, y el bombardeo de éste, está reducida a cinco oraciones:

> Un día fui al campo a traer calabacitas; iba yo con otro cuando vimos una cosa así en el cielo, ¡qué iba yo a conocer el avión! Nos escondimos entre la barañera todos espantados. ¿Qué cosa viene ahí? Era el tiempo en que los rebeldes andaban fuera y el avión se enfiló a Yautepec y allí echó dos bombazos. Cómo nos asustamos. (*PM*, pág. 92).

Como se ve, no sólo que un hecho tan interesante es narrado en forma tan breve, sino que el enfoque está en los sentimientos que produce en el narrador y sus movimientos de reacción: se escondieron, estaban espantados, se asustaron. Hay poca observación objetiva del espectáculo del avión expresada en tan corta narración. Compáresela con la poética y objetiva narración del descarrilamiento del tren de Sayula, en "El llano en llamas", al que el narrador dedica página y media del cuento. He aquí una pequeña porción de esta dramática escena:

> Todavía veo las luces de las llamaradas. . .Ellos empezaron a darse cuenta de lo que les pasaba cuando sintieron bambolearse los carros, cimbrarse el tren como si alguien lo estuviera sacudiendo. Luego la máquina se vino para atrás, arrastrada y fuera de la vía por los carros pesados y llenos de gente. Daba unos silbatazos roncos y tristes y muy largos. Pero nadie la ayudaba. . . .Después todo se quedó en silencio como si todos, hasta nosotros, nos hubiéramos muerto (LL, págs. 79-80).

La narración del "Pichón" es vívida y plástica, y con los dramáticos toques que ofrece, se puede completar el horrendo cuadro del descarrilamiento. El narrador queda reducido a sus ojos ("veo"), con los cuales capta aspectos esenciales del caótico hecho, que luego quedan plasmados en la narración por medio de poderosas imágenes visuales y auditivas. Sólo al final del relato reaparecen el narrador y sus compañeros para formar parte del silencio sepulcral que prosigue al descarrilamiento.

Los únicos trozos más largos en "Luchando con Zapata" son aquellos en que Pedro reproduce conversaciones entre dos personajes históricos (Guajardo/Zapata; Genovevo de la O/Obregón), como si él hubiera estado presente, y que constituyen una versión popular de estos encuentros ya prácticamente convertidos en leyendas. Pedro atribuye a estos personajes su propia manera de hablar. Hay en estas porciones una mezcla de ficción e historia.

"El llano en llamas" es una narración perfectamente estructurada, con un armonioso equilibrio de sus cuatro partes en que está dividido el cuento: presentación (batallas iniciales); desarrollo (reagrupación y nueva lucha); clímax (descarrilamiento del tren y persecución); desenlace (cárcel y reunión con la mujer). En "Luchando con Zapata", por el contrario, no puede hablarse de una estructura, en tanto a diseño planeado, ya que se trata de una simple encadenación de hechos sueltos, que no siguen propósito artístico alguno, sino que aparecen tal como van llegando a la memoria de Martínez. El nexo de estos hechos es el narrador, que se mueve junto al grupo de hombres con los que lucha, de lugar en lugar. Este constante movimiento se inicia desde la primera oración de la narración, y no parará hasta el final de la historia, interrumpido sólo por las intercalaciones de diálogos de personajes históricos, y un par de digresiones. He aquí el principio:

> Me junté con mi general Leobardo Galván y con él llegué hasta Tula y Toluca. Allí en Tula yo bien bien no entré porque ya venía la línea de allá para acá, para México. Entonces regresamos y venimos a hacer destacamento en Coyoacán (*PM*, pág. 87).

En nada más que las tres oraciones iniciales, Martínez ha cubierto su enrolamiento en las filas zapatistas y cuatro puntos geográficos entre los cuales se ha movido la gente de Galván: Tula, Toluca, México y Coyoacán. Compárese este pasaje sin relieve, con el dramático comienzo de "El llano en llamas":

> "¡Viva Petronila Flores!"
> El grito se vino rebotando por los paredones de la barranca y subió hasta donde estábamos nosotros. Luego se deshizo.
> Por un rato, el viento que soplaba desde abajo nos trajo un tumulto de voces amontonadas, haciendo un ruido igual al que hace el agua crecida cuando rueda sobre pedregales (LL, pág. 66).

Con un sólo grito y el efecto de su eco en la barranca, Rulfo inicia una escena llena de emoción, suspenso y de belleza expresiva, a pesar de utilizarse estrictamente términos sencillos que podrían salir de la boca de un campesino. En estos dos trozos se pueden notar algunas de las diferencias básicas entre las dos narraciones que estudiamos, y que continuarán a lo largo de ellas: 1) Rulfo provee información clave que servirá de base para una reconstrucción de la escena por parte del lector. La información que ofrece Pedro Martínez está reducida generalmente al nombre de un pueblo, una calle, un camino, como puntos flotando en un espacio vacío, haciendo imposible reconstrucción alguna; 2) Rulfo se detiene en medio de un acontecimiento y crea el ambiente por medio de la observación de los fenómenos naturales: efectos auditivos que se producen mediante la combinación de viento, barranca y sonido, personalizándose al viento y atribuyéndose solidez a una sustancia etérea (voces amontonadas). En "Luchando con Zapata" hay una carencia casi absoluta de percepción del mundo natural y sus manifestaciones. En sólo dos oportunidades se menciona el clima brevemente: "era tiempo de aguas" (*PM*, pág. 90) y se comenta el excesivo frío de una región: "Hacía tanto frío que el hielo se levantó así de grueso" (*PM*, pág. 91). En sólo una oportunidad se refiere a la desolación del paisaje, que no ofrecía protección de las balas enemigas:

> No había nada, nomás los ocotes, monte y zacate así de largo (*PM*, pág. 91).

En estos ejemplos la descripción es brevísima, y es obvio que parte de la información está transmitida mediante un lenguaje de señas. El adverbio "así" va acompañado por el movimiento de las manos que se hace para indicar determinada longitud. Tampoco existe descripción alguna, por breve que sea, de ningún aspecto físico de personajes o detalles de movimientos, como se encuentra en "El llano en llamas":

> . . .preguntó Pedro Zamora medio amodorrado (LL, pág. 67).

> Se les [a los Zanates] veía la cara prieta al pardear de la tarde (LL, pág. 73).

En "El llano en llamas" la forma narrativa incluye sólo brevísimos diálogos que consisten generalmente en una pregunta y una respuesta:

> —¿Qué fue?—. . . .
> —Voy a ver qué fue lo que fue. . . .(LL, pág. 67).

Aún el diálogo final entre el "Pichón" y la mujer que lo espera es muy corto y consta sólo de una cuantas frases por parte de la mujer, sin respuesta del "Pichón". Por el contrario, en "Luchando con Zapata", la forma dialogal es muy abundante. Una parte considerable de la narración está realizada por medio del diálogo que Martínez intercala con la narración, a veces en forma breve y en otras muy extensa. Por ejemplo, al narrar un episodio en que el narrador y un compañero tratan de subirse a un tren en marcha, se introduce el diálogo entre ellos:

> Como los trenes de Xochimilco se regresaban, lo que pensé yo, pues, le digo a otro compañero: —*Vamos a agarrar un tren, porque si no*

Similitudes y contrastes

nos alcanzan. . . .Pues sí, ya fue como fuimos. . . .Lo agarré fuerte y el otro me dice:—*Andale compañero* (*PM*, pág. 87).

En otras oportunidades, Martínez reproduce trozos más largos de diálogo entre dos personajes. Por ejemplo las charlas entre Guajardo y Zapata, que ocupan casi una página, y la de Genovevo de la O y Obregón otro tanto.

Jamás en la prosa de Rulfo se encuentran digresiones de ningún tipo, mientras que en la narración de Pedro Martínez de "Luchando con Zapata" hay dos digresiones, una corta ("¡Lo livianito de cuando es uno joven!" [*PM*, pág. 87]), y otra larga, de casi media página, donde Martínez da testimonio de su fe en Dios y comenta como esa fe lo salvó siempre de la muerte.

El léxico que utiliza Pedro Martínez es muy similar al de Rulfo: términos sencillos de uso popular (carencia de términos cultos): términos que reflejan la vida campesina; mexicanismos—tanto desviaciones de la norma culta (corretiar, devisar, saquiar), como términos provenientes de lenguas indígenas (texcalera, tlacolotero)—términos relacionados con el movimiento revolucionario: tipos de armas y otro vocabulario referente a la situación bélica. La diferencia principal está en que en "Luchando con Zapata" la cantidad de términos referentes a la naturaleza y a los fenómenos atmosféricos y naturales es mucho menor que en "El llano en llamas". Martínez se refiere muy de pasada a un cerro, un arroyo, un río, y ocasionalmente a la vegetación del lugar (ocotes, zacates), pero siempre en estricta relación con la acción, es decir, se nombran "ocotes" y "zacates" para explicar que no había dónde ocultarse en un paisaje desolado. O se nombra un cerro para explicar que detrás de él estaban las tropas carrancistas. Igualmente, los animales que se mencionan, caballos y alacrán, aparecen en relación a otro hecho: "hubo muchas bajas de hombres y también de caballos" (*PM*, pág. 92) y "Allí se me murió una criatura de un piquete de alacrán" (*PM*, pág. 96). Aunque hay constantes referencias a diferentes horas del día (día, noche, mañana, tarde), ni una sola vez se nombran la luna, las nubes ni el viento, ni tampoco al tipo de animales que forman parte del paisaje, como aves e insectos. Donde Pedro Martínez, sin mayor rodeo narra el hecho mismo ("Ya venía yo entrando cuando se suelta la balacera" [*PM*, pág. 87]), el "Pichón" comienza de esta manera el inicio del tiroteo:

> De repente sonó un tiro. Lo repitió la barranca como si estuviera derrumbándose. Eso hizo que las cosas despertaran; volaron los totochilos, esos pájaros colorados que habíamos estado viendo jugar entre los amoles. En seguida la chicharras, que se habían dormido a ras

del mediodía, también despertaron llenando la tierra de rechinidos (LL, pág. 67).

En la narración de Pedro Martínez, además de su brevedad, hay una relación directa entre la acción del personaje ("venía yo entrando") y el comienzo de la baleadura ("y se soltó la balacera"). Pedro Martínez no se desprende de los hechos para observarlos. En el trozo de "El llano en llamas", por el contrario, hay una separación completa del personaje y la situación que lo rodea. Además, el narrador tiene una fina sensibilidad artística (que Rulfo presta siempre a sus personajes, por humildes que sean), y que le permite percibir la conmoción de la naturaleza ante el tiro. El lenguaje sencillo rural que utiliza el "Pichón", disfraza el espíritu poético de Rulfo de manera convincente. Como comenta Rodríguez Alcalá,[15] la noción del "despertar de las cosas" es demasiado intelectual para un campesino inculto, y Rulfo debe realizar verdaderos malabarismos para que tal expresión no desentone con quien las profiere. Así, Rulfo utiliza el sustantivo más vulgar "cosas" en lugar del literario "seres", y agrega términos regionales mexicanos ("totochilos" y "amoles"), para asegurar una ruralización completa de la expresión.

Comparación de estructuras sintácticas

Para el análisis sintáctico comparativo, se han tomado dos trozos, uno de "Luchando con Zapata" (de 164 palabras) y otro de "El llano en llamas" (de 180 palabras), que cubren un episodio similar: una emboscada.[16] He aquí el trozo de "Luchando con Zapata":

> Luego otro, otro fracaso nos pasó. Eso fue acá, en San Salvador. También quisimos ir a la línea y entonces cada que íbamos ahí nos pusieron casitas de puro zacate, así provisionales. Y abajo, zacate; uh, sancochones. Pues sí, ciertamente estábamos muy contentos, más que era tiempo de aguas; y luego abajo, grueso de puro zacate, pues estaba bien calientito. Ahí nos cayeron durmiendo. ¡Caracoles! Calientitos que estábamos y taca, taca, taca. Ujule, nos levantamos corriendo para donde pudimos. La gente de San Salvador comenzó a salir. Gritos y gritos, mujeres y niños y uh, ¡cómo gritaban! Y nosotros ni respondíamos porque nos iban correteando. Entonces sí nos echaron bala. Nada, nos levantamos luego y zas, no quedó ni uno de nosotros, de los de Galván. Quedó uno, era teniente coronel; ése sí quedó porque le agarró calenturas y estaba enfermo y ése no pudo salir. Ese sí se lo llevaron. Lo mataron. Pues ahí lo dejamos a que se defendiera como pudiera (*PM*, pág. 90).

Antes de iniciar el análisis de las estructuras sintácticas de este trozo se debe anotar que la puntuación del mismo, así como de todo el con-

Estructuras sintácticas

tenido del libro *Pedro Martínez*, es relativamente arbitraria, ya que se trata de grabaciones que han sido transcritas. Al pasarse del medio oral al escrito, el que transcribe debe decidir cuándo utilizar una coma, un punto y coma, un punto seguido o un punto final. A veces la entonación de la voz y el texto indican claramente la puntuación adecuada, pero otras veces la decisión es arbitraria.

La construcción sintáctica que sobresale en este trozo, por su abundancia, es la conjuntiva. En este pequeño trozo se utiliza un total de once conjunciones "y", que en su mayoría actúan como lazos de unión de oraciones cortas independientes. (Dos conjunciones "y" aparecen al principio de la oración.) Existen también dos construcciones conjuntivas enlazadas por términos como: "pues" y "más que". Con frecuencia, en la prosa de Martínez, las oraciones unidas por estas conjunciones no comparten el contenido semántico esperado, por lo que resultan en una expresión poco usual. Por ejemplo: "[estaba] grueso de puro zacate, pues estaba bien calientito". Aquí no parece haber la necesaria relación semántica entre el grosor del zacate y la temperatura. Esto se debe en parte, tal vez, al hecho de tratarse de un lenguaje oral, en el que las oraciones fluyen más libremente que en el escrito unas tras de otras, sin que el locutor se preocupe por la consistencia semántica. Es decir, el locutor parece cambiar de rumbo en medio de una oración, cuando le viene a la mente algún otro detalle de su narración.

El segundo tipo de construcción muy utilizada es el de subordinación adverbial (ver pág. 130, nota 9), que aparece en cuatro instancias: "entonces cada que íbamos ahí nos pusieron casitas"; "Y nosotros ya no respondíamos porque nos iban correteando"; "ése sí se quedó porque le agarró la calentura" y "Pues ahí lo dejamos a que se defendiera como pudiera".

En este trozo, Pedro Martínez no utiliza ni una vez la construcción relativa (ver pág. 128, nota 26), y a veces se ve el relativo reemplazado por una coma: "Quedó uno, era teniente coronel", donde podría ser: "Quedó uno que era teniente coronel". La forma que utiliza Martínez produce efecto de fragmentación, mientras que la construcción relativa da mayor fluidez a la prosa.

La mayoría de las oraciones unidas por los términos conjuntivos están muy cerca a ser hormas, o son oraciones hormas: "Otro fracaso nos pasó", "fue acá", "entonces sí nos echaron bala", "también quisimos ir a la línea" y muchas otras.

En este trozo (y en la prosa de Pedro Martínez en general), hay relativamente mínima inserción de oraciones. En realidad, la mayoría de las oraciones aparecen en forma independiente, o dos oraciones independientes unidas por un término conjuntivo. Las oraciones de la construcción de subordinación adverbial consisten también en sólo dos unidades. Sí hay frases adverbiales e interjecciones insertadas generalmente a la derecha, pero por lo común no más de una inserción por lado. Sin embargo, la prosa de Pedro Martínez no es tan clara como podría ser, dada su sencilla sintaxis. La falta de claridad radica principalmente en el frecuente uso erróneo de tiempos verbales, y luego en el gran número de elipsis, uso de interjecciones y términos onomatopéyicos, sobre lo que se tratará a continuación. Se debe anotar que el lenguaje oral no sigue las mismas convenciones del escrito, de ahí que muchas de las oraciones de Pedro Martínez son una mezcla de expresión oral y palabras cortas (adverbios o términos onomatopéyicos) que van acompañadas por el movimiento de las manos (señas paralingüísticas) con lo cual se completa el significado de la oración. Por ejemplo, en la oración "calientitos que estábamos y taca, taca, taca", el término onomatopéyico que imita el sonido de las balas va acompañado del movimiento de las manos imitando un fusil o una ametralladora y reemplaza la oración "nos balearon" o "nos ametrallaron".

La prosa de Pedro Martínez abunda en interjecciones, por medio de las cuales se expresa una gama de sentimientos. En el trozo aquí estudiado se encuentran las siguientes interjecciones: "uh", "újule", "caracoles", "sancochones", y "zas", que expresan sorpresa, emoción, rabia y la sensación de peligro. También se utilizan frases y oraciones exclamativas como: "¡cómo gritaban!". Por el contrario, en su prosa Rulfo muy rara vez usa interjecciones y tampoco son muy frecuentes las frases y oraciones exclamativas.

A menudo se observan en la prosa de Pedro Martínez desviaciones sintácticas de la norma culta. En el trozo estudiado se ve que. Pedro no utiliza la "a" personal que requiere el sustantivo humano que actúa como complemento directo: "Ese sí se lo llevaron" en lugar de "A ése sí. . . ." También existe eliminación de parte de una frase adverbial: "cada que" en lugar de "cada vez que"; "Más que" en lugar de "más aún porque" y "Calientitos que estábamos" en lugar de "Tan calientitos que estábamos". Con frecuencia se encuentran mezclas incongruas en los tiempos verbales. Por ejemplo, en la oración "También quisimos ir a la línea y entonces cada que íbamos ahí nos pusieron casitas de puro zacate", se mezclan los tiempos pretérito im-

Estructuras sintácticas

perfecto y el pretérito indefinido. A "íbamos" le corresponde "que-
ríamos" y "ponían". Como resultado de esta mezcla inapropiada de
tiempos verbales, no está claro si Pedro se refiere a una situación en
particular o a hechos que ocurrían con frecuencia. Otros ejemplos de
incongruencias verbales, donde se mezclan el pretérito con el presente indicativo, y el pretérito con el imperfecto, son:

> Lo *agarré* fuerte y el otro me *dice*: Andale compañero (*PM*, pág. 87).

> Y zas, le *exprime* la pistola y lo *mató* (*PM*, pag. 99).

> Yo nomás lo *vi* y no le *respondía* (*PM*, pág. 88).[17]

En la prosa de Pedro Martínez existen numerosas oraciones elípticas, donde el verbo queda eliminado. Algunos ejemplos del trozo
que estudiamos son: "Y abajo, zacate", en lugar de "y abajo *había* zacate"; y "luego abajo, grueso de puro zacate" en lugar de "luego abajo, *estaba* grueso de puro zacate"; "Nos cayeron durmiendo" por
"Nos cayeron *cuando estábamos* durmiendo"; "para donde pudimos" en lugar de "para *ir* donde pudimos".

El trozo de "El llano en llamas" que se analiza es el siguiente:

> Pocos días después, en el Armería, al ir pasando el río, nos volvimos
> a encontrar con Petronilo Flores. Dimos marcha atrás, pero ya era
> tarde. Fue como si nos fusilaran. Pedro Zamora pasó por delante ha-
> ciendo galopar aquel macho barcino y chaparrito que era el mejor
> animal que yo había conocido. Y detrás de él, nosotros, en manada,
> agachados sobre el pescuezo de los caballos. De todos modos la mata-
> zón fue grande. No me di cuenta de pronto porque me hundí en el río
> debajo de mi caballo muerto, y la corriente nos arrastró a los dos, le-
> jos, hasta un remanso bajito de agua y lleno de arena.
>
> Aquél fue el último agarre que tuvimos con las fuerzas de Petro-
> nilo Flores. Después ya no peleamos. Para decir mejor las cosas, ya te-
> níamos algún tiempo sin pelear, sólo de andar huyendo el bulto; por
> eso resolvimos remontarnos los pocos que quedamos, echándonos al
> cerro para escondernos de la persecución. Y acabamos por ser unos
> grupitos tan ralos que ya nadie nos tenía miedo. Ya nadie corría gri-
> tando: "¡Allí vienen los de Zamora!" (LL, págs. 71-72).

Las oraciones de este trozo de prosa de Rulfo son más largas y más
complejas que las del trozo de Martínez. Mientras que la máxima elaboración de las oraciones de Martínez consiste generalmente en la
construcción conjuntiva o de subordinación adverbial—dos oraciones unidas por un término conjuntivo o por una frase adverbial de
enlace—varias de las oraciones del trozo de Rulfo son considerablemente más largas y en su formación han intervenido un mayor número de reglas transformacionales. Por ejemplo:

Pedro Zamora pasó por delante haciendo galopar aquel macho barcino y chaparrito que era el mejor animal que yo había conocido (LL, pág. 71).

En esta oración intervienen : la regla de reducción por conjunción, la de elisión de frase nominal equivalente, la de elisión de verbo copulativo "ser" y la transformación de la cláusula relativa (dos veces). En el trozo de la prosa de Rulfo existe mucha mayor variedad de estructuras sintácticas que en la prosa de Martínez, y cada estructura se presenta un menor número de veces. La estructura conjuntiva con "y" se presenta cinco veces, dos de las cuales aparecen en oraciones que empiezan con "Y". Hay también dos oraciones que contienen otros términos conjuntivos: "pero" y "por eso". La construcción relativa aparece cuatro veces: "Macho barcino y chaparrito que. . .", "el mejor animal que. . .", "el último agarre que. . ." y "los pocos que. . .." Este tipo de construcción está ausente en el trozo de prosa de Martínez estudiado.

La construcción de subordinación adverbial aparece dos veces en el trozo de Rulfo: "No me di cuenta de pronto porque me hundí. . ." y "echamos al cerro para escondernos. . .." La transformación de elisión de verbo copulativo "ser" (y "estar") se presenta cuatro veces: "macho barcino y chaparrito" (macho era barcino-macho era chaparrito); "nosotros. . .agachados" (nosotros estábamos agachados); "caballo muerto" (caballo estaba muerto); y "grupitos tan ralos" (grupitos eran tan ralos). Existen también en este trozo tres otras construcciones adjetivales: "en manada", "bajito de agua" y "lleno de arena". Esta concentración de estructuras adjetivales no es típica de Rulfo, quien es más bien parco con sus adjetivos. Sin embargo, la prosa de Martínez es aún más ligera de adjetivos. En el trozo de "Luchando con Zapata" estudiado, aparecen sólo dos construcciones adjetivales: "casitas de puro zacate" y "abajo, grueso de puro zacate" (que es casi la misma construcción adjetival repetida). Nótese que estas construcciones adjetivales con preposición son iguales a las de Rulfo.

Otras transformaciones que se encuentran en el trozo de "El llano en llamas" aquí estudiado son: una vez la de elisión de frase nominal equivalente: "Pedro Zamora pasó por delante haciendo galopar aquel macho barcino. . ." (que está formada por "Pedro Zamora pasó por delante" y "Pedro Zamora hizo galopar. . ."); una vez se presenta la regla de elisión de frase verbal equivalente: "ya teníamos algún tiempo sólo de andar"); una vez aparece la construcción comparativa: "Fue como si nos fusilaran"; una vez se presenta la regla de subordinación nominal: "Y acabamos por ser unos grupos tan ralos que ya nadie nos tenía miedo". Tanto en Rulfo como en Martínez se presenta la regla de transformación pronominal modificada (ver pág. 131, nota 12). En el trozo de Rulfo aparece: "ya teníamos algún tiempo sin pelear. . . .por eso[18] resolvimos remontarnos los pocos que quedamos". En el trozo de Martínez: "Luego otro, otro fracaso nos pasó. Eso fue acá, en Salvador".

Rulfo, como Martínez, también utiliza ocasionalmente la elipsis. Por ejemplo: "Y detrás de él, nosotros, en manada, agachados sobre el pescuezo de los caballos", donde se ha eliminado el verbo "pasábamos". Pero como Rulfo utiliza la elipsis esporádicamente, esta construcción no retarda la comprensión de su prosa. Tampoco se encontrarán en la prosa de Rulfo errores en el uso de los tiempos verbales, ni otro tipo de errores sintácticos, como los indicados en la prosa de Martínez.

Ya se ha hablado suficientemente sobre las inserciones en las oraciones de Rulfo (ver pág. 129, nota 28). Baste ahora añadir que en los trozos aquí estudiados, se ve una marcada diferencia en el número de inserciones en la prosa de Rulfo y la de Martínez. Rulfo utiliza muchas más inserciones laterales de oraciones y frases adverbiales que Martínez. Por ejemplo, en la oración: "*Pocos días después, en el armería, al ir pasando el río,* nos volvimos a encontrar con Petronilo Flores", se encuentran tres inserciones laterales derechas. En la prosa de Martínez las inserciones son más cortas y menor en número.

Un elemento que se presenta tanto en el trozo de Rulfo como en el de Martínez es la utilización de giros idiomáticos. En Rulfo aparece: "andar huyendo el bulto" y "echándonos al cerro". En Martínez encontramos: "nos cayeron", "echaron bala" y "agarrar calenturas".

Fuera de las estructuras sintácticas estudiadas en los dos trozos arriba citados, hay otras que merecen atención y que aparecen en ambas narraciones. Tanto "El llano en llamas" como "Luchando con Zapata" contienen abundantes estructuras de repetición; sin embargo, mientras que en Rulfo se presentan en una variedad de formas (ver págs. 43-46), en la narración de Pedro Martínez la repetición es de tres tipos: las dos primeras (repetición enfática y repetición coloquial) que Rulfo también utiliza como parte de su prosa, y una tercera, que es parte del idiolecto de Martínez, y que consiste en una especie de muletilla:

1) Por allá por los cerros, puro *zapatista,* por aquí por la venta, *zapatis-*

tas, por la vía, puro *zapatista*; ora por el camposanto también. ¡Cuánto *zapatista*! (*PM*, pág. 97).

Ellos *seguían disparando*. *Siguieron disparando* todavía. . .(LL, pág. 69).

2) Pues sí, ya *fue* como *fuimos* (*PM*, pág. 87).

Yo *bien bien* no entré. . .(*PM*, pág. 87).

Voy a ver *qué fue* lo *que fue*. . .(LL, pág. 67).

Tantito antes no sabíamos *bien* a *bien* lo que iba a suceder (LL, pág. 80).

3) *Así fue* su muerte. *Sí, así fue* (*PM*, pág. 99).

Yo *sí* creí la noticia, *sí*. . .(*PM*, pág. 98).

En el primer grupo de ejemplos, Pedro Martínez utiliza la repetición para asegurarse de que su interlocutor se dé una idea cabal del cuantioso número de soldados zapatistas que pululaban en el lugar. En forma similar, el "Pichón" repite la frase, algo cambiada, para dar énfasis en la continuación de los disparos. Los ejemplos del segundo grupo pertenecen a giros populares mexicanos que aparecen con frecuencia en la prosa de Martínez y de Rulfo. El tercer grupo, que tiene alguna similitud con algunas de las estructuras de repetición de Rulfo, se trata de una característica propia de Martínez. Su prosa abunda en afirmaciones cortas, tipo muletillas, con las que, por un lado, se trata de reforzar la expresión, pero que ya parecen producirse automáticamente, en forma subconsciente, cada tantas palabras: "ora sí", "pos sí", "sí, así fue", "Y sí", "Sí", "ya", "Y ahí va". Son muchas las oraciones que terminan o empiezan con estas afirmaciones de refuerzo, y de vez en cuando se utiliza más de una de estas expresiones en una oración: "Y ahí va, y sí, entonces perdieron los zapatistas" (*PM*, pág. 98).

Uno de los elementos que comparten las prosas de Rulfo y Martínez es el uso de diminutivos. "El llano en llamas" contiene treinta diminutivos (todos terminados en "-ito", "-ita") y la narración de Martínez cuenta con cuarenta y tres (todos con las terminaciones "-ito", "-ita"). En páginas anteriores (ver pág. 77) se ha indicado que el diminutivo es propio del lenguaje oral y popular. La abundancia de diminutivos en la prosa de Martínez refuerza esta afirmación. (Recuérdese que se trata de una transcripción del lenguaje oral de un

Comparación morfosintáctica

campesino.) Rulfo, como se ha mencionado anteriormente, utiliza diminutivos como efectivo recurso estilístico que le ayude a crear la ilusión de lenguaje popular.

Comparación morfosintáctica

Algunos aspectos de la morfosintaxis de la prosa de Martínez son los siguientes. En "Luchando con Zapata" no se emplean sustantivos con fines artísticos (como se verá que sucede en la prosa de Rulfo). El sustantivo "cosa" aparece con frecuencia, generalmente cada vez que el narrador no tiene otro término para nombrar un objeto o situación. Por ejemplo, se llama "cosa" al avión visto por primera vez. Se ha visto que Rulfo aprovecha de este sustantivo genérico y vulgar para rustificar su lenguaje.

En el análisis sintáctico de los dos trozos que consideramos, se mencionó que el número de adjetivos en la prosa rulfiana es reducido, y que en la prosa de Martínez el número es aún menor. Se ha visto que los adjetivos en Rulfo son, en su gran mayoría, adjetivos calificativos objetivos y demostrativos (ver págs. 66-68). Los pocos adjetivos que se encuentran en "Luchando con Zapata" son de dos clases: numerales y calificativos subjetivos. Opuesta a la vaguedad deliberada de "El llano en llamas" en cuanto a tiempo transcurrido,[19] en la prosa de Martínez hay muchos adjetivos numerales que especifican el número de soldados por tropa, horas del día, número de días por batalla. Se usan también mucho los adjetivos de cantidad: "harto", "mucho", "tanto", con los mismos propósitos. Al contrario que en "El llano en llamas", en "Luchando con Zapata" el número de adjetivos calificativos objetivos es reducido, mientras que hay mayor número de adjetivos calificativos subjetivos. Pedro de vez en cuando juzga a las personas y analiza situaciones o hechos pasados. Por ejemplo, se refiere de esta manera a otro soldado: "uno de esos ignorantes, mal hablados, completamente malos" (*PM*, pág. 88); sobre la muerte de su hija afirma Pedro que él y la mujer fueron "responsables" por "ignorantes"; o encuentra que una balacera era "horrible". En "El llano en llamas", al contrario, hay casi una total separación de las emociones del narrador y de los hechos narrados.

Otro modo de expresar emoción en "Luchando con Zapata" es por medio de los verbos. Mientras el "Pichón" se deleita con el espectáculo del fuego que quema la cosecha, utilizando uno de los pocos adjetivos calificativos subjetivos del cuento ("bonitos"), Pedro comenta en una situación semejante:

> Tenían maíz y frijol tendidos en sus sarapes, secándose al sol; bueno, hasta con eso acabamos. Unos querían llevarse los sarapes y la comida, pero nada, dejamos todo regado y quemándose. Eso nos *dolió*, pero ni modo (*PM*, pág. 88).

Opuesta a la inseguridad ante la realidad que se presenta en "El llano en llamas" y en toda la prosa de Rulfo, mediante el uso de los verbos de duda, la prosa de Martínez no presenta duda alguna, con la única excepción de la oportunidad en que el narrador no está seguro de haber matado a alguien durante una refriega: "quién sabe si lo maté. . . .nunca vi bien si maté alguno" (*PM*, pág. 89). Por lo demás, la prosa de Martínez es enfáticamente afirmativa y expresa completa seguridad de lo que narra, incluyendo las reproducciones de conversaciones entre figuras políticas de la época, a muchos de los cuales seguramente Pedro nunca conoció.

En "El llano en llamas", como en muchos otros cuentos de Rulfo, hay un contraste entre los verbos de acción de los elementos naturales y los estáticos de los personajes. Los ruidos rebotan, tuercen, suben; el viento sopla, trae; la boruca viene, sacude. En cambio, los hombres ven, oyen, duermen, esperan. Por lo contrario, los hombres de "Luchando con Zapata" están en constante movimiento: vienen, regresan, suben, llegan, corren.

El tipo de construcción verbal que une la prosa de Rulfo y la de Martínez son las perífrasis verbales. En ambas narraciones hay abundancia de ellas, y la única diferencia radica en que en "El llano en llamas", y en la prosa de Rulfo en general, hay considerable variedad de formas perifrásticas (ver págs. 71-72), mientras que en "Luchando con Zapata" se utilizan casi exclusivamente dos formas: andar + gerundio ("andábamos paseando", "andaba queriendo") y venir + gerundio ("venía yo entrando"). La forma de futuro ir a + infinitivo, se usa siempre en lugar del verbo en futuro ("vamos a dar" por "daremos"; "van a meter" por "meterán").

Finalmente, una de las más importantes diferencias entre el lenguaje de "El llano en llamas" y "Luchando con Zapata" es el uso de comparaciones. En toda la narración de Martínez, no hay más que tres comparaciones:

> Se estaba matando, y los muertos como empedrados (*PM*, págs. 88-89).

> Mató mucho carrancista, tanto que los apilaban como piedras (*PM*, pág. 93).

Comparación morfosintáctica

> . . .allí nomás estábamos orejiando como conejos (*PM*, pág. 96).

En realidad, se trata de sólo dos comparaciones, porque la segunda es una repetición, con una ligera modificación, de la primera. En los tres casos, las comparaciones son cortas, es decir, un adjetivo o un sustantivo sigue al adverbio "como". Por el contrario, "El llano en llamas" está salpicado de comparaciones y de otras expresiones poéticas, que a pesar de estar expresadas básicamente en lenguaje campesino sencillo (sin términos cultos), no dejan de ser por ello un recurso literario que sólo se presenta infrecuentemente en el lenguaje hablado, sea rural o culto. Sin contar las numerosas expresiones poéticas como: "humo oloroso a carrizo y a miel" (LL, pág. 74); "La madrugada estaba comenzando a dar luz a las cosas" (LL, pág 80); "De este modo se nos fue acabando la tierra" (LL, pág. 82) y muchas otras como éstas, existen cincuenta comparaciones en "El llano en llamas", muchas de las cuales evocan imágenes extensas, compuestas de varios elementos. Y es por medio de las comparaciones que se recrea todo un mundo campesino, poblado de vívidas imágenes de animales, vegetación y escenas campestres, que a su vez ilustran plásticamente movimientos de personas, situaciones, lugares. Por ejemplo:

> Estábamos alineados al pie del lienzo, tirados panza arriba, como iguanas calentándose al sol (LL, pág. 66).

> Sentíamos las balas pajuelándonos los pantalones como si hubiéramos caído sobre un enjambre de chapulines (LL, pág. 60).

> . . .cuando nos habíamos levantado de la tierra como huizapoles maduros aventados por el viento. . .(LL, pág. 74).

> . . .una de esas balas largas de "30-30" que quebraban el espinazo como si se rompiera una rama podrida (LL, pág. 76).

> Y aunque queríamos oír, parando bien la oreja, sólo nos llegaba la boruca: un remolino de murmullos, como si se estuviera oyendo de muy lejos el rumor que hacen las carretas al pasar por un callejón pedregoso (LL, pág. 67).

> Salir de pronto de la maraña de los tepemezquites cuando ya los soldados se iban con sus ganas de pelear, y verlos atravesar el llano vacío sin enemigo al frente, como si se zambulleran en el agua honda y sin fondo de aquella gran herradura del Llano encerrada entre montañas (LL, pág. 76).

Con estas seis comparaciones, y muchas más como ellas, se ha ido añadiendo pequeños trozos de vida en el llano: iguanas al sol, enjambres de chapulines, huizapoles, ramas podridas, carretas, montañas. Y ese "como" comparativo actúa tal cual un espejo en que se reflejan hombres, animales, vegetación y paisajes, y al momento de ilustrarse mutuamente, también se disuelven y forman una naturaleza única, indivisible. Frente a este mundo riquísimo de imágenes y poesía está el mundo lleno de acción de "Luchando con Zapata", donde se libran varias batallas en media página, y donde la descripción de personajes y escenarios está limitada al nombre propio del lugar y de los personajes históricos.

El presente estudio comparativo establece claramente la diferencia fundamental entre el lenguaje oral campesino (en este caso el de Pedro Martínez) y el literario rulfiano en "El llano en llamas". Los puntos de contacto entre ambos lenguajes radican en los siguientes elementos: utilización de un léxico rural y mexicanismos; uso de expresiones idiomáticas, de perífrasis verbales y de diminutivos; escasez de adjetivos; uso de estructuras sintácticas conjuntivas y de repetición con la diferencia de que Martínez depende casi exclusivamente de las estructuras conjuntivas, mientras que Rulfo utiliza muchas otras más. Además, el tipo de estructuras de repetición que aparecen en la prosa de Martínez también existen en la prosa rulfiana, pero con mayor variedad de funciones.

Muchos más son los aspectos en los que difieren las narraciones de Rulfo y de Martínez. "El llano en llamas", al igual que los otros cuentos y la novela de Rulfo, es una obra perfectamente estructurada y tanto los hechos a narrarse como los términos empleados en la narración han sido meticulosamente seleccionados con fines artísticos. Al contrario, el relato de "Luchando con Zapata" consiste en una encadenación de hechos que llegan espontáneamente a la mente del narrador, traídos por su memoria. Los términos que utiliza Martínez para expresarse no indican selección alguna, ni otro propósito que no sea el narrar en forma directa lo que se acuerda de sus experiencias durante la Revolución. "El llano en llamas" contiene un considerable número de términos sobre la naturaleza, mientras que en "Luchando con Zapata" hay muy pocos. Rulfo hace verdaderos malabarismos con la creación del personaje del "Pichón", así como con sus otros personajes, ya que consigue que este campesino humilde exprese en forma perfectamente verosímil la visión poética que tiene el autor del suelo jalisciense.

Los adjetivos utilizados por Rulfo son calificativos objetivos y

Comparación morfosintáctica

demostrativos, los de Martínez son calificativos subjetivos y numerales. Como consecuencia, en "El llano en llamas", como en toda la obra de Rulfo, hay mayor objetividad en la narración y predomina el tono de duda, de nebulosidad; por el contrario, el relato de "Luchando con Zapata" es más subjetivo, y su tono es enfáticamente afirmativo y seguro. Rulfo utiliza verbos de acción para los elementos de la naturaleza y estáticos para los personajes. Martínez utiliza verbos de acción para los personajes y apenas menciona la naturaleza o sus elementos.

Con respecto a la sintaxis, la prosa rulfiana del trozo analizado es considerablemente más compleja que la de Martínez, y cuenta con una variedad de estructuras. Además, la prosa de Rulfo es siempre perfectamente clara y su sintaxis no se desvía de la norma culta. La prosa de Martínez, por el contrario, cuenta con muy pocos tipos de estructuras sintácticas y es prosa a veces obscura debido al uso abundante de términos onomatopéyicos, de interjecciones y de otros términos que indican señas paralingüísticas, y también debido a las desviaciones sintácticas tales como incongruencias verbales e inconsistencias semánticas. Las oraciones de "El llano en llamas" son considerablemente más largas que las de Martínez, y contienen mayor número de inserciones laterales.

Finalmente, los elementos importantes que se destacan en la prosa de Rulfo, pero que están ausentes en la de Martínez, incluyen el uso de estructuras de repetición (incluyendo símiles) y de numerosas otras expresiones poéticas. Uno de los mayores méritos de la prosa rulfiana es el haber logrado crear un lenguaje literario altamente poético, conservando al mismo tiempo un convincente tono y sabor rural.

Parte V: Conclusión

En la primera parte de este estudio se ha establecido que, aunque se ha reconocido con frecuencia la maestría artística de Rulfo y el poderoso estilo de su prosa, la crítica sobre el escritor mexicano no incluye un estudio extenso del lenguaje rulfiano, especialmente en *El llano en llamas*. Por lo tanto, este libro se ocupa de realizar un estudio lingüístico de la prosa de Rulfo, enfocándose principalmente en *El llano en llamas*, pero tratando también de *Pedro Páramo*, aunque en forma limitada. Los diversos enfoques lingüísticos utilizados en este estudio han servido para iluminar diferentes aspectos del estilo de Rulfo.

La segunda parte consiste en un análisis sintáctico del estilo de la oración rulfiana. En la primera sección se han tomado trozos de las obras de dos autores—Gabriel García Márquez, contemporáneo de Rulfo, y de Leopoldo Alas, escritor del realismo español—con el fin de comparar y constrastar sus respectivas prosas con la de Rulfo. La utilización de la teoría de la gramática transformacional generativa ha ofrecido un método analítico descriptivo objetivo, que evita el uso de términos "impresionistas" como "parca", "vigorosa" y "profusa". Estos términos subjetivos han sido utilizados con frecuencia para describir el estilo de la prosa de los autores aquí tratados, sin lograr iluminar ni aclarar en qué consiste tal parquedad, el vigor, la profusión. Al contrario, aquí se han puesto en evidencia algunos de los tipos de estructuras sintácticas que utilizan estos autores, y los efectos que ellas producen en sus respectivas prosas. Se ha visto la relación de la inserción de oraciones con respecto a la claridad en la expresión. Aunque las prosas estudiadas difieren mucho en cuanto al tipo de estructuras utilizadas, y la frecuencia con que se las usa, los tres trozos de prosa estudiados son de clara comprensión—a pesar de contener a veces oraciones muy largas—debido principalmente a que los tres autores utilizan inserciones de oraciones laterales. Se ha mos-

Conclusión

trado que la selección de transformaciones refleja la manera en que su autor organiza la experiencia y su visión del mundo.

Siguiendo el método analítico de Richard Ohmann, se han desmantelado las estructuras sintácticas de los trozos estudiados, mediante la reversión de algunas reglas transformacionales, con el fin de ilustrar la importancia de la selección de tal o cual regla transformacional en el estilo del escritor. Se ha visto que García Márquez y, especialmente, Clarín utilizan con marcada frecuencia determinadas transformaciones. La reversión de éstas produce una prosa irreconocible. El trozo de prosa de Rulfo analizado, aunque de apariencia sencilla, demostró tener una mayor complejidad estructural.

En este estudio comparativo se ha visto que es peligroso atribuir homogeneidad de estilo a los movimientos literarios. Mientras que el estilo de la prosa de Rulfo es diametralmente opuesta a la de Leopoldo Alas, la prosa de García Márquez se acerca más a la de Clarín que a la de Rulfo, y comparte con la de aquél varios elementos estilísticos. Esto indica que la agrupación de escritores en movimientos literarios tales como el "realismo" o el "realismo mágico" debe basarse en otras áreas de la producción literaria, y no en el estilo de la prosa.

En la segunda parte del análisis sintáctico, se ha realizado un estudio más extenso de la sintaxis de Rulfo, utilizándose dos enfoques, uno cualitativo y otro cuantitativo. En el primer caso, se han estudiado trescientas oraciones tomadas al azar del libro *El llano en llamas*, para analizar las transformaciones preferidas por Rulfo y sus propósitos estilísticos, además de su relación con el tema. En el análisis cualitativo, se han realizado estructuras elegidas subjetivamente, por considerárselas importantes dada su función o situación en cuentos específicos, y su relación con el tema.

La estructura sintáctica más usada por Rulfo en *El llano en llamas*, según el análisis cuantitativo, resultó ser la construcción conjuntiva. Este tipo de construcción es típica del lenguaje popular, por lo que Rulfo la utiliza con mucho éxito para imitar este lenguaje. Sin embargo, se ha visto que la prosa de Rulfo utiliza una gran variedad de estructuras sintácticas. Se ha estudiado la concentración de ciertas estructuras sintácticas (de repetición, negativas y otras), en diferentes cuentos por razones estilísticas y temáticas.

En la tercera parte de este trabajo, se ha investigado el tipo de léxico que emplea Rulfo y cómo éste refleja el mundo campesino que él presenta. Esta selección de léxico es básica para obtener un lenguaje campesino. Al mismo tiempo, al omitir términos cultos e incluir muy pocos términos de la tecnología, se hace resaltar el aislamiento en que se encuentra el área rural mexicana con respecto al desarrollo industrial de la capital. Tanto en *El llano en llamas* como en *Pedro Páramo* aparece un considerable número de términos provenientes del náhuatl. Estos términos se utilizan con el fin de recrear el lenguaje del campesino de Jalisco. Rulfo distribuye estos términos en su prosa de tal manera que ellos no resulten un obstáculo para la comprensión general del texto por parte del lector no familiarizado con el lenguaje regional de Jalisco. Sin embargo, el conocimiento preciso de muchos de estos términos añade matices de significado al texto y ayuda a obtener una lectura más profunda de la prosa de Rulfo. Por este motivo, y dado que no existen ediciones anotadas de *Pedro Páramo* ni de *El llano en llamas*, se ha preparado como parte de este estudio un glosario de los términos regionales mexicanos que aparecen en los dos libros de Rulfo. (Ver Apéndice, págs. 118-124).

En un estudio comparativo de dos trozos de la prosa de Rulfo, el segundo siendo elaboración del primero, se ha mostrado el cuidado con el que Rulfo selecciona cada término que formará parte de su prosa. Se ha visto el uso artístico de sustantivos, pronombres, adjetivos y verbos, con una variedad de fines: presentación de escenarios (sustantivos), uso simbólico, para contraste, para la caracterización de personajes y otros. Se ha estudiado el limitado número de adjetivos que usa Rulfo y el tipo de adjetivos preferido: calificativos objetivos y demostrativos. Esto produce una prosa libre de recargamiento, objetiva y con un toque de ambigüedad en cuanto a espacio y tiempo. También se han estudiado otras formas adjetivales más vigorosas en la prosa de Rulfo. Se ha visto que Rulfo utiliza los pronombres con fines de caracterización, para establecer distintas clases sociales y para expresar alienación en los personajes. En el estudio de las formas verbales se han visto distintos tipos de verbos, como los que expresan duda y aquéllos relacionados con la memoria, para expresar la imposibilidad de aprehender la realidad exterior, por la deficiencia de las facultades humanas; se han investigado verbos usados con fines simbólicos y de contraste, además del abundante utilización de perífrasis verbales para imitar el lenguaje popular oral.

En la última sección del estudio morfosintáctico se ha analizado el uso del diminutivo en la prosa rulfiana. Como base de este estudio se tomaron principalmente las investigaciones lingüísticas sobre el diminutivo de Amado Alonso y también la realizada posteriormente por Emilio Náñez Fernández. Una de las principales funciones del

Conclusión

diminutivo en *El llano en llamas* y en *Pedro Páramo* es la de recrear el lenguaje oral y popular de Jalisco. Aquí Rulfo sigue la tradición de autores tales como Mariano Azuela, Ricardo Güiraldes, García Lorca y Pérez Galdós, en cuyas obras se imita el lenguaje oral hispanoamericano o español.

Se analizan también los diminutivos en Rulfo en su función afectiva, desde dos puntos de vista: los dirigidos al objeto nombrado y los dirigidos al interlocutor. Los primeros se utilizan con fines de caracterización de personajes, para destacar las fuerzas internas que los mueven: miedo, interés, socarronería, doblez, desprecio y otras. El segundo tipo de diminutivos se estudia en su función de índices de la interacción de personajes, que indican: relaciones entre clases sociales y de poder, manipulación de un personaje o personajes por otro, relaciones de cortesía y otros. Los diminutivos en Rulfo actúan también para intensificar o disminuir el efecto de lo dicho.

En la cuarta parte de este estudio, se ha analizado el uso del lenguaje rural en la prosa de Rulfo, mediante el método comparativo. Al contrastarse la prosa del cuento "El llano en llamas" y la de un capítulo del libro de Oscar Lewis, *Pedro Martínez*, que consiste en la transcripción de una grabación del lenguaje de un campesino, se ha puesto en evidencia la marcada diferencia entre el lenguaje oral campesino y una creación artística. Se ha visto que ambas obras emplean el mismo lenguaje como materia de expresión: términos sencillos del mundo campesino, mexicanismos, giros regionales, perífrasis verbales. Sin embargo, el resultado final es totalmente distinto. "Luchando con Zapata" es una narración llena de acción, expresada mediante abundante uso de verbos. Los numerosos hechos narrados—que consisten en situaciones de acción bélica, en su mayoría—son muy breves y se suceden unos a otros sin interrupción por descripción de personajes o escenarios. Hay muy poca mención de la naturaleza o fenómenos naturales, que resulte de la observación y percepción del medio ambiente. "Luchando con Zapata" no tiene un plan de narración—los sucesos se narran tal cual parecen presentarse en la mente del locutor—ni una selección consciente del material, que refleje un fin estético.

La prosa de Martínez contiene los siguientes elementos, ausentes en la prosa de Rulfo: mezcla de expresión oral y lenguaje de señas; abundante uso de interjecciones y términos onomatopéyicos; inconsistencia semántica en oraciones subordinadas; incongruencias en los tiempos verbales y otras desviaciones sintácticas.

Conclusión

El análisis sintáctico comparativo muestra que Rulfo comparte algunas construcciones sintácticas con Martínez, en sus respectivas prosas, pero mientras que en el trozo de Rulfo analizado se encuentra una gran variedad de estructuras, el trozo de Martínez depende de unas pocas y es mucho más sencillo y repetitivo, sintácticamente. Otro elemento que separa marcadamente estas narraciones es el uso de símiles, que aparecen en gran número en "El llano en llamas" (y en toda la prosa rulfiana), pero rara vez en "Luchando con Zapata".

El estudio de la obra de Rulfo revela que su aparente sencillez ha sido forjada a base de meticuloso cuidado por la forma, de laboriosa consideración de cada término utilizado, con el fin de lograrse aprisionar una compleja realidad campesina en un lenguaje auténticamente popular. Detrás de los personajes campesinos de habla sencilla, se oculta el poeta Rulfo, que, conociendo profundamente el alma de su gente, sabe interpretarlos acertadamente y puede hacer, en forma verosímil, que éstos compartan su alta sensibilidad artística, su rica imaginación, sus dotes de poeta. Rulfo prueba que el lenguaje del pueblo puede ser, en manos del poeta, un instrumento tan dúctil para la expresión poética como lo es el lenguaje culto.

Apéndice

Glosario de términos regionales mexicanos utilizados en El llano en llamas y Pedro Páramo[1]

afigurarse por **figurarse**; imaginarse, suponer

afortinado deriva de **fortín**; ocultos detrás de algo

afusilar por **fusilar**

aguarrás aceite volátil de trementina

aguasnieves lluvia menuda (sin nieve) y continua que suele caer al fin de la estación de aguas

ahuatado espinado; cubierto de espinas; de **ahuate** o **aguate**; (del náh.[2] *ahuatl*); espina muy pequeña que cubre algunas plantas.

ajolote (del náh. *a* + *xolotl* [liso, pelado] + *atl* [agua]); animal anifibio, de los batracios, de hasta 30 cms. de largo, de forma semejante a la salmandra, de color oscuro, con machas amarillas.

ajuerear de **afuera**. Ventilar, sacar objetos al aire libre

aletiar por **aletear**

alevántate por **levántate**

aluego por **luego**, después

aluzar alumbrar, iluminar; de **luz**

amellar por **mellar**; hacer mellas o roturas en el filo de un arma

amoles (del náh. *amulli*, jabón); varias plantas de diversas familias, cuyos bulbos y raíces se usan para jabón

apachurrar de **despachurrar**; aplastar, aplanar

apalcuachar aplastar, moler, triturar

aplaque acción y efecto de aplacar; en tono irónico, matar

apretalar colocar el pretal a los animales; (ver **pretal**)

apuraciones por **apuros**, aprietos

arrebiatado de **rabiatar**, atar por el rabo. Perseguir a los animales de muy cerca

arrejolarse apoyarse, pegarse a algo para pasar desapercibido

arrejuntarse juntarse, unirse; amancebarse

arrendado tomar hacia un rumbo o dirección

arriar por **arrear**, estimular a las bestias con la voz, espuela o golpes

atarantado tener perdido el equilibrio material y cerebral por el alcohol u otra causa; entontecido, desjuiciado; aturdido

atejonado agazaparse; meterse o esconderse en un sitio, encogiendo el cuerpo para no ser visto

atole (del náh. *atolli*); bebida hecha de harina de maíz

atrinchilar acorralar a una persona, principalmente con los brazos; abrazarse estrechamente

balacear disparar tiros, tirotear

barcino caballo de pelo blanco y pardo, a veces rojizo; hijo de albarazado e india, de jíbaro y loba

bordón vara de dos o tres metros usada para medir parcelas agrarias

borlote mitote, bola, tumulto, algazara, bochinche

cacahuate por **cacahuete**, maní

camichín (del náh. *coatl* [serpiente]+ *michín* [pescado]); árbol corpulento, variedad del matapalo

canelas bebida que contiene alcohol, que se sirve en Jalisco en los funerales

canijo tarugo, mentecato, tonto de capirote

capotear torear; capear, en sentido de esquivar el golpe

carrizo nombre de varias plantas gramíneas, algunas parecidas al bambú

ciudá por **ciudad**

coamil (del náh. *coa milli*, formado de *cuahuitl* [palo] + *milli* [sementera]); terreno dedicado al cultivo

cochal planta cactácea de la baja California y otras regiones de México

comal (del náh. *comalli*). Disco delgado de barro, en el cual se cuecen las tortillas y se tuestan granos, café, maíz, principalmente

comejenes insectillo de 4 a 5 mm. de largo, destructor de madera y de papel

contimás por **cuanto más**

copal (del náh. *copalli*, resina); resina usada para hacer sahumerios

corretiza por **correteo**

coyuntar por **coyundar**, poner las coyundas en el yugo; en forma figurativa, hacer el amor

criminar matar, asesinar

criolina creosota, tipo de desinfectante

culimpinar agacharse sobre algo (empinar el culo)

cusiliar delatar

chacamotear mantear; arrojar, sacudir, zurrar

chachalacas ave del tamaño de una gallina común, que tiene el plumaje de varios colores

chamacos (del náh. *chamua* [engruesar] o de *chamauac* [grueso]); niños, hijos pequeños

chamucos nominativo familiar del diablo

chaparro persona de baja estatura

chapulines saltamontes, langosta

chicalote (del náh. *chicalotl*); planta herbácea con hojas dentadas y espinosas; se le atribuyen propiedades medicinales

chincual (del náh. *tzinco* [ano] + *atl* [agua]); erupción alrededor el ano; sarampión

Términos regionales mexicanos

chuparrosa colibrí
desbalagado de **desbalagar**, dispersar, disgregar
descarapeladuras de **escarapelar**, desconchar, resquebrajar
desconchiflado destartalado, desvencijado; de **desconchiflar**, desarmar de un golpe
desentriparse vaciarse las tripas
desbalagado perdido, descarriado
devisar por **divisar**
devolverse por **volverse**
dizque por **dice que**
ejote (del náh. *exotl*); frijol o haba verde, en vaina
elote (del náh. *elotl*); mazorca de maíz comible
emprestar por **prestar**
en mientras por **mientras tanto**
encampanar enbaucar, engañar; dejar en un apuro
encarrerado que adquiere velocidad por la bajada
encueradas desnudas
enchinar formar rizos con el cabello; retorcer; bullir
engarruñado encogido
enjaretar introducir aunque no con toda propiedad o sin que venga a cuento. Vestirse muy descuidadamente
entelerido enteco, enclenque, débil, flaco
entilichar llenar un cuarto de tiliches; (ver **tiliche**)
entriegar por **entregar**
entrón animoso, resuelto, agresivo
fuereños de **fuera**; extranjeros, forasteros
galletas soldadera o mujer de soldado
garambuyos; garambullos cactus con fruto de tuna, usado como medicina y refrescante
guacho (del maya *huach*, mexicano no nacido en Yucatán); todo habitante del interior de México; soldado, en tono despectivo; "pelado" sucio y ratero
guaje (del náh. *huaxin*); árbol corpulento; especie de acacia
guango machete
güero rubio
güesos por **huesos**
güevero por **huevero**
güevo por **huevo**
güilotas (del náh. *huilotl*, paloma); tórtolas
haiga por **haya**
hojasé yerba de la cual se hace un tipo de mezcal
horquetear montar a horcajadas sobre algo
huamúchil (del náh. *cuauh + mochitl*); también **guamuchil**; árbol corpulento de las leguminosas, cuyo fruto es vainilla purpúrea comestible
huitacoche este término no figura en ninguno de los diccionarios consultados. Parece tratarse de algún tipo de animal
huizache (del náh. *huitztle* [espina] + *ixachi* [abundante]); arbusto erizado de púas en sus tortuosas ramas. Su flor tiene buen perfume.

huizapol (del náh. *cuahuitl* [árbol] + *zapotl* [zapote]); también **güizapol**;
  planta no específica que produce unos grutos subglobosos, erizados de
  espinillas, que los hace sumamente adherentes a la ropa
indinas por **indignas**
infestar por **infectar**
influencia por **influenza**
invencionista por **invencionero**, embustero, el que inventa cosas
jacalón cobertizo, galerón; cualquier edificio destartalado y viejo
jarilla nombre que se da a varias plantas silvestres
jedentina por **hedentina**, hediondez, hedor
jiote (del náh. *xiotl*); enfermedad cutánea con manchas moradas
jitomate variedad de tomate
juilón huidor, cobarde; el que huye con facilidad o por costumbre
laderear soslayar; tratar de esquivar
levantafalsos mentiroso; del octavo mandamiento de la Biblia católica: No
  levantar falso testimonio, ni mentir
lomerío conjunto de lomas
madroño planta de cuyos tallos se hacen bastones
malasmujeres cardo, abrojo; planta maligna llamada también hiedra mala
maldoso malo, perverso
maloriar hacerle mal a otro, perjudicarlo
marchanta vendedora en plazas
maroma voltereta, piruetas hechas por el maromero o equilibrista
mayates (del náh. *mayatl*); escarabajo de bellos colores
menso   tonto, cretino, retardado
mercé por **merced**
mero precisa, justa, exactamente; verdaderamente, mismamente
mezcal (del náh. *me + xcalli*; de *metl* [maguey] + *ixcalli* [cocido, hervido]);
  bebida alcohólica hecha a base de la penca o cabeza de maguey; maguey
mezcalera cosecha de mezcal; cosechadora de mezcal
mezquite (del náh. *mexquitl*); árbol de las leguminosas
migración por **inmigración**
milpa sementera o plantación de maíz; maizal
mitote baile o danza que usaban los aztecas; fiesta casera; bulla, alboroto
molcate (del náh. *molquitl*); mazorca pequeña de maíz, que no alcanzó su
  completo desarrollo
moledera de **moler**, importunar, atosigar, dar lata
molenque desmolado, sin dientes
molote (del náh. *molotic*, lana mollida); lío o envoltura que se hace en forma
  alargada a modo de maleta para llevar en el anca del caballo
morreado atado
nacerme por **hacerme nacer**
naide por **nadie**
necesidá por **necesidad**
nixtenco; niztengo (del náh. *nextli* [ceniza] + *co* [lugar]); fogón
obelisco nombre popular del tulipán asiático
ocote (del náh. *ocotl*); nombre popular que se da a los pinos. La madera es
  combustible muy usado, y sirve como tea para el alumbrado entre la

Términos regionales mexicanos

gente campesina

olote (del náh. *yolotl*, corazón); corazón o carozo de la mazorca del maíz

ora por **ahora**

orita por **ahorita**

otate (del náh. *otatl*, caña macisa); planta gramícea, cuyos recios tallos sirven para bastones; especie de caña

ovachón caballo o burro que se pone barrigudo y gordo por falta de ejercicio; persona mofletuda o gordiflona y regordeta

pa por **para**; **pa onde** por **para donde**

pacátelas término onomatopéyico que imita el sonido de las balas

pajuelear de **pajuea**, fósforo o cerilla; quemar

pal por **para él**

paraneras pastizal

parálisis por **paralítico**

parvadas bandada de aves

pasadera de aspecto físico aceptable

pasmada sarna (de burro)

pelón por **pelados**

pepenar recoger, rebuscar; robar

perdedizo hacerse perdedizo; pasar desapercibido, desaparecer

petate (del náh. *petlatl*, estera); estera tejida de tiras de hoja de palma que sirve para acostarse y sustituye al colchón

pialados enlazados como bestias. De **pial**, lazada que atrapa las patas traseras de las bestias

pilmama (del náh. *pilli* [hijo] + *mama* [que carga]); ama de cría, aya, nana, nodriza

piruja mujerzuela, mujer de mala conducta, prostituta

pizcadora canasta de cosecha, mujer cosechadora

pizcar cosechar

plasta boñiga o algo semejante a ella por su aspecto

pretar por **pretal**, correa que ciñe y rodea el pecho de la cabalgadura

pulque (del náh. *poliuhque*); bebida alcohólica que se obtiene de la fermentación del maguey

quelite (del náh. *quititl*, yerba comestible); varias yerbas comestibles, se las come como verduras

ramada ramas arregladas para que aniden las gallinas

rechinola término similar a **chingada**, pero un poco menos vulgar

reguilete por **rehilete**, flechilla, banderilla

reliz borde

retacar llenar en exceso; hartar

repegarse pegarse mucho, adherirse

retachar rebotar

retobado indómito, rebelde, respondón

risión risa general

ruidazal ruido causado por mucha gente

ruñir roer

sabete por **sabe**

sabino tipo de árbol de las coníferas

122

saltapericos una variedad de cuetes

sicúas corteza suave de algunos árboles que sirve para amarrar

talonazo golpes dados con el talón

tambache (voz tarasca); envoltorio flojo, lío, bulto de ropa

tapanco (del náh. *tlapantli*, azotea); granero; desván que sirve de bodega

tatemar (del náh. *tlatema*, asar); asar carnes, raíces o frutas, hacer asado sobre ascuas en horno cerrado

tecata costra, corteza

tejabán casa rústica y pobre con paredes de carrizos o adobe, con techo de teja

tejocote (del náh. *tetl* [piedra, cosa dura] +*xocotl* [agrio]); árbol de 8 a 10 metros de altura, de la familia de las rosáceas; su madera es dura, pesada y fina. Su fruto agridulce, se come fresco o en jalea.

tejón nombre de varios y variados animales de especies carnívoras, muy perjudiciales en el campo

tepache (del náh. *tepiatl*, bebida de maíz); bebida fermentada hecha del jugo de varias plantas, especialmente piña y caña

tepemezquites (del náh. *tepetl* [cerro] + *mizquitl* [mezquite]); árbol de la familia de los mezquites

tepetate (del náh. *tetl* [piedra] + *petatl* [petate]); cierta clase de piedra amarillenta, blanquecina, con un conglomerado poroso, se usa en construcción; sustancia de que se compone la piedra

tequesquite (del náh. *tetl* [piedra] + *quizquitl* [eflorescente]); sustancia pétrea, salina, usada como sal y como bicarbonato medicinal

terciado carbado a la espalda

tilangas hilachas, tiras

tildíos nombre de una avecilla acuática, zancuda, ribereña que hace sus nidos en la arena. Es del tamaño de una tórtola.

tiliches baratija, cachivache

totochilos nombre que se da a un pajarillo fríngido común

trabado como tabla o palo

trácalas fullería, trampa, ardid, engaño

tracatera término onomatopéyico que imita el sonido de las balas

traficar maniobra poco limpia en los negocios

trairá por **traerá**

trastumbar subir y bajar cerros; dejar caer o echar a rodar una cosa

trasijaderas pasillos

trasijado el que está muy flaco con ijares recogidos por no comer

trementina nombre de una planta meliácea

trespeleque flacucho, debilucho, miserable

troncón parte del árbol trunco que queda sembrada en la tierra

truje por **traje** de **traer**

turicata nombre de una garrapata que vive sobre la piel de los puercos

usté por **usted**

vaquetón descarado, atrevido, trapacero

ventear olfatear el viento; reconocer con el olfato

verdá por **verdad**

voltió por **volteó** de **voltear**, darse la vuelta

Términos regionales mexicanos

zacate (del náh. *zacatl*); yerba, pasto, forraje en general; paja, cañas secas de maíz, trigo, etc. que sirve de forraje

zacatal pastizal; terreno sembrado de zacate, grama u otras yerbas

zanconzote individuo larguirucho, alto, flaco y desgarbado

zarape también **sarape** frazada o manta gruesa usada para abrigarse o como poncho

zumbador bramadera, juguete de muchachos

NOTAS

Parte I: Introducción

¹Carlos Blanco Aguinaga, "Realidad y estilo de Juan Rulfo", *Nueva novela latinoamericana*, compilación de Jorge Lafforgue. (Buenos Aires: Editorial Paidós, 1969), págs. 86-87. Publicado originalmente en *Revista Mexicana de Literatura*, 1 (1955), 56-86.

²*Ibid.*, pág. 86.

³Manuel Durán, "Los cuentos de Juan Rulfo o la realidad trascendida", *El cuento hispanoamericano ante la crítica*, dirección y prólogo de Enrique Pulpo-Walker (Madrid: Editorial Castalia, 1973), pág. 197.

⁴Joseph Sommers, "Introducción," *La narrativa de Juan Rulfo* (México: Sep/Setentas, 1974), pág. 7.

⁵Arthur Ramírez, "Style and Technique in Juan Rulfo", Tesis doctoral, The University of Texas at Austin, 1973, pág. 4.

⁶*Ibid.*, pág. 4. (Ver en la Bibliografía las traducciones de las obras de Rulfo, págs. 137-145).

⁷Mario Benedetti, "Juan Rulfo y las posibilidades del criollismo", *Marcha* (Montevideo), 2 de noviembre de 1955, pág. 20.

⁸Carlos Fuentes. *La nueva novela hispanoamericana* (México: Editorial Joaquín Mortiz, 1969), págs. 16-17.

⁹Alfonso Reyes, "Edición francesa de *Pedro Páramo*", *Vida Universitaria* (Monterrey, México), 9 (1959), s. pág.

¹⁰Hugo Rodríguez Alcalá, *El arte de Juan Rulfo* (México: Instituto de Bellas Artes, 1965).

¹¹John S. Brushwood y José Rojas Garcidueñas, *Breve historia de la novela mexicana* (México: Ediciones de Andrea, 1959), págs. 140-141.

¹²Alí Chumacero, "El *Pedro Páramo* de Juan Rulfo", *Universidad de México*, 9 (1955), 25-26.

¹³Ver por ejemplo, Mariana Frenk, "*Pedro Páramo*", *Recopilación de textos sobre Juan Rulfo*, 1969; Lanin A. Gyurko, "Rulfo's Aesthetic Nihilism: Antecedents of *Pedro Páramo*", *Hispanic Review*, 40 (1972), 451-466; Thomas E. Kooreman, "Estructura y realidad en *El llano en llamas*", *Revista Iberoamericana*, 38 (1972), 301-305; Antonio Sacoto, "*Pedro Páramo*: Las técnicas narrativas", *El Guacamayo y el Serpiente* (Ecuador), 8 (1973), 64-90; Diane E. Hill, "Integración, desintegración e intensificación en los cuentos de Juan Rulfo", *Revista Iberoamericana*, 34 (1968), 331-338; Didier R. Jaen, "La estructura lírica de *Pedro Páramo*", *Revista Hispánica Moderna*, 33

Nila Gutiérrez Marrone

(1967), 224-231.

[14]George Ronald Freeman, *Paradise and Fall in Rulfo's "Pedro Páramo": Archetype and Structural Unity* (Cuernavaca, México: Centro Intercultural de Documentación, 1970).

[15]La tesis doctoral de Donald Keith Gordon, "The Short Stories of Juan Rulfo" (University of Toronto, 1969), tiene un enfoque estrictamente sociológico, al igual que la tesis doctoral de Ilse Adriana Luraschi, "Algunos recursos estilísticos en la obra de Juan Rulfo" (University of Pittsburgh, 1972), a pesar de su título. La tesis doctoral de John Joseph Deveny, "Narrative Techniques in the Short Stories of Juan Rulfo" (The University of Florida, 1973), contiene una elaboración muy limitada de la crítica de Rodríguez Alcalá y de Blanco Aguinaga.

[16]Ramírez, "Style and Technique in Juan Rulfo" (1973).

[17]Ver la Bibliografía sobre la publicación de los cuentos de Rulfo, págs. 137-143.

[18]Ramírez, págs. 13, 70.

[19]*Ibid.*, págs. 16, 39.

[20]Hay discrepancias sobre el título de este cuento, que en algunas publicaciones aparece como "La *herencia* de Matilde Arcángel" y en otras como "La *presencia* de Matilde Arcángel". No se sabe si Rulfo no se decidió completamente sobre el título, o si se trata de una errata que se ha repetido en varias publicaciones. (Los subrayados son míos).

[21]Ver la Bibiliografía para información más detallada sobre estas obras, pág. 145.

[22]Ramírez, pág. 27.

[23]*Ibid.*, págs. 27, 30.

[24]Dimas Lidio, "Rulfo", *El Gallo Ilustrado,* 5 de julio de 1970, pág. 3.

[25]María Teresa Gómez Gleason, "Juan Rulfo y el mundo de su próxima novela *La Cordillera*", *Recopilación de textos sobre Juan Rulfo*, ed. Antonio Benítez Rojo (La Habana: Casa de las Américas, 1969), pág. 153.

[26]George Ronald Freeman, "Archetype and Structural Unity: The Fall-from-Grace in Rulfo's *Pedro Páramo*", Tesis doctoral, University of Washington, 1969, pág. 4.

[27]James East Irby, "La influencia de William Faulkner en cuatro narradores hispanoamericanos", Tesis, Universidad Nacional Autónoma de México, Escuela de Verano, 1957.

[28]Freeman, "Archetype. . . ." págs. 4, 5.

[29]Ramírez, pág. 26.

[30]Noam Chomsky, *Syntactic Structures* (La Haya: Mouton, 1957), y *Aspects of the Theory of Syntax* (Cambridge: MIT Press, 1965).

[31]Richard Ohmann, "Generative Grammars and the Concept of Literary Style", *Linguistics and Literary Style*, ed. Donald C. Freeman (New York: Holt, Rinehart and Winston, Inc., 1970).

[32]Oscar Lewis, *Pedro Martínez* (México: Editorial Joaquín Mortiz, 1970).

[33]Ricardo Pozas A., *Juan Pérez Jolote, biografía de un tzotzil* (México: Fondo de Cultural Económica, 1973).

³⁴Oscar Lewis, *Los hijos de Sánchez* (México: Editorial Joaquín Mortiz, 1971).

Parte II

Capítulo I

¹Juan Ventura Agudiez, *Inspiración y estética en "La Regenta" de Clarín* (Oviedo: Imprenta "La Cruz", 1970), págs. 152-154. (Los subrayados son míos).

²Sally Ortiz Aponte, *Las mujeres de "Clarín"* (Barcelona: Artes Gráficas Medinaceli, S. A., 1971). (Los subrayados son míos).

³Rodríguez Alcalá, *El arte de Juan Rulfo*, pág. 207. La crítica bastante extensa que hace Rodríguez Alcalá del estilo de Rulfo incluye muy limitado análisis sobre en qué consiste la "parquedad" y la "economía de medios" en Rulfo. (Los subrayados son míos).

⁴Luis Harss, *Los nuestros* (Buenos Aires: Editorial Sudamericana, 1969), pág. 324. (Los subrayados son míos).

⁵Emir Rodríguez Monegal, "Novedad y anacronismo de *Cien años de soledad*", *Homenaje a Gabriel García Márquez*, ed. Helmy F. Giacoman (New York: Las Américas Publishing Company, Inc., 1972), pág. 41. (Los subrayados son míos).

⁶Ernesto Volkening, "Gabriel García Márquez o el trópico desembrujado", *Homenaje a Gabriel García Márquez*, pág. 78. (Los subrayados son míos).

⁷Curtis W. Hayes, "A Study in Prose Styles: Edward Gibbon and Ernest Hemingway", *Linguistics and Literary Style*, pág.280.

⁸H. G. Widdowson, "Stylistics", *Techniques in Applied Linguistics, III*, eds. J. B. B. Allen y S. P. Corder (Londres: Oxford University Press, 1974), pág. 204.

⁹Me refiero principalmente a la crítica de Leo Spitzer, que según él debe estar basada en el talento, la experiencia y la fe; *Linguistics and Literary History: Essays in Stylistics* (Princeton: Princeton University Press, 1948), pág. 27.

¹⁰Walker Gibson, "Style and Stylistics: A Model T. Style Machine", *Linguistics and Literary Style*, pág. 143. (La cita pertenece a John Spencer y Michael Gregory).

¹¹De ahora en adelante, para referirme a la gramática transformacional generativa, se utilizarán únicamente las siglas "GTG".

¹²Richard Ohmann, "Generative Grammars and the Concept of Literary Style", *op. cit.*, pág. 276.

¹³*Ibid.*, pág. 262.

¹⁴*Ibid.*, pág. 264.

¹⁵*Ibid.*, pág. 268. Ohmann hace una diferencia entre el "contenido" de una oración y su "contenido cognitivo", explicando que el segundo es aquél que se mantiene intacto al pasar de su estructura profunda a la superficial,

Nila Gutiérrez Marrone

mientras el primero siempre cambia, aunque sea ligeramente, al sufrir una transformación, o al pasar de una estructura a otra.

[16]En este análisis sintáctico se sigue básicamente el método utilizado por Richard Ohmann en "Generative Grammars and the Concept of Literary Style", incluyendo la arbitrariedad de selección de reglas de transformación y reescritura de los textos. *Ibid.*, págs. 258-270.

[17]La investigación bibliográfica para el análisis sintáctico de este estudio fue concluida en 1974 e incluye los libros sobre la GTG aplicados al idioma español publicados hasta 1973. Posteriormente he consultado otros estudios realizados a partir de 1973 y que han sido integrados a la bibliografía de este libro (ver la Bibliografía, Sección C. 1., págs. 169-176). Entre estos trabajos no encontré ninguno que se ocupara de la aplicación de la GTG al estudio del estilo literario de un texto en español.

[18]Roger L. Hadlich, *A Transformational Grammar of Spanish* (Englewood Cliffs, New Jersey: Prentice-Hall, Inc., 1971).

[19]Noam Chomsky, *Aspectos de la teoría de la sintaxis*, traducción de Carlos P. Otero. (Madrid: Aguilar, 1971).

[20]Heles Contreras, compiladora. *Los fundamentos de la gramática transformacional* (México: Siglo XXI Editores, 1973).

[21]Las reglas transformacionales de este ensayo han sido obtenidas de los siguientes libros: Contreras, *Los fundamentos de la gramática transformacional*; Chomsky, *Aspectos de la teoría de la sintaxis*; Hadlich, *A Transformational Grammar of Spanish*; Jacobs and Rosenbaum, *English Transformational Grammar* (Waltham, Mass.: Blaisdell Publishing Company, 1968); Jacobs and Rosenbaum, *Transformations, Style and Meaning* (Waltham, Mass.: Xerox College Publishing, 1971); G. M. Green y J. L. Morgan, *A Guide to the Study of Syntax* (Champaign-Urbana: Department of Linguistics, University of Illinois, 1972).

[22]Leopoldo Alas, "Clarín", *La Regenta* (Madrid: Alianza Editorial, 1969). Todas las citas de esta obra usadas en este estudio provienen de esta edición, y en adelante sólo se dará el número de la página.

[23]Juan Rulfo, *Pedro Páramo* (México: Fondo de Cultura Económica, 1969). Todas las citas de esta obra usadas en este estudio provienen de esta edición, y en adelante sólo se dará el número de la página.

[24]Gabriel García Márquez, *Cien años de soledad* (Buenos Aires: Editorial Sudamericana, 1967). Todas las citas de esta obra usadas en este estudio provienen de esta edición, y en adelante sólo se dará el número de página.

[25]Elisión de verbo copulativo "ser": Se considera que la horma de "el estudiante inteligente" es "el estudiante es inteligente". La elisión del verbo copulativo "ser" la convierte en "el estudiante inteligente", sin cambiar en absoluto la calificación que efectúa el adjetivo sobre el sustantivo (Hadlich, *op. cit.*, pág. 142).

[26]Transformación de la cláusula relativa: Esta regla permite la inserción de oraciones en las frases nominales. Por ejemplo, la oración "el argumento que presentó Pérez desconcertó a los oyentes", está compuesta de dos oraciones separadas: "Pérez presentó el argumento" y "el argumento desconcertó a los oyentes". Son varias las reglas que intervienen en este proceso transformativo, pero aquí sólo mostramos el primer y último estado. Para mayor

información, ver Jacobs y Rosenbaum, *English Transformational Grammar*, págs. 199-203.

[27]Reducción por conjunción: Cuando dos oraciones tienen la misma frase nominal o frase verbal en común, entonces éstas pueden transformarse en una sola oración con frase nominal o frase verbal doble. Ejemplo: "el acróbata bailó" y "el acróbata cantó (estructuras subyacentes) se convierten en "el acróbata cantó y bailó" (estructura superficial). "El acróbata cantó" y "el payaso cantó" (estructuras subyacentes) se convierten en "el acróbata y el payaso cantaron" (estructura superficial). Esta transformación, en los casos que acabamos de mencionar, elimina la redundancia, pero este procedimiento también se puede aplicar a oraciones que no comparten contenido léxico o semántico. Ejemplo: "Galileo miró al cielo" y "los niños comieron manzanas" se convierten en "Galileo miró al cielo y los niños comieron manzanas". (Jacobs y Rosenbaum, *English Transformational Grammar*, págs. 253-254.)

[28]Por ejemplo, en la oración "Después de que Juan se fue, los invitados bailaron con mucho entusiasmo", hay inserción lateral izquierda. En "Los amigos, después de que Juan se fue, bailaron con mucho entusiasmo", la inserción es central.

[29]Richard Ohmann, "Generative Grammars. . . ." págs. 273 y 274.

[30]*Ibid.*, pág. 271.

[31]Elisión de frase verbal equivalente: Cuando el sujeto de la matriz y el sujeto de la subordinada son idénticos, se elide el segundo. El verbo de la subordinada se transforma en infinitivo, o se añade "que" + verbo. (Contreras, *Los fundamentos de la gramática transformacional*, págs. 37, 95).

[32]Subordinación nominal: Esta construcción resulta de la inserción, dentro de una oración, de otra oración en lugar de una frase nominal. Estas oraciones realizan una variedad de funciones: de sujeto, complemento directo, predicado nominativo, complemento adverbial, etc. (Hadlich, *A Transformational Grammar of Spanish*, págs. 155-159).

[33]Por ejemplo, la última oración del trozo de *Pedro Páramo* estudiado cuenta con 34 palabras, la cual de ninguna manera se podría llamar "corta".

[34]Ramírez, pág. 17.

[35]Harss, *Los nuestros*, pág. 416.

[36]Samuel Gili Gaya, *Curso superior de sintaxis española* (Barcelona: Bibliograf, S. A., 1961), págs. 111-112.

[37]Ricardo Gullón, *García Márquez o el arte de contar* (Madrid: Taurus, 1970), pág. 34.

[38]En este estudio, el término "oración" se ha utilizado en dos niveles: 1) el equivalente de *sentence* en inglés, tal como la usa Noam Chomsky en *Aspects of the Theory of Syntax*, y 2) la hilera de palabras que sigue un punto seguido o punto final (o comienza un párrafo de un libro) y que va hasta otro punto seguido o final. Para el análisis estadístico, es esta segunda definición la que se aplica.

[39]Martín Alonso, *Evolución sintáctica del español* (Madrid: Aguilar, 1972), pág. 17.

[40]Sobre la prosa de Juan Rulfo en *Pedro Páramo*, pero especialmente en *El llano en llamas*, se tratará más adelante en forma extensa.

⁴¹En la próxima sección se tratará en forma más extensa sobre el uso de oraciones negativas en la prosa de Rulfo.

⁴²Gullón, *García Márquez y el arte de contar*, pág. 41.

Capítulo II

¹Emma Susana Speratti Piñero, "Un narrador de Jalisco", *Buenos Aires Literaria*, 2 (1954), pág. 57.

²Ejemplos sacados de Ramírez, pág. 24.

³*Ibid.*, págs. 24-25.

⁴Stephen Ullman, "Style and Personality", *Contemporary Essays on Style*, eds. Glen A. Love and Michael Payne (Glenview, Ill.: Scott, Foresman and Co., 1969), pág. 158.

⁵Juan Rulfo, *El llano en llamas* (México: Fondo de Cultura Económica, 1961). "El llano en llamas", pág. 73. Todas las citas de esta obra en el presente estudio provienen de esta edición; por lo tanto, de ahora en adelante sólo se dará el número de página, precedido por la sigla del cuento a que pertenece: M: "Macario"; N: "Nos han dado la tierra"; LC: "La Cuesta de las Comadres"; E: "Es que somos muy pobres"; EH: "El hombre"; EM: "En la madrugada"; T: "Talpa"; LL: "El llano en llamas"; D: "¡Díles que no me maten!"; L: "Luvina"; LN: "La noche que lo dejaron solo"; A: "Acuérdate"; NO: "No oyes ladrar los perros"; P: "Paso del Norte"; AM: "Anacleto Morones". Aquí se subraya el término (o términos) sobre el cual se desea llamar la atención y se lo hará así en las citas subsiguientes de la obra de Rulfo, a no ser que se especifique lo contrario en una nota.

⁶Louis T. Milic, "Connectives in Swift's Prose Style", *Linguistics and Literary Style*, pág. 243.

⁷Harss, pág. 314.

⁸Gili Gaya, *Curso superior de sintaxis española*, pág. 276.

⁹Este tipo de construcción se produce cuando el adverbio de la matriz está representado en la estructura subyacente por "0" en lugar de una palabra o frase, teniéndose como resultado una cláusula adverbial (Hadlich, págs. 174-175).

¹⁰Las construcciones comparativas se originan de estructuras subyacentes que contienen por lo menos dos oraciones. Por ejemplo, en "este libro es más pesado que el periódico", hay dos oraciones de estructura subyacente: "este libro es pesado" y "el periódico es pesado", enlazadas y relacionadas mediante la frase adverbial "más. . .que". En la estructura superficial, la transformación de elisión de frase verbal idéntica, elide la segunda frase verbal para evitar redundancia (Jacobs y Rosenbaum, *English Transformational Grammar*, págs. 232-233).

¹¹Esta oración también está formada de dos oraciones separadas "aquella agua (que es) negra y dura" y "tierra corrediza (que es) negra y dura". La regla de elisión de frase verbal idéntica, elide la segunda frase verbal, para evitar redundancia. Ninguno de los libros sobre GTG consultados explica la formación de la estructura comparativa del tipo símil: "Sus manos como tenazas", donde se sugiere que las manos comparten una serie de propiedades que tienen las tenazas (lo metálico, durez, rigidez, fuerza, etc.), pero no se

especifican cuáles.

[12]Por ejemplo: "Carlos dice que Juan salió, pero no *lo* creo", donde "lo" reemplaza a "que Juan salió". (Green y Morgan, *A Guide to the Study of Syntax*, pág. 91).

[13]Regla de formación hendida (*cleft formation*): Esta regla transforma una simple oración declarativa en una oración hendida, utilizando el verbo "ser" y el pronombre "que" nominalizado ("el que", "lo que"), o las palabras "cuando", "donde". Ejemplo: "José ve a Juan" se transforma en "Es José que ve a Juan"; "José ve a Juan en el cine" se transforma en "Es en el cine que José ve a Juan" y la oración "José vio a Juan ayer" se transforma en "Fue ayer cuando José vio a Juan". (Green y Morgan, *A Guide to the Study of Syntax*, pág. 9).

[14]Blanco Aguinaga, "Realidad y estilo de Juan Rulfo", *Nueva novela latinoamericana*, pág. 88.

[15]Gili Gaya, *Curso superior de sintaxis española*, pág. 276.

[16]Gili Gaya, *Estudios de lenguaje infantil* (Barcelona: Bibliograf, 1974), págs. 64-65.

[17]*Ibid.*, pág. 65.

[18]Blanco Aguinaga, "Realidad y estilo de Juan Rulfo", *Nueva novela latinoamericana*, pág. 90.

[19]Emmanuel Carballo, "Arreola y Rulfo, cuentistas", *Recopilación de textos sobre Juan Rulfo*, pág. 139.

[20]Ramírez, pág. 393.

[21]Blanco Aguinaga, "Realidad y estilo de Juan Rulfo", *Nueva novela latinoamericana*, págs. 91-92.

[22]Luisa Pasamanik, "Juan Rulfo y la fuerza telúrica", *La Gaceta*, 16 (1970), pág. 17.

[23]José de la Colina, "Notas sobre Juan Rulfo", *Casa de las Américas*, 4 (1964), pág. 137.

[24]Sergio Magaña, citado por Arthur Ramírez, "Style and Technique in Juan Rulfo", pág. 396.

[25]*Ibid.*, pág. 396.

Parte III

Capítulo I

[1]Ver por ejemplo Alejo Carpentier, "Problemática de la actual novela latinoamericana", pág. 159, y Augusto Roa Bastos, "Imagen y perspectivas de la narrativa latinoamericana actual", *La novela hispanoamericana*, ed. Juan Loveluck (Santiago: Editorial Universitaria, 1969), pág. 199.

[2]Harss, pág. 332.

[3]*Ibid.*, pág. 314.

[4]Ramírez, pág. 1.

[5]*Ibid.*, pág. 15.

Nila Gutiérrez Marrone

[6]Ricardo Estrada, "Los indicios de *Pedro Páramo*", *Recopilación de textos sobre Juan Rulfo,* pág. 129.

[7]*Ibid.,* pág. 128.

[8]*Ibid.,* pág. 129.

[9]Recuérdese la metáfora sobre el llano en "Nos han dado la tierra": "comal acalorado" (LL, pág. 18). "Comal" es término mexicano que significa disco delgado de barro, en el cual se cuecen las tortillas y se tuestan granos, es decir, es una especie de parrilla.

[10]Ramírez, pág. 19.

[11]Estrada, "Los indicios de *Pedro Páramo*", pág. 129.

[12]Ramírez, pág. 19.

[13]Rodríguez Alcalá afirma erróneamente que el tren es el único producto mecanizado que aparece en todo el libro *El llano en llamas,* y que "no se menciona ni una sola vez el teléfono". "Juan Rulfo: Nostalgia del Paraíso", *Nueva narrativa hispanoamericana,* 2 (1972), pág. 71.

[14]Ver, por ejemplo, Carlos Ricón Gallardo, *Diccionario ecuestre* (México, 1945); Antonio Castro Leal, "Vocabulario", *La novela de la Revolución Mexicana,* II (Madrid: Aguilar, 1967) y Francisco J. Santa María, *Diccionario de mejicanismos,* segunda edición (México: Editorial Porrúa, 1974).

[15]Rodríguez Alcalá. "Juan Rulfo: Nostalgia del Paraíso", pág. 72.

[16]La información etimológica fue obtenida del *Diccionario rural de México,* de Leovigildo Islas Escarcega (México: Editorial Comaval, 1961). Para una descripción más detallada de los significados de estos términos, ver el Apéndice, págs. 118-124.

[17]Rulfo no ve el lenguaje en términos de una división entre el regional y el aceptado por las academias, sino un total que sirve para expresar la realidad mexicana. De ahí que censure a la Academia de la Lengua en México, que según Rulfo, "no funciona" porque "está constituida por un grupo de reaccionarios que se niegan a integrar nuestro idioma con palabras que son de uso común". Citado por Arturo Melgoza, "Algunos juicios de Rulfo", *Recopilación de textos sobre Juan Rulfo,* pág. 44.

Capítulo II

[1]Octavio Paz, *Corriente alterna* (México: Siglo XXI, 1967), pág. 18.

[2]Este recurso va más allá del sinécdoque de la retórica clásica (representación del todo por una de sus partes). En Rulfo hay una sistemática desintegración de los miembros en entidades que funcionan en forma disyuntada, en desconcierto del resto del ser.

[3]Diane Hill, "Integración, desintegración e intensificación en los cuentos de Juan Rulfo", *Revista Iberoamericana,* 34 (1958), pág. 336.

[4]Edelweis Serra, "Estructura de *Pedro Páramo*", *Nueva narrativa hispanoamericana,* 3 (1973), pág. 228.

[5]*Diccionario de la lengua española* (Madrid: Real Academia Española, 1956), pág. 55.

[6]El sustantivo "noche" en la prosa rulfiana simboliza la muerte en un sentido positivo, como descanso y olvido.

[7]En este cuento, Rulfo hace una crítica aguda contra el distorcionado

uso que se hace de ciertas creencias religiosas, con el fin de mantener tiránico control sobre los ignorantes.

[8]Luis Buñuel, nota en *Recopilación de textos sobre Juan Rulfo*, pág. 160.

[9]Rodríguez Alcalá, *El arte de Juan Rulfo*, pág. 145.

[10]Gary D. Keller, "La norma de solidaridad y la de poder en los pronombres de tratamiento: un bosquejo diacrónico y una investigación del español de Nueva York", *The Bilingual Review / La revista bilingüe*, 1 (1974), pág. 45.

[11]Rodríguez Alcalá, *El arte de Juan Rulfo*, pág. 33.

[12]Aquí Heidegger contrasta "Dasein", el ser en sí mismo, concreto, individual, que existe en forma y lugar determinados, con el "ellos" impreciso, nebuloso, incorpóreo, anónimo.

[13]Martin Heidegger, *Being and Time* (New York: Harper & Row, 1962), pág. 165.

[14]Mariano Azuela, *Los de abajo* (México: Fondo de Cultura Económica, 1967), pág. 47.

[15]*Ibid.*, pág. 20.

[16]Ramírez, pág. 403.

[17]Melgoza, "Algunos juicios de Rulfo", pág. 42.

[18]Gili Gaya, *Curso superior de sintaxis española*, pág. 216. En esta cita, Gili Gaya se refiere a las conjunciones de construcciones subordinadas, no a las que coordinan.

[19]Por ejemplo, ver Blanco Aguinaga, "Realidad y estilo de Juan Rulfo", *loc. cit.*; Sergio Fernández, "El mundo paralítico de Juan Rulfo", *Cinco escritores hispanoamericanos* (México: Universidad Nacional Autónoma, 1958); Luis Leal, "El cuento de ambiente: 'Luvina' de Juan Rulfo", *Homenaje a Juan Rulfo*, ed. Helmy F. Giacoman. (Nueva York: Las Américas Publishing Co., 1974).

[20]No se pretende que estas cifras provean una representación comparativa exacta, sino solamente de aproximación.

[21]Freeman, págs. 0/8 y 0/9.

[22]Ver, por ejemplo, Blanco Aguinaga, "Realidad y estilo de Juan Rulfo", *loc. cit.*; Rodríguez Alcalá, *El arte de Juan Rulfo*; Ramírez, *op. cit.* y otros críticos mencionados en pág. 125, nota 13.

Capítulo III

[1]Existen muy pocos aumentativos y peyorativos en la prosa de *El llano en llamas* (5 aumentativos y ningún peyorativo) y en *Pedro Páramo* (5 aumentativos y un peyorativo). Existen muchos otros términos que tienen la terminación de aumentativos, pero que no son tales, sino más bien términos derivados que tienen un significado específico, distinto de los términos de los cuales se originan, aunque ligados semánticamente a ellos. Por ejemplo, la terminación "-azo" en "tablazo", "manotazo" y "culatazo" significa "golpe con"; es decir, entre "tabla" y "tablazo" (golpe con tabla), hay un cambio semántico específico, mientras que "tablaza" sí es el aumentativo de "tabla" porque, sin cambiar el contenido semántico del término, expresa una apreciación afectiva acerca del objeto "tabla" por parte del sujeto que habla. Anthony Gooch, en su libro *Diminutive, Augmentative, and Pejorative*

Nila Gutiérrez Marrone

Suffixes in Modern Spanish (Nueva York: Pergamon Press, 1970), confunde los aumentativos y peyorativos con términos de semántica distinta.

En los dos libros de Rulfo hay muy pocos aumentativos y peyorativos propiamente dichos como para constituir elementos significativos en el estilo de Rulfo. Por el contrario, *El llano en llamas* contiene 134 diminutivos y *Pedro Páramo*, 64. Por lo tanto, en esta sección trato exclusivamente sobre la importancia estilística de los diminutivos en la prosa rulfiana.

[2]Dámaso Alonso, *Poesía española*, (Madrid: Gredos, 1950).

[3]Amado Alonso, "Para la lingüística de nuestro diminutivo", *Humanidades* (La Plata, 1930), y "Noción, emoción, acción y fantasía en los diminutivos", *Estudios lingüísticos* (Madrid: Gredos, 1951).

[4]Madrid: Gredos, 1973.

[5]Nueva York: Pergamon Press, 1970.

[6]Para una detallada comparación del pensamiento de Saussure *vs.* Dámaso Alonso sobre el "signo lingüístico", ver Náñez Fernández, págs. 17-27.

[7]Ferdinand de Saussure, *Curso de lingüística general*, traducción, prólogo y notas de Amado Alonso (Buenos Aires: Editorial Losada, 1967), págs. 128-129.

[8]Dámaso Alonso, *Poesía española*, págs. 22-23.

[9]*Ibid.*, págs. 640-641.

[10]Náñez Fernández, pág. 32.

[11]*Ibid.*, págs. 30-35.

[12]A. Alonso, "Noción, emoción. . .", pág. 196.

[13]*Ibid.*, pág. 195.

[14]*Ibid.*, pág. 227.

[15]*Ibid.*, pág. 196.

[16]Náñez Fernández, pág. 36.

[17]*Ibid.*, pág. 39.

[18]*Ibid.*, pág. 40.

[19]Gooch, pág. 14.

[20]No se cuentan términos como "verduguillo" (de verdugo), "cuartillo" (de cuarto), "rondín" (de ronda), "hablantín" (de hablar) y "jedentina" (de hedor, hedentina). Estos términos, a pesar de su terminación, no son diminutivos sino sustantivos o adjetivos derivados de otros sustantivos o verbos, que denotan un objeto, persona o cualidad específicos y distintos de sus términos de origen, aunque sí relacionados semánticamente a ellos.

[21]Esta pareja de diminutivos ("chivito chiquito") ilustra la afirmación de Amado Alonso de que la función del diminutivo es rara vez disminuidora, y de que "cuando el sentido central es realmente el de disminución, se suele insistir en la idea de pequeñez con otros recursos (una "cajita pequeñita"), *Ibid.*, pág. 198.

[22]Citado por A. Alonso, *Estudios lingüísticos*, pág. 204.

[23]Ramírez, pág. 389.

[24]El uso irónico de diminutivos en Rulfo tiene su antecedente en los personajes de *Los de abajo* de Mariano Azuela. (Sobre el uso de algunos diminutivos en *Los de abajo*, ver Gary D. Keller, "Mariano Azuela's *Los de abajo*: Revolution as the Redress of Affronted Honor" [ensayo no publicado], pág. 12, y Santiago Daydí, "Characterization in *Los de abajo*", *The Ameri-*

can *Hispanist*, 2 (1976), pág. 10.

[25]Rodríguez Alcalá, "Análisis estilístico de 'El llano en llamas' de Juan Rulfo", *Cuadernos americanos*, 24 (1965), pág. 223.

[26]No se ha subrayado el término "vaquilla" porque éste prácticamente ha dejado de ser diminutivo para convertirse en el nombre con el que se designa a una vaca de poca edad.

[27]A. Alonso, *Estudios lingüísticos*, pág. 218.

[28]Para diferenciar las citas de *Pedro Páramo*, se utilizarán las siglas *PP* delante del número de la página.

[29]A. Alonso, *Estudios lingüísticos*, pág. 212.

[30]*Ibid.*, pág. 213.

Parte IV

[1]Citado por Donald K. Gordon, "Juan Rulfo: cuentista", *Cuadernos Americanos*, 26 (1967), pág. 205.

[2]*Ibid.*, pág. 198.

[3]Joseph Sommers, "Los muertos no tienen tiempo ni espacio (un diálogo con Juan Rulfo)", *La narrativa de Juan Rulfo*, pág. 18.

[4]Harss, pág. 335.

[5]Refiriéndose al lenguaje de *El llano en llamas*, dice Rulfo: "No es un lenguaje escrito—es el auténtico de los provincianos". Citado por Gordon, "Juan Rulfo: cuentista", pág. 198. Gordon acepta esta afirmación literalmente, pág. 198.

[6]Eduardo Luquín, "La novelística mexicana y una novela", *Revista mexicana de cultura*, 26 mayo 1957, pág. 6.

[7]Mariana Frenk, "*Pedro Páramo*", *Recopilación de textos sobre Juan Rulfo*, pág. 93.

[8]José de la Colina, "Novelistas mexicanos contemporáneos", *La Palabra y el hombre*, s.v., s.n., (1959), pág. 577.

[9]Oscar Lewis, *Pedro Martínez* (México: Joaquín Mortiz, 1970). Todas las citas que provienen de este libro pertenecen a la presente edición. Por lo tanto, de ahora en adelante se dará la sigla *PM* y el número de la página junto a la cita.

[10]Joseph H. Matluck, "La pronunciación en el español del Valle de México", Tesis doctoral de la Universidad Nacional Autónoma de México, 1951.

[11]Citado por Harss, pág. 305.

[12]*Ibid.*, pág. 318.

[13]Lewis, *Pedro Martínez*, pág. xxxiii.

[14]Rulfo afirma enfáticamente que todos sus personajes son producto de su imaginación: "Es simplemente que porque los personajes conocidos no me dan la realidad que necesito, y que me dan los personajes imaginados", J. Sommers, "Los muertos. . .", pág. 19.

[15]Rodríguez Alcalá, "Análisis estilístico de 'El llano en llamas'. . . ",

Nila Gutiérrez Marrone

pág. 226.

[16]Con el fin de ver si las estructuras sintácticas que aparecen en el trozo seleccionado de "Luchando con Zapata" son representativas de la prosa de Pedro Martínez, se han analizado las estructuras de varios otros trozos tomados al azar del libro *Pedro Martínez*. Los resultados obtenidos son similares a los obtenidos en el presente análisis. En cuanto a las estructuras que aparecen en el trozo seleccionado de "El llano en llamas", puede verse que éstas concuerdan con las conclusiones obtenidas más adelante sobre la sintaxis de la prosa de Rulfo. (Ver págs. 15-17 y págs. 30-36).

[17]Mayores desviaciones sintácticas se pueden ver en los siguientes ejemplos: "Después nosotros, yo, ya iba a amanecer y que agarro la vereda por donde entramos" (*PM*, pág. 89) y "Las mujeres, újule, pues aquí entre el hielo y los niños, ¡vaya! Una señora iba a caballo, pero como están las tuzas que trabajan la tierra, así que la tierra está hueca, ahí va corriendo el caballo y que se tropieza y zas; la señora hasta por ahí. Y ahí vamos. La señora se levantó corriendo y ya no le hizo caso al caballo, sino que agarro y ¡Vámonos!" (*PM*, pág. 91).

[18]"Por eso" se puede también considerar como término conjuntivo.

[19]En todo "El llano en llamas" se mencionan períodos de tiempo, más o menos concretos, en tres oportunidades: "Hacía cosa de ocho meses que estábamos escondidos" (LL, pág. 72); "Con Pedro Zamora anduve cosa de cinco años" (LL, pág. 82) y "Yo salí de la cárcel hace tres años" (LL, pág. 83).

Apéndice

[1]Las definiciones de estos términos provienen de los siguientes diccionarios y glosario: *Diccionario rural de México* (1961), de Leovigildo Islas Escarcega; *Diccionario de mejicanismos,* segunda edición (1974), de Francisco J. Santamaría; *Diccionario ecuestre* (1945), de Carlos Ricón Gallardo y "Vocabulario" (Glosario de términos mexicanos) de Antonio Castro Leal, en *La novela de la Revolución Mexicana,* 1962. La información etimológica proviene del *Diccionario rural de México*.

[2]Náhuatl.

Bibliografía

A. Obras y traducciones de obras de Juan Rulfo

1. Cuentos

a. Antologías y revistas que contienen varios cuentos de Juan Rulfo

El cuento mexicano del siglo XX, ed. Emmanuel Carballo. México: Empresas Editoriales, 1954. Contiene: "Anacleto Morones", "¡Díles que no me maten!", "Luvina" y "No oyes ladrar los perros".

The Texas Quarterly, 2 (1959), 48-55. Contiene versiones inglesas de "Macario" y "No Dogs Bark", traducciones de George D. Schade. También publicados en *The Muse in Mexico*, ed. Thomas Cranfill. Austin, Texas: University of Texas Press, 1959.

Novelistas contemporáneos hispanoamericanos, ed. Fernando Alegría. Boston: D. C. Heath & Co., 1964. Contiene: "Luvina", "No oyes ladrar los perros" y "Paso del Norte".

30 cuentos de autores mexicanos jóvenes, ed. Héctor Gally C. México: Editorial Pax-México, 1967. Contiene: "¡Díles que no me maten!" y "Macario".

Cinco maestros: Cuentos modernos de Hispanoamérica, ed. Alexander Coleman. Nueva York: Harcourt, Brace & World, Inc., 1969. Contiene: "¡Díles que no me maten!", "El hombre", "Es que somos muy pobres" y "No oyes ladrar los perros".

b. Cuentos publicados individualmente

"La vida no es muy seria en sus cosas"

"La vida no es muy seria en sus cosas". *Pan* (Guadalajara), s. n. (1942), s. pág.
———. *América* (México), 40 (1945), 35-36.

"Nos han dado la tierra"

"Nos han dado la tierra". *Pan* (Guadalajara), s. n. (1945), s. pág.
———. *El llano en llamas*, 1953. *Vide infra*, 1. c.
———. *33 cuentos mexicanos*, ed. Felipe Sánchez Murguía. México, 1964.

Nila Gutiérrez Marrone

"Nos han dado la tierra". *Pedro Páramo y El llano en llamas*, 1969. *Vide infra*, 2. b.
_____. *El llano en llamas*, 1970. *Vide infra*, 1. c.
"They Gave Us Land", traducción de Jean Franco. *Latin American Writing Today*, ed. J. M. Cohen. Baltimore: Penguin Books, 1967.

"Macario"

"Macario". *América* (México), 48 (1946), 67-72.
_____. *El llano en llamas*, 1953. *Vide infra*, 1. c.
_____. *The Texas Quarterly*, 1959 y *The Muse in Mexico*, 1959. *Vide supra*, 1. a.
_____. *30 cuentos de autores mexicanos jóvenes*, 1967. *Vide supra*, 1. a.
_____. *Pedro Páramo y El llano en llamas*, 1969. *Vide infra*, 2. b.
_____. *El llano en llamas*, 1970. *Vide infra*, 1. c.
_____, traducción anónima. *Sonntagsheilage, National Basel*, 497 (27 octubre 1968), s. pág. (Versión alemana.)

"La Cuesta de las Comadres"

"La Cuesta de las Comadres". *América* (México), 5 (29 febrero 1948), 31-38.
_____. *El llano en llamas*, 1953. *Vide infra*, 1. c.
_____. *Historia y antología del cuento y la novela hispanoamericana*, ed. Angel Flores. Nueva York: Las Americas Publishing Co., 1959.
_____. *La Prensa* (Lima), s. n. (12 noviembre 1961), págs. 12-13.
_____. *Pedro Páramo y El llano en llamas*, 1969. *Vide infra*, 2. b.
_____. *El llano en llamas*, 1970. *Vide infra*, 1. c.
"The Hill of the Comadres", traducción de Lysander Kemp. *Atlantic Monthly*, 212 (1964), 102-105.

"El llano en llamas"

"El llano en llamas". *América* (México), 64 (1950), 66-85.
_____. *El llano en llamas*, 1953. *Vide infra*, 1. c.
_____. *Pedro Páramo y El llano en llamas*, 1969. *Vide infra*, 2. b.
_____. *El llano en llamas*, 1970. *Vide infra*, 1. c.
"La plaine en flammes", *Pedro Páramo*, 1957. *Vide infra*, 2. b. (Versión francesa.)

"Talpa"

"Talpa". *América* (México), 62 (1970), 79-81.
_____. *El llano en llamas*, 1953. *Vide infra*, 1. c.
_____. *Antología contemporánea del cuento mexicano*, ed. Enrique Congrains. México: Instituto Latino-Americano de Vinculación Cultural, 1963.
_____. *Voces hispanoamericanas*, ed. Peter C. Earle. Nueva York: Harcourt, Brace & World, Inc., 1966.
_____. *Pedro Páramo y El llano en llamas*, 1969. *Vide infra*, 2. b.

138

"Talpa". *El llano en llamas*, 1970. *Vide infra*, 1. c.
_____, traducción de Robert Cleland. *Mexican Life*, 33 (1957), 62 y 64. (Versión inglesa.)
"Wallfahrt Nach Talpa", traducción de Mariana Frenck. Introducción por Ricardo Cortés Tamayo. *Andreas Lettner Verlag-Wurzburg-Wein*, 6 (1960), 23-32. (Versión alemana.)
"Talpa", traducción de J. A. Chapman. *Short Stories in Spanish/Cuentos Hispánicos*. (Edición Bilingüe), ed. Jean Franco. Baltimore: Penguin Books, 1966.

"¡Díles que no me maten!"

"¡Díles que no me maten!". *América* (México), 66 (1951), 125-130.
_____. *El llano en llamas*, 1953. *Vide infra*, 1. c.
_____. *El cuento mexicano del siglo XX*, 1954. *Vide supra*, 1. a.
_____. *Juan Rulfo* (disco). México: Universidad Nacional Autónoma de México, 1963. (Serie Voz Viva de México.)
_____. *Diez cuentos mexicanos contemporáneos*, ed. Joffre de la Fontaine. Xalpa, Veracruz: Universidad Veracruzana, 1967.
_____. *30 cuentos de autores mexicanos jóvenes*, 1967. *Vide supra*, 1. a.
_____. *Seven Stories from Spanish America*, Introducción y selección por Gordon Brotherston y Mario Vargas Llosa. Nueva York: Pergamon Press, 1968.
_____. *Cinco maestros: Cuentos modernos de Hispanoamérica*, 1969. *Vide supra*, 1. a.
_____. *Pedro Páramo y El llano en llamas*, 1969. *Vide infra*, 2. b.
_____. *El llano en llamas*, 1970. *Vide infra*, 1. c.
_____. *Los mejores cuentos mexicanos*, ed. Aníbal Quijano. Lima: Baca y Villanueva, s. f.
"Tell Them Not to Kill Me", traducción de Lysander Kemp. *New World Writing*, 14 (1958), 116-122.
"¡Díles que no me maten!", traducción de Zofia Szlegen, *Przegleadn Kulturalnego* (Varsovia), 14 (diciembre 1961), s. pág. (Versión polaca).

"Acuérdate"

"Acuérdate". *El llano en llamas*, 1953. *Vide infra*, 1. c.
_____. *Pedro Páramo y El llano en llamas*, 1969. *Vide infra*, 2. b.
_____. *El llano en llamas*, 1970. *Vide infra*, 1. c.

"Anacleto Morones"

"Anacleto Morones". *El llano en llamas*, 1953. *Vide infra*, 1. c.
_____. *El cuento mexicano del siglo XX*, 1954. *Vide supra*, 1. a.
_____. *30 cuentos de autores mexicanos jóvenes*, 1967. *Vide supra*, 1. a.
_____. *Pedro Páramo y El llano en llamas*, 1969. *Vide infra*, 2. c.
_____. *El llano en llamas*, 1970. *Vide infra*, 1. c.
"The Miraculous Child", traducción de Irene Nicholson. *Encounter*, 5 (1955), 13-19.

Nila Gutiérrez Marrone

"Anacleto Morones", traducción de Roger Lescot. *Pedro Páramo*, 1959. (Versión francesa). *Vide infra*, 2. b.
_____, traducción de Ann West. *Chelsea Review*, 6 (1960), 47-59.

"El hombre"

"El hombre". *El llano en llamas*, 1953. *Vide infra*, 1. c.
_____ *Cuentistas mexicanos modernos, I*, ed. Emmanuel Carballo. México: Ediciones Libro-Mex, 1956.
_____ *Cinco maestros: Cuentos modernos de Hispanoamérica*, 1969. *Vide supra*, 1. a.
_____ *Pedro Páramo y El llano en llamas*, 1969. *Vide infra*, 2. b.
_____ *El llano en llamas*, 1970. *Vide infra*, 1. c.

"En la madrugada"

"En la madrugada". *El llano en llamas*, 1953. *Vide infra*, 1. c.
_____ *Horizontes* (México), 4 (15 diciembre 1963), 30-32.
_____ *Pedro Páramo y El llano en llamas*, 1969. *Vide infra*, 2. b.
_____ *El llano en llamas*, 1970. *Vide infra*, 1. c.

"Es que somos muy pobres"

"Es que somos muy pobres". *El llano en llamas*, 1953. *Vide infra*, 1. c.
_____ *Cinco maestros: Cuentos modernos de Hispanoamérica*, 1969. *Vide supra*, 1. a.
_____ *Pedro Páramo y El llano en llamas*, 1969. *Vide infra*, 2. b.
_____ *El llano en llamas*, 1970. *Vide infra*, 1. c.
"Because We Are So Poor", traducción de Lysander Kemp. *Great Spanish Short Stories*, ed. Angel Flores. Nueva York: Dell Publishing Co., Inc., 1962.
"Because We're So Poor", traducción de Henry Dyches. *Mexico Quarterly Review*, 1 (1962), 166-169.

"La noche que lo dejaron solo"

"La noche que lo dejaron solo". *El llano en llamas*, 1953. *Vide infra*, 1. c.
_____ *Pedro Páramo y El llano en llamas*, 1969. *Vide infra*, 2. b.
_____ *El llano en llamas*, 1970. *Vide infra*, 1. c.
"The Night They Left Him Behind", traducción de Robert Cleland. *Mexican Life*, 32 (1956), 17-18.

"Luvina"

"Luvina". *El llano en llamas*, 1953. *Vide infra*, 1. c.
_____ *El cuento mexicano del siglo XX*, 1954. *Vide supra*, 1. a.
_____ *Juan Rulfo* (disco). México: Universidad Nacional Autónoma de México, 1963. (Serie Voz Viva de México).
_____ *Novelistas contemporáneos hispanoamericanos*, 1964. *Vide su-*

pra, 1. a.

———. *La Cultura en México* (México), 12 mayo 1965, pág. vi-viii.

———. *Antología del cuento fantástico*, ed. Roger Caillois. Buenos Aires: Sudamericana, 1967.

———. *Pedro Páramo y El llano en llamas*, 1969. *Vide infra*, 2. b.

———. *El llano en llamas*, 1970. *Vide infra*, 1. c.

———. *Antología del realismo mágico: Ocho cuentos hispanoamericanos*, ed. E. Dale Carter, Jr. Nueva York: The Odyssey Press, 1970.

———. *Hispanoamérica mágica y misteriosa: Once relatos*, eds. Robert J. Gleaves y Charles M. Vance. Nueva York: Holt, Rinehart & Winston, 1973.

———, traducción de Juan y Boyd Carter. *Prairie Schooner*, 31 (1957-1958), 300-306. También publicado en *Mexican Life*, 35 (1958), 11-12, 64.

———. *Antologie du fantastique*, ed. Roger Caillois. París: Club Français du Livre, 1958. (Versión francesa.)

———, traducción de Roger Lescot. *Pedro Páramo*, 1959. (Versión francesa.) *Vide infra*, 2. b.

———, traducción anónima. *Moderne Erzahler ans West un Ost*. Munich: Wilhelm Goldman Verlag, 1964. (Versión alemana.)

———. *Excursionen: Erzahlungen unserer zeit*. ed. Leone Germann. Munich: Carl Hanser, 1964. (Versión alemana.)

"No oyes ladrar los perros"

"No oyes ladrar los perros". *El llano en llamas*, 1953. *Vide infra*, 1. c.

———. *El cuento mexicano del siglo XX*, 1954. *Vide supra*, 1. a.

———. *Marcha* (Montevideo), 2 noviembre 1955, pág. 21.

———. *Anales* (Sociedad Rural Argentina), 46 (1960), 586-588.

———. *Novelistas contemporáneos hispanoamericanos*, 1964. *Vide supra*, 1. a.

———. *México en la Cultura* (México), 8 julio 1969, págs. 9-10.

———. *Cinco maestros: Cuentos modernos de Hispanoamérica*, 1969. *Vide supra*, 1. a.

———. *Pedro Páramo y El llano en llamas*, 1969. *Vide infra*, 2. b.

———. *El llano en llamas*, 1970. *Vide infra*, 1. c.

———. *Curso intermedio de español*, ed. David L. Wolfe. Nueva York: The Macmillan Co., 1972.

"No Dogs Bark". *The Texas Quarterly*, 1959 y *The Muse in Mexico*, 1959. *Vide supra*, 1. a.

"Paso del Norte"

"Paso del Norte". *El llano en llamas*, 1953. *Vide infra*, 1. c.

———. *Novelistas contemporáneos hispanoamericanos*, 1964. *Vide supra*, 1. a.

"El día del derrumbe"

"El día del derrumbe". *México en la Cultura* (México), 14 agosto 1955,

Nila Gutiérrez Marrone

págs. 3 y 5.

"El día del derrumbe". *Anuario del cuento mexicano: 1955*. México: Instituto Nacional de Bellas Artes, 1956.

———. *Anuario del cuento mexicano: 1959*. México: Instituto Nacional de Bellas Artes, 1960.

———. *Crónicas de Latinoamérica*, ed. Ricardo Piglia. Buenos Aires: Editorial Jorge Alvarez, 1968.

———. *Pedro Páramo y El llano en llamas*, 1969. *Vide infra*, 2. b.

———. *El llano en llamas*, 1970. *Vide infra*, 1. c.

"The Day of the Landslide", *Doors and Mirrors: Fiction and Poetry from Spanish America 1920-1970*, eds. Hortence Carpentier y Janet Brof. Nueva York: Grossman Publishers, 1972.

"Un pedazo de noche"

"Un pedazo de noche". *Revista Mexicana de Literatura* (México), 3 (1959), 7-14.

———. *Pedro Páramo y El llano en llamas*, 1969. *Vide infra*, 2. b.

———. *El llano en llamas*, 1970. *Vide infra*, 1. c.

"La presencia de Matilde Arcángel" y "La herencia de Matilde Arcángel"

"La presencia de Matilde Arcángel". *Cuadernos médicos* (México), 1 (1955), 57-61.

———. *Metáfora* (México), 6 (1955), 27-32.

"La herencia de Matilde Arcángel", *Anuario del cuento mexicano: 1959*. México: Instituto Nacional de Bellas Artes, 1960.

———. *Humboldt* (Alemania), s. n. (1963), s. pág.

———. *La cultura en México* (México), s. n. (1969), s. pág.

———. *Pedro Páramo y El llano en llamas*, 1969. *Vide infra*, 2. b.

———. *El llano en llamas*, 1970. *Vide infra*, 1. c.

———, traducción de Margaret Schedd. *Kenyon Review*, s. n. (1967), s. pág. (Versión inglesa.)

Cuentos traducidos que no llevan título específico

"Cuento". *Llano grande: Antología de la literatura mexicana*. Berlin, 1964. (Versión alemana).

———, traducción de G. Menz. *Antología de literatura latinoamericana*. Frankfurt: Necyo, 1966. (Versión alemana).

———, trad. anónima. *Du* (Zurich), s. n., s. f., s. pág. (Versión alemana).

c. Colección de cuentos

El llano en llamas

El llano en llamas. Primera edición. México: Fondo de Cultura Económica, 1953. (Reimpresiones en 1955, dos en 1959, 1961, 1964, 1965, 1967, 1969,

1970, 1971, 1973 y anualmente hasta la fecha.) Incluye los siguientes cuentos: "Macario", "Nos han dado la tierra", "La Cuesta de las Comadres", "Es que somos muy pobres", "El hombre", "En la madrugada", "Talpa", "El llano en llamas", "¡Díles que no me maten!", "Luvina", "La noche que lo dejaron solo", "Acuérdate", "No oyes ladrar los perros", "Paso del Norte" y "Anacleto Morones".

El llano en llamas. Pedro Páramo y El llano en llamas, 1968. *Vide infra* 2. b.

———— *Pedro Páramo*, 1969. *Vide infra*, 2. b. Incluye los cuentos de la primera edición, con la excepción de "Paso del Norte", pero contiene además "El día del derrumbe", "La herencia de Matilde Arcángel" y "Un pedazo de noche".

———— Segunda edición, corregida y aumentada. México: Fondo de Cultura Económica, 1970. Incluye los cuentos de la primera edición, con la excepción de "Paso del Norte", pero contiene además "El día del derrumbe" y "La herencia de Matilde Arcángel".

————, eds. Hugo Rodríguez Alcalá y Ray A. Verzasconi. Englewood Cliffs, Nueva Jersey: Prentice-Hall, Inc., 1973.

La morte al Messico, traducción de Giuseppe Cintioni. Milán: Mondadori, 1963. (Versión italiana).

Der Llano in Flammen, traducción de Mariana Frenk. Munich: Hanser, 1964. (Versión alemana).

Le llano en flammes, traducción de Michelle Levi-Provençal. París: Denoël, 1966. (Versión francesa).

Llano v Plamenech, traducción de Václav Kajdoš. Praga: SNKLU, 1966. (Versión checa).

The Burning Plain and Other Stories, traducción de George D. Schade. Austin: University of Texas Press, 1967.

Pedro Páramo, 1970. (Versión eslovena). *Vide infra*, 2. b. Esta versión contiene traducciones de varios cuentos de *El llano en llamas*.

Pedro Páramo-Cîmpia în flăcări, 1970. (Versión rumana). *Vide infra*, 2. b.

Ravnina v Ogne. Pedro Páramo, traducción de P. Glazova. Moscú: Hudož, lit., 1970. (Versión rusa).

Równina w plomieniach, traducción de Jan Zych. Cracovia: Wydawn, Liter., 1971. (Versión polaca).

Lángoló Siksåg, traducción de Anna Belia y Pál Kürti. Budapest: Európa Kiadó, 1971. (Versión húngara).

Pedro Páramo y El llano en llamas, s. f. (Versión ucraniana). *Vide infra*, 2. b.

2. Fragmentos de novelas y novela

a. *Fragmentos de novelas*

"Los murmullos". Fragmento de la novela "Los murmullos", incompleta. *Revista de la Universidad de México*, 8 (1954), 6-7.

"Un cuento". Fragmento de la novela "Una estrella junto a la luna" (incompleta). *Las Letras Patrias* (México), 1 (1954), 104-108.

"Un cuento", en *Anuario del cuento mexicano: 1954*. México: Instituto de

Nila Gutiérrez Marrone

Bellas Artes, 1955.

b. *Novela:* Pedro Páramo

Pedro Páramo. Primera edición. México: Fondo de Cultura Económica, 1955. (Reimpresiones en 1959, 1961, 1963, dos en 1964, 1965, 1966, 1968, 1969, 1971 y anualmente hasta la fecha.)

_____ (fragmento) *Antología de becarios (1951-1966) del Centro Mexicano de Escritores.* México, 1968.

_____ *y El llano en llamas.* Edición e introducción de Antonio Benítez Rojo. La Habana: Casa de las Américas, 1968.

_____ *y El llano en llamas.* Barcelona: Editorial Planeta, 1969.

_____ Edición e introducción por Luis Leal. Nueva York: Appleton Century-Crofts, 1970.

_____, traducción de Mariana Frenk. Munich: Carl Hanser Verlag, 1958. (Versión alemana).

_____, traducción de Lysander Kemp. Nueva York: Grove Press Inc., 1959. (Versión inglesa).

_____, traducción de Roger Lescot. París: Librairie Gallimard, Collection "La Croix du Sud", 1959. Incluye también traducciones de "La plaine en flammes", "Luvina" y "Anacleto Morones".

_____, traducción de Karin Alin. Estocolmo: Almquist &Wiksell/Geber, 1960. (Versión sueca).

_____, traducción de Uffe Harder. Copenhague: Aschehoug Dansk Forlag, 1961. (Versión danesa).

_____, traducción de Per Wollebaek. Oslo: J. W. Cappelen Forlag, 1961. (Versión noruega, traducida del inglés.)

_____, traducción de Emilia Mancuso. Milán: Feltrinelli, 1962. (Versión italiana.)

_____, traducción de J. M. Lechner. Lochem: Tijdstroom, 1962. (Versión holandesa.)

_____, traducción de György Hargitai. Budapest: Europa Kiadó, 1966. (Versión húngara).

_____, traducción de Mariana Frenk. Munich: Deutscher Taschenbuch-Verl, 1968. (Versión alemana).

_____, traducción de Radoje Marcović. Belgrado: Nolit, 1968. (Versión serbo-croata).

_____, traducción de Kalina Wojciechowska. Varsovia: Ksiazka i Wiedza, 1968. (Versión polaca).

_____, traducción de Jurema Finamour. San Pablo: Editora Brasiliense, 1969. (Versión portuguesa).

_____, traducción de Alenka Bole-Vrabec. Lubljana: Cankarjeva založba, 1970. (Versión eslovena).

Pedro Páramo-Cimpia în flăcări, traducción de Marieta Pietreanu y Andrei Ionescu. Bucarest: Univers., 1970. (Versión rumana).

Ravnina v Ogne. Pedro Páramo, 1970. (Versión rusa.) *Vide supra,* 1. c.

Pedro Páramo, traducción de Tomris Uyar. Istanbul: Hür Basimevi, 1970. (Versión turca.) También publicada en Istanbul: De Yayinevi, 1970.

Pedro Páramo, traducción de Valdimir Oleríny. Bratislava: Tatran, 1970. (Versión checa.)

———— *y El llano en llamas*, traducción de Ivan Salyk. Lvov, Ucrania: Horotok, s. f. (Versión ucraniana.)

————, (Versión finlandesa.) Información incompleta.

3. Otras publicaciones

a. Disco

Juan Rulfo. Rulfo lee dos de sus cuentos: "Luvina" y "¡Díles que no me maten!". Disco de la serie Voz Viva de México. "Presentación" de Carlos Blanco-Aguinaga. México: Universidad Nacional Autónoma de México, 1963.

b. Guiones cinematográficos

El gallo de oro. Guión cinematográfico, 1964. Rulfo proporcionó la historia original. El "cinedrama" fue hecho por Carlos Fuentes y Gabriel García-Márquez.

La fórmula secreta. Guión cinematográfico en tres escenas, 1967. La película fue dirigida y fotografiada por Rubén Gómez. Ganó el primer premio en el concurso Cine Experimental de México.

El despojo. Guión cinematográfico de treinta minutos, s. f. Fue filmado en El mexquital.

Maya. Parafraseo del *Popul Vuh* y el *Chilam Mayan* para el cine, s. f. La película fue dirigida por Jacques Spurrier y fotografiada por Rubén Gómez.

c. Ediciones, prólogos, reseñas, etc.

"*La tierra pródiga* de Agustín Yáñez", (reseña). *Nación* (México), 8 noviembre 1964, pág. 6.

Libros y documentos para la historia de la Nueva Galicia. Noticias históricas de la vida y hechos de Nuño de Guzmán. Edición, selección y prólogo de Juan Rulfo. Guadalajara, Jalisco: Círculo Occidental, 1962.

"Palabras al recibir el Premio Nacional de Letras". *El Día* (México), 26 noviembre 1970. s. pág.

Nila Gutiérrez Marrone

B. Crítica sobre la obra de Rulfo

1. Antologías de ensayos sobre Rulfo y colecciones que contienen más de un ensayo sobre Rulfo

La novela iberoamericana contemporánea: XIII Congreso Internacional de Literatura Iberoamericana. Caracas: Ediciones de OBE, Universidad Central de Venezuela, 1968.

Recopilación de textos sobre Juan Rulfo, ed. Antonio Benítez Rojo. La Habana: Casa de las Américas, 1969.

Nueva novela latinoamericana, I, ed. Jorge Lafforgue. Buenos Aires: Editorial Paidós, 1969.

La novela hispanoamericana, ed. Juan Loveluck. Santiago, Chile: Editorial Universitaria, 1969.

La novela hispanoamericana actual, eds. Angel Flores y Raúl Silva Cáceres. Nueva York: Las Américas Publishing Co., 1971.

El cuento hispanoamericano ante la crítica, ed. Enrique Pupo-Walker. Madrid: Editorial Castalia, 1973.

Homenaje a Juan Rulfo, ed. Helmy F. Giacoman. Nueva York: Las Américas Publishing Co., Inc., 1974.

La narrativa de Juan Rulfo, ed. Joseph Sommers. México: Sep/Setentas, 1976.

2. Libros y ensayos críticos sobre la obra de Rulfo

A. R. S. "*El llano en llamas*" (reseña). *Summa* (Guadalajara), 4 (1954), 275-76.

Acebedo Escobedo, Antonio. "En torno a Rulfo". *El Nacional* (Caracas), 6 marzo 1966.

Acker, Bertie Wilcox Naylor. "Themes and World View in the Contemporary Mexican Short Story: Rulfo, Arreola and Fuentes". Tesis doctoral. The University of Texas, 1971.

Acuña Salas, Feliciano. *Memorias sobre Pedro Páramo.* Santiago, Chile: Universidad Católica de Chile, 1970.

Alegría, Fernando. "Juan Rulfo y *Pedro Páramo*". *Historia de la novela hispanoamericana.* Tercera edición. México: Ediciones de Andrea, 1966. págs. 257-259.

Alvarez Palacios, Fernando. "Juan Rulfo o los silencios de piedra". *El Correo de Andalucía* (Sevilla). 31 julio 1970. pág. 16. También publicado en el mismo periódico el 7 agosto 1970. pág. 20.

Amorós, Andrés. "Juan Rulfo". *Introducción a la novela hispanoamericana actual.* Madrid: Anaya, 1971.

Anaya-Sarmiento. "*Pedro Páramo* y Juan Rulfo: Tres pequeñas entrevistas". *El Nacional* (Caracas). 19 junio 1955. s. pág. También publicado en

Bibliografía

la *Revista Mexicana de Cultura*, 429 (19 julio 1955), págs. 4, 10.

Anónimo. Nota sobre "Las ánimas", ballet inspirado en *Pedro Páramo*. *Cuadernos de Bellas Artes* (México). 4 (noviembre 1960). 71.

———. Sobre *Pedro Páramo*. *Kirkus*. 27 (1960). 11.

———. Sobre *Pedro Páramo*. *México en la cultura* (México). 20 marzo 1960, pág. 11.

———. "The Living and the Dead". Sobre *Pedro Páramo*. *The Times Literary Supplement*. 5 febrero 1960. pág. 86.

———. "La obra de Juan Rulfo", *Horizontes* (México). 6 (1963), s. pág.

———. "*La cordillera* de próxima aparición". *La Gaceta del Fondo de Cultura Económica* (México). 11 (1964), 7.

———. "La quinta edición de *El llano en llamas*". *La Gaceta del Fondo de Cultura Económica* (México). 11 (1964), 8.

———. "Una nueva edición de la famosa novela *Pedro Páramo*". (Sobre la sexta edición de *Pedro Páramo*.) *Revista de la Semana* (México). 8 noviembre 1964. pág. 3.

———. "Juan Rulfo". *Los narradores ante el público*. México: Joaquín Mortiz, 1966.

———. "*Pedro Páramo*: Una vida bajo signo de fatalidad". (Sobre la película basada en la novela de *Pedro Páramo*.) *Visión*. 1 abril 1966. pág. 40.

———. Sobre *The Burning Plain*. *Booklist*, 64 (1968). 1128.

———. Sobre *The Burning Plain*. *Choice*. 5 (1968). 783.

———. "*Pedro Páramo*, traducida al eslovaco". *El Día*. 23 septiembre 1970. pág. 15.

———. "Cien mil ejemplares de las obras de Juan Rulfo en ruso". Traducción de artículo aparecido en Moscú, 21 octubre 1970. *Excelsior* (México). 22 octubre 1970. pág. 28-A.

———. "Textos de Juan Rulfo, hoy, en Chapultepec". *Excelsior* (México). 8 noviembre 1970. pág. 7-D.

———. "Entregó el Presidente Díaz Ordaz los Premios de Ciencias, Letras y Artes". *Excelsior* (México). 26 noviembre 1970. págs. 31-A y 32-A.

———. "Empeño del Presidente en satisfacer la creciente demanda de cultura". *El Universal* (México). 26 noviembre 1970. págs. 1 y 15.

———. "Graef Fernández, Rulfo y González Camarena enriquecen el grupo de mexicanos eminentes". *El Nacional* (México). 26 noviembre 1970. pág. 1.

———. "Díaz Ordaz entregó Premios Nacionales". *Avance* (México). 26 noviembre 1970. págs. 1 y 4.

———. "La obra de Juan Rulfo". *Revista de la Semana* (México). 6 diciembre 1970. págs. 8-9.

———. "¿Una res pública o una pura nada? ¡El de 'Comala' recibió su premio! Juan Rulfo concede—¡por fin!—una entrevista exclusiva y a nosotros". *Revista de la Semana* (México). 6 diciembre 1970. págs. 10-11.

Arciniegas, Germán. "Juan Rulfo en Bogotá". *El Tiempo* (Bogotá). 15 diciembre 1966. pág. 5.

Arenas, Reinaldo. "El páramo en llamas". *El Mundo* (La Habana). 7 julio 1968. s. pág. También publicada en *Recopilación de textos sobre Juan Rulfo*, 1969. *Vide supra* B. 1.

Nila Gutiérrez Marrone

Arguedas, José María. "Reflexiones peruanas sobre un narrador mexicano". *El Comercio* (Lima). 8 mayo 1960. pág. 3.

————. "Primer diario. Testimonio y meditaciones sobre la gente y sobre el Perú". *El zorro de arriba y el zorro de abajo.* Buenos Aires: Editorial Losada, 1971. págs. 11-31.

Arizmendi, Aralia L. "Alrededor de *Pedro Páramo*". *Cuadernos Americanos.* 175 (1971). 184-186.

Armand, Octavio. "Sobre las comparaciones de Rulfo". *Nueva narrativa hispanoamericana, II* (1972). 173-177. También publicado en *Homenaje a Juan Rulfo,* 1974. *Vide supra* B. 1.

Arreola, Juan José y Emmanuel Carballo. "Rulfo ha dado los más grandes palos de ciego de nuestra literatura". *La Cultura en México* (México). 15 septiembre 1965. págs. xiii-xiv.

Aymani, Jorge. "*Pedro Páramo* en la Habana". *El Día* (México). 15 enero 1965. pág. 9.

Bambi. "*La Cordillera*: Nuevo libro de Juan Rulfo". *Excelsior.* 16 abril 1963. págs. 4-A y 5-A.

Barcenas, Angel. "El arte de Juan Rulfo". *Nación.* 20 febrero 1966. s. pág.

Basave Fernández del Valle, Agustín. "*Pedro Páramo*: Una novela que rezuma esencias mexicanas". *El Norte* (Monterrey). 1 agosto 1959. pág. 2.

————. Sobre "*Pedro Páramo*". *Armas y Letras.* 2 (1959). 84-86.

Becco, Horacio Jorge. *La nueva narrativa hispanoamericana.* (Incluye bibliografía por Horacio Jorge Becco y David William Foster.) Buenos Aires: Casa Pardo, 1976. (Bibliografía sobre Juan Rulfo en págs. 161-171.)

Bell, Alan S. "Rulfo's *Pedro Páramo*: A Vision of Hope". *Modern Language Notes.* 81 (1966). 238-245.

Benedetti, Mario. "Juan Rulfo y las posibilidades del criollismo". *Marcha.* 2 noviembre 1955. págs. 2-23.

————. "Juan Rulfo y su purgatorio a ras de suelo". *Letras del continente mestizo.* Montevideo: Arca, 1967.

Benítez Rojo, Antonio. "Juan Rulfo y su época". Prólogo a *El llano en llamas y Pedro Páramo.* La Habana: Casa de las Américas, 1968.

————. "Rulfo: Duerme y Vela". *Recopilación de textos sobre Juan Rulfo,* 1969. *Vide supra,* B. 1.

Blanco-Aguinaga, Carlos. "Las dos mejores novelas de 1955". *Novedades* (México). 15 enero 1955. s. pág.

————. "Realidad y estilo de Juan Rulfo". *Revista mexicana de literatura, I* (1955). 56-86. También publicado en *Nueva novela latinoamericana,* 1969 y en *La narrativa de Juan Rulfo,* 1974. *Vide supra,* B. 1.

————. "Presentación" en el disco *Juan Rulfo. Vide supra,* A. 3. a.

Briante, Miguel. "Rulfo: El silencio interrumpido". *Confirmado.* 11 y 18 (julio 1968). s. pág.

Brower, Gary. " '¡Díles que no me maten!': Aproximación a su estructura y significado". *Nueva narrativa hispanoamericana. III* (1973). 231-235.

Bruce-Novoa, John D. "Some Answers about Rulfo's *La Cordillera*". *Hispania.* 57 (1974). 474-476.

Burns, Archibaldo. "*Pedro Páramo* o la unción y la gallina". *México en la*

Cultura (México). 15 mayo 1955. pág. 3.

Burton, Julianne. "A drop of rain in the desert: something and nothingness in Juan Rulfo's 'Nos han dado la tierra' ". *Latin American Literary Review*, 2-3 (1973). 55-62.

_____. "Sexuality and Mythic Dimension in Juan Rulfo's *Pedro Páramo*". *Symposium*. 28 (1974). 228-247.

Calleros, Mario. Sobre *Pedro Páramo. Ovaciones* (México). 125 (17 mayo 1964). 7.

Campos, Julieta. "El mundo absorto de Juan Rulfo". *La imagen en el espejo*. México: UNAM, 1965. págs. 167-171.

_____. "La novela mexicana después de 1940". *La imagen en el espejo*. México: UNAM, 1965. págs. 141-157.

Caparroso, Carlos A. "El novelista Juan Rulfo". *Nivel* (México). 99 (1971). 1-2.

Carballo, Emmanuel. "Arreola y Rulfo, cuentistas". *Universidad de México*, 8 (1954). 28-29, 32.

_____. "Notas sobre Rulfo, Arreola y Fuentes, y el cuento mexicano de nuestros días". *México en la Cultura* (México). 8 mayo 1961. pág. 2.

_____. Sobre *Pedro Páramo. La Cultura en México* (México). 9 diciembre 1964. pág. xx.

_____. "Arreola y Rulfo". *Recopilación de textos sobre Juan Rulfo*, 1969. También publicado en forma abreviada en *La narrativa de Juan Rulfo*, 1974. *Vide supra*, B. 1.

_____. "Juan Rulfo, gran prosista y poeta: Premio Nacional de Letras". *Excelsior* (México). 26 noviembre 1970. págs. 7-A y 12-A.

Carpeaux, Otto Maria. "Introdução". *Pedro Páramo*. San Pablo: Editora Brasiliense, 1969.

Carter, Boyd. "Juan Rulfo recibe el Premio Nacional de Letras". *Hispania*. 54 (1971). 380.

Castillo, Fausto. "Cuando el teatro es teatro". (Reseña de la adaptación de "Anacleto Morones" por Miguel Sabido.) *México en la Cultura* (México). 20 marzo 1960. pág. 8.

Cervera, Juan. "Entrevista con Juan Rulfo". *La Gaceta* (México). 15 (1968). 7-11.

_____. "Entrevista a Juan Rulfo". *El Mundo* (La Habana). 25 enero 1969. s. pág.

Clinton, Stephen T. "Form and Meaning in Juan Rulfo's 'Talpa' ". *Romance Notes*. 16 (1975). 520-525.

Coddou, Marcelo. "*El arte de Juan Rulfo* de Hugo Rodríguez Alcalá" (reseña). *Anales de la Universidad de Chile*. 124 (1966). 187-191.

_____. *Valoración de la obra de Juan Rulfo*. Santiago de Chile: Universidad de Concepción, Instituto Central de Lenguas, 1970.

_____. "Fundamentos para la valoración de la obra de Juan Rulfo: Proposiciones para la interpretación del cuento 'El hombre' ". *Nueva narrativa hispanoamericana*. *I* (1971). 139-158. También publicado en *Homenaje a Juan Rulfo*, 1974. *Vide supra*, B. 1.

Coleman, Alexander. "Juan Rulfo". *Cinco maestros: Cuentos modernos de Hispanoamérica*, 1969. págs. 117-119. *Vide supra*, A. 1. a.

Nila Gutiérrez Marrone

Colina, José de la. "Notas sobre Juan Rulfo". *Casa de las Américas.* 4 (1964). 133-138. También publicado en *Recopilación de textos sobre Juan Rulfo*, 1969. *Vide supra*, B. 1.

————. "Susana San Juan, el mito femenino en *Pedro Páramo*". *Universidad de México.* 19 (1965). 19-21. También publicado en *La narrativa de Juan Rulfo*, 1974. *Vide supra*, B. 1.

Conte, Rafael. "Juan Rulfo o la violencia". *Lenguaje y violencia.* Madrid: Al-Borak, 1972.

Cortés Tamayo, Ricardo. "Juan Rulfo". *Diorama de la Cultura* (México). 31 mayo 1959. pág. 4.

Cortez, Norman. Sobre *Pedro Páramo. Anales de la Universidad de Chile.* 122 (1964). 238-239.

————. "El seminario *Les Lettres Francaises* habla del arte de Juan Rulfo". *México en la Cultura* (México). 1 marzo 1967. pág. xvi.

Couffon, Claude. "El arte de Juan Rulfo". *Recopilación de textos sobre Juan Rulfo*, 1969. *Vide supra*, B. 1.

Coulson, Graciela B. "Observaciones sobre la visión del mundo en los cuentos de Juan Rulfo: A propósito de 'Talpa' y 'No oyes ladrar los perros' ". *Nueva narrativa hispanoamericana.* I (1971). 159-166. También publicado en *Homenaje a Juan Rulfo*, 1974. *Vide supra*, B. 1.

Couoh, Olga Yolanda. "Entrevista con Juan Rulfo". *El Sol de Puebla.* 17 de enero 1960. s. pág.

Crow, John A. "*Pedro Páramo*: A Twentieth Century 'Dance of Death' ". *Homage to Irving A. Leonard*, eds. Raquel Chang-Rodríguez y Donald Yates. Ann Arbor, Michigan: Latin American Studies Center-Michigan State University, 1977.

Cruz, Salvador de la. Sobre *Pedro Páramo. Metáfora* (México). 1 (1955). 35-36.

Cuza Male, Belkis. "Juan Rulfo, realismo por medio". *Unión* (La Habana), 6 (1965), 65-66. También publicado en *Recopilación de textos sobre Juan Rulfo*, 1969. *Vide supra*, B. 1.

Chavarri, Raúl. "Una novela en la frontera de la vida y la muerte". *Cuadernos hispanoamericanos.* 66 (1966). 174-79. También publicado en *Homenaje a Juan Rulfo*, 1974. *Vide supra*, B. 1.

Chumacero, Alí. "Rulfo, Pozas, Valdés: Tres aspectos de la vida mexicana". *México en la Cultura* (México). 29 noviembre 1959. págs. 12, 15.

————. "El *Pedro Páramo* de Juan Rulfo". *Recopilación de textos sobre Juan Rulfo*, 1969. *Vide supra*, B. 1.

Dallongeville, Eliam. "Juan Rulfo, *Pedro Páramo*". *El Universal* (Caracas). 18 mayo 1965. s. pág.

Deveny, John Joseph, Jr. "Narrative Technique in the Short Stories of Juan Rulfo". Tesis doctoral. The University of Florida, 1973.

Díaz, Ramón. "Las razones de Juan Rulfo". *Revista de Occidente.* 31 (1970). 344-357.

Díaz Seija, Pedro. "De Agustín Yáñez a Juan Rulfo". *Imagen* (Caracas), 76 (1970), 3-5.

Díez, Luis A. "Carpentier y Rulfo: Dos largas ausencias". *Cuadernos hispanoamericanos.* 272 (1973). 338-349.

Díez, Luis A. "Tras 'La Cordillera' perdida de Juan Rulfo". *El Norte de Castilla* (Sevilla). 16 agosto 1970. s. pág.

Donoso Pareja, Miguel. "Arreola, Rulfo, De la Cuadra, Palacios: Cuatro escritores de América". *Ovaciones* (México). 132 (1964). 8.

Dorfman, Ariel. "En torno a *Pedro Páramo*, de Juan Rulfo". *Mapocho* (Chile). 15 (1966). 289-295. También publicado en *Imaginación y violencia en América* . Santiago: Ed. Universitaria, 1970 y en *Homenaje a Juan Rulfo*, 1974. *Vide supra*, B. 1.

Durán, Manuel. "Juan Rulfo: La máscara y la voz". *Insula* (Madrid). 25 (1970). 18-19.

_____. "Juan Rulfo, cuentista: La verdad casi sospechosa". *Nueva narrativa hispanoamericana*, *I* (1971). 1967-74. También publicado en *Homenaje a Juan Rulfo*, 1974. *Vide supra*, B. 1.

_____. "Los cuentos de Juan Rulfo o la realidad trascendida". *El cuento hispanoamericano ante la crítica*, 1973. *Vide supra*, B. 1.

_____. *Tríptico mexicano: Juan Rulfo, Carlos Fuentes, Salvador Elizondo*. México: Sep/Setentas, 1973.

_____ y Eva Lorens. "Un gran escritor y su exégeta: Juan Rulfo y Hugo Rodríguez Alcalá". (Reseña de *El arte de Juan Rulfo* de Hugo Rodríguez Alcalá.) *Revista hispánica moderna*. 32 (1966). 3-4.

Dyches, Henry Perry. "Juan Rulfo: Una tradición y un principio". Tesis. Universidad Nacional Autónoma de México, 1964.

Ealling, Till. "Note on Juan Rulfo before publication of 'La Cuesta de las Comadres' ". *América* (México). 55 (29 febrero 1948). 31-32.

Elizondo, Carlos. "Sobre *Pedro Páramo*". *Hoy* (México). 961 (23 julio 1955). 46.

Embeita, María J. "Tema y estructura en *Pedro Páramo*". *Cuadernos americanos*, 26 (1967). 219-223.

Escudero, Alfonso M. "Fuentes de información sobre Ernesto Sábato, Juan Rulfo, Augusto Roa Bastos, Carlos Droguett". *Taller de Letras*. 1 (1971). 110-118.

Esteva Fabregat, Claudio. "Juan Rulfo en la novela mexicana". *Armas y letras* (México). 12 (1955). 1, 7.

Estrada, Ricardo. "Los indicios de *Pedro Páramo*". *Universidad de San Carlos* (Guatemala). 65 (1965). 67-85. También publicado en *Recopilación de textos sobre Juan Rulfo*, 1969. *Vide supra*, B. 1.

Fernández, Sergio. *"El llano en llamas* de Juan Rulfo". *Filosofía y letras* (México). 53-54 (1954). 259-269.

_____. "El mundo paralítico de Juan Rulfo". *Cinco escritores hispanoamericanos*. México: Universidad Nacional Autónoma, 1958. págs. 118-141.

Ferrer Chivite, Manuel. *El laberinto mexicano en/de Juan Rulfo*. México: Organización Editorial Novarro, S. A., 1972.

Ferro, Hellen. "La nueva novela mexicana: Visión de Juan Rulfo". *Américas* (Madrid). 16 (1964). 40-41.

Flores, Angel. "Juan Rulfo". *Historia y antología del cuento y la novela hispanoamericana*. Nueva York: Las Américas Publishing Co., 1959. págs. 657-658.

Franco, Jean. "El viaje al país de los muertos". *La narrativa de Juan Rulfo*,

Nila Gutiérrez Marrone

1974. *Vide supra*, B. 1.

Freeman, Donald. "La escatología de *Pedro Páramo*". *Homenaje a Juan Rulfo*, 1974. *Vide supra*, B. 1.

Freeman, George Roland. "Archetype and Structural Unity: The-Fall-from-Grace in Rulfo's *Pedro Páramo*". Tesis University of Washington, 1969.

———. "Archetype and Structural Unity: The Fall-from-Grace in Rulfo's *Pedro Páramo.*" *Dissertation Abstracts International*, 30 (1969). 2537A.

———.*Paradise and Fall in Rulfo's 'Pedro Páramo': Archetype and Structural Unity*. Cuernavaca, México: Centro Intercultural de Documentación, 1970.

———. "La caída de la gracia: Clave arquetípica de *Pedro Páramo*". *La narrativa de Juan Rulfo*, 1974. *Vide supra*, B. 1.

Frenk, Mariana. "*Pedro Páramo* inicia su viaje por el mundo". *México en la Cultura*. 9 noviembre 1958. pág. 7.

———. "Alemania lee *Pedro Páramo*". *Revista mexicana de literatura*. II (1959). 181-185.

———. "*Pedro Páramo*". *Universidad de México*. 15 (1961). 18-21. Publicado también el *El escarabajo de oro*. 8 (1967). 34-35; en *Recopilación de textos sobre Juan Rulfo*, 1969 y en *La narrativa de Juan Rulfo*, 1974. *Vide supra*, B. 1.

Fuentes, Carlos. "*Pedro Páramo*". *L'Esprit des lettres*. 6 (1955). 74-76. Publicado también en *La narrativa de Juan Rulfo*, 1974. *Vide supra*, B. 1.

———. "La nueva novela latinoamericana". *La Cultura en México*. 29 julio 1964. págs. 2-5. Publicado también en *La narrativa de Juan Rulfo*, 1974. *Vide supra*, B. 1.

———. *La nueva novela hispanoamericana*. México: Cuadernos de Joaquín Mortiz, 1969. págs. 15-16.

Gallo, Martha. "El presente no-histórico en *Pedro Páramo*" y "Realismo mágico en *Pedro Páramo*". Trabajos presentados en el Congreso Internacional de Literatura. Lansing, Michigan. 1973.

Galván, Cándido. "A propósito de 'El hombre', cuento de Rulfo". *Et Caetera* (México). 4 (1969). 99-104.

Giacoman, Helmy F. "Prefacio". *Homenaje a Juan Rulfo*, 1974. *Vide supra*, B. 1.

Gibson, Ruby. Sobre *Pedro Páramo*. *New Mexico Quarterly*. 3 (1960). 87.

Gill, Mary Joyce. "Perimeters of Experience in the Contemporary Mexican Short Story". Tesis doctoral. Texas Technological University, 1975. (Rulfo es uno de los autores de que se ocupa esta tesis.)

Gleaves, Robert M. "*Los pasos perdidos*, *Pedro Páramo*, and the 'Classic' Novel in Spanish America". *Language Quarterly*. 8 (1969). 5-8.

Gnutzmann, Rita. "Perspectivas narrativas de *El llano en llamas*". *Anales de literatura hispánica*. 1 (1972). 321-326.

Gómez Gleason, María Teresa. "Juan Rulfo y el mundo de su próxima novela *La Cordillera*". *La Cultura en México* (México). 29 junio 1966. pág. vi. También en *Recopilación de textos sobre Juan Rulfo*, 1969. *Vide supra*, B. 1.

Gonina, Inés. " 'Macario' de Juan Rulfo, una visión insólita del mundo a través del lenguaje". *Razón y fábula*. 29 (1972). 38-58.

Bibliografía

González, Alfonso. "El caciquismo a través de la onomástica en *Doña Bárbara* y *Pedro Páramo*". *La palabra y el hombre* (Xalapa, México). 8 (s. f.). 12-16.

_____ "Onomastics and Creativity in *Doña Bárbara* and *Pedro Páramo*". *Names*. 21 (1974). 40-45.

González Machado, Ricardo. "Juan Rulfo, a quien atrae la vida del campesino, recibió el Premio Nacional de Letras". *El Nacional*. 26 noviembre 1970. pág. 6.

González Pagés, Andrés. "El ambiente intelectual es el más difícil, el más escabroso". (Entrevista a Juan Rulfo). *El Día*. 14 abril 1964. pág. 9.

Gordon, Donald Keith. "Juan Rulfo: cuentista". *Cuadernos americanos*. 26 (1967). 198-205.

_____ "The Short Stories of Juan Rulfo". Tesis doctoral. University of Toronto, 1969.

_____ "Juan Rulfo's Elusive Novel: *La cordillera*". *Hispania*. 56 (1973). 1040-1041.

_____ "El arte narrativo en tres cuentos de Rulfo". *Homenaje a Juan Rulfo*, 1974. *Vide supra*, B. 1.

_____ *Los cuentos de Juan Rulfo*. Madrid: Playor (Colección Nova Scholar), 1976.

Guillén, Pedro. "Posición de Rulfo y Pellicer respecto a la intervención yanki en la República Dominicana". *México en la cultura* (México). 19 mayo 1965. pág. 59.

Gullón, Germán. "Similitudes ambientales: Rulfo y Valle-Inclán". *Sin nombre*. 1 (1971). 68-76.

Gyurko, Lanin. "Modes of Consciousness: A Study of Narrative Technique in Four Modern Spanish-American Novels". (Asturias, Fuentes, Rulfo y Vargas Llosa.) Tesis Doctoral. Harvard University, 1969.

_____ "Modern Spanish-American Fiction, Novel of Action and Narrative of Consciousness". *Symposium*. 25 (1971). 359-376.

_____ "Rulfo's Aesthetic Nihilism: Narrative Antecedents of *Pedro Páramo*". *Hispanic Review*. 40 (1972). 451-466.

Harss, Luis. "Juan Rulfo: Contemporary Mexican Novelist". *New Mexico Quarterly*. 35 (1966). 302-309.

_____ "Juan Rulfo, o la pena sin nombre". *Recopilación de textos sobre Juan Rulfo*, 1969. También publicado en *Los nuestros*. Buenos Aires: Editorial Sudamericana, 1969. págs. 301-337.

_____ y Barbara Dohmann. "Juan Rulfo, Souls of the Departed". *Into the Mainstream: Conversations with Latin-American Writers*. Nueva York: Harper & Row, 1967.

Hill, Diane E. "Integración, desintegración e intensificación en los cuentos de Juan Rulfo". *Revista iberoamericana*. 34 (1968). 331-338. También publicado en *Homenaje a Juan Rulfo*, 1974. *Vide supra*, B. 1.

Horányi, Mátyás. "Juan Rulfo, az ujito". *Helikon* (Hungría). 15 (1969). 432-440.

_____ "La función expresiva de la atmósfera en *Pedro Páramo*". *Acta Litteraria Academiae Scientiarum Hungaricae* (Budapest). 11 (1969). 269-280.

Huish, R. L. Sobre *The Burning Plain*. *Library Journal*. 43 (1968). 1145. También publicada en *The Library Journal Book Review 1968*. Nueva York: R. R. Bowker Co., 1969.

Irby, James East. "La influencia de William Faulkner en cuatro narradores hispanoamericanos". Tesis. Universidad Nacional Autónoma de México, Escuela de Verano, 1957.

J. F. "Un libro de México. Carta al autor Juan Rulfo". *Indice* (Madrid). 11 (1957). 21.

Jaen, Didier K. "La estructura lírica de *Pedro Páramo*". *Idea, artes y letras* (Lima). 18 (1967). 1, 11-12. También publicado en *Revista hispánica moderna*. 33 (1967). 224-231.

———. "El sentido lírico de la evocación del pasado en *Pedro Páramo*". *La novela iberoamericana contemporánea: XIII Congreso Internacional de Literatura Iberoamericana*, 1968. *Vide supra*, B. 1. También publicado en *Homenaje a Juan Rulfo*, 1974. *Vide supra*, B. 1.

Kahn, Fareed Ahmed. *Cinco cuentistas mexicanos modernos*. México: Universidad Autónoma de México, 1963.

Kent, Lioret E. "A Comparison of Technical and Other Aspects in Matute and Rulfo". Tesis doctoral. University of North Carolina, 1973.

Kooreman, Thomas E. "Estructura y realidad en *El llano en llamas*". *Revista iberoamericana*. 38 (1972). 301-305.

Kozer, José. "Relaciones entre el hombre y la naturaleza en Juan Rulfo". *Cuadernos hispanoamericanos*. 274 (1973). 147-155.

Laguerre, Enrique A. "Dos visiones del infierno". *Homenaje a Juan Rulfo*, 1974. *Vide supra*, B. 1.

Landeros, Carlos. "Charla con Juan Rulfo". *Diorama de la Cultura* (México). 6 marzo 1966. págs. 3 y 6.

Langford, Walter. "La estructura de *Pedro Páramo*". *Anuario de letras*. 4 (1964). 287-294.

———. "Juan Rulfo, Novelist of the Dead". *The Mexican Novel Comes of Age*. Notre Dame, Indiana: University of Notre Dame Press, 1971.

Lavín Cerda, Hernán. "Un Rulfo esquivo y maniatado". *Punto final*. Diciembre, 1966. s. pág.

Leiva, Raúl. "Juan Rulfo, Premio Nacional de Letras". *México en la Cultura*. 13 de diciembre 1970. pág. 3. También publicado en *Vida Universitaria* (Monterrey, México). 27 diciembre 1970. pág. 2.

Leonard, I. A. "Banditry and Bedding on Bedrock". *Saturday Review*. 51 (1968). 66. (Sobre "El llano en llamas").

Lescot, Roger. Traducción e introducción en *Pedro Páramo*. París: Gallimard, 1959.

Lester, Nancy. "Epic Themes in *Pedro Páramo*", *Proceedings: Pacific Northwest Conference on Foreign Languages*, 23rd Annual Meeting, ed. Walter C. Kraft. Corvallis: Oregon State University, 1972.

Levine, Suzanne J. "*Pedro Páramo, Cien años de soledad:* un paralelo". *Imagen*. 50 (1969). 6-8. También publicado en *Homenaje a Gabriel García Márquez*, ed. Helmy F. Giacoman. Nueva York: Las Américas Publishing Co., 1972; en *Books Abroad*, 47 (1973), 490-495, en versión inglesa; y

Bibliografía

en *Homenaje a Juan Rulfo*, 1974. *Vide supra*, B. 1.

Lidio, Dimas. "Rulfo". *El Gallo Ilustrado* (México). 5 julio 1970. pág. 3.

Limon, Grace Marie. "The Death Cult: Lyric and Symbolic Unity in the Works of Juan Rulfo". Tesis doctoral. University of California, 1973.

Lioret, E. Kent. "Continuación de una bibliografía de y sobre Juan Rulfo". *Revista iberoamericana*. 40 (1974). 693-705.

López de Nielsen, Dedia. Sobre "*El arte de Juan Rulfo*". *Vida Universitaria* (Monterrey, México). 20 marzo 1966. págs. 8-9.

Luna, Félix. "Imagen de Juan Rulfo". *Clarín literario* (Argentina). s. n. (1972). s. pág.

Luna, Norman Joseph. "In the Land of Xipe-totec: A Comparative Study of the Experimental Novels of Agustín Yáñez, Carlos Fuentes, and Juan Rulfo". Tesis doctoral. University of Colorado, 1969.

Luquín, Eduardo. "La novelística mexicana y una novela". *El Gallo Ilustrado* (México), 26 mayo 1957, 6. También publicado en *Revista mexicana de cultura*, 26 mayo 1957, s. pág.; y en *El Nacional* (México), 28 mayo 1957, s. pág.

Luraschi, Ilse A. "Algunos recursos estilísticos en la obra de Juan Rulfo". Tesis doctoral. University of Pittsburgh, 1972.

_____. "Introducción a la obra de Juan Rulfo". *Nueva narrativa hispano-americana*, V (1975). 109-26.

Lyon, Ted. "Ontological in the Short Stories of Juan Rulfo". *Journal of Spanish Studies: Twentieth Century*, *I* (1973). 161-168.

Llamas, María del Refugio. "Juan Rulfo, 'Luvina' ". *El libro y el pueblo*. 69 (1970). 25-30.

M. A. M. "Nota sobre Juan Rulfo como introducción a 'Macario' ". *América* (México). 48 (1946). 67.

Magaña Esquivel, Antonio. "El arte de novelar de Juan Rulfo". *Revista mexicana de cultura*. 990 (20 marzo 1966). 1. También publicado en *Vida Universitaria* (Monterrey, México). 14 febrero 1971. pág. 10.

_____. "Juan Rulfo, Premio de Literatura 1970". *El Nacional*. 7 enero 1971. s. pág. También publicado en *Vida Universitaria* (Monterrey, México). 14 febrero 1971. pág. 10.

Martínez, Pilar. "Técnica del 'testigo-oyente' en los monólogos de Rulfo". *Homenaje a Pablo Neruda y Miguel Angel Asturias*, eds. Francisco Sánchez-Castañer y Luis Sáinz de Medrano. Madrid: Universidad Complutense/Consejo Superior de Investigaciones Científicas, 1973.

Martini Real, Juan Carlos. "Juan Rulfo o *Pedro Páramo*". *Confirmado* (Argentina). 14 marzo 1972. s. pág.

Mazzei, Angel. "Un mundo extrañamente habitado". *El Nacional* (México). 5 de junio 1966.

McMurray, George R. "Twentieth Anniversary of *Pedro Páramo*". *Hispania*. 58 (1975). 966-967.

Mead, Robert Jr. "Barren". *The New York Times Book Review*. 9 agosto 1959. pág. 17.

Melgoza, Arturo. "El cuento y el cuentista". *El cuento*. s. n. (1968). 252-254.

_____. "Algunos juicios de Rulfo". *Recopilación de textos sobre Juan Rulfo*, 1969. *Vide supra*, B. 1.

155

Nila Gutiérrez Marrone

Mendoza, María Luisa. "Frustrado de la literatura". *Diorama de la cultura* (México). 25 noviembre 1956.

――― "La O por lo redondo". *El Día*. 17 enero 1966.

Merrell, Floyd F. "Sacred-Secular Complementarity in *Al filo del agua* and *Pedro Páramo*: An Inquiry into Myth Making". Tesis doctoral. University of New Mexico, 1973.

Miró, Emilio. "Juan Rulfo". *Cuadernos hispanoamericanos*. 246 (1970). 600-637. También publicado en *Homenaje a Juan Rulfo*, 1974. *Vide supra*, B. 1.

Molina Enríquez, Renato. "*Pedro Páramo*". *Boletín bibliográfico de la Secretaría de Hacienda*. 41 (1955). 2-3.

Montesinos, Jaime A. "Los muertos de Juan Rulfo". *El libro y el pueblo* (México). 51 (1969). 24-26.

Morales de León, Jesús. "Divagaciones sobre *Pedro Páramo*". *Comunidad*. 2 (1967). 560-566.

Munn, Barry W. "Juan Rulfo's 'Anacleto Morones' ". *Reflexión 2: Primera revista de cultura hispánica en Canadá*. 2 (1973). 51-56.

Oberhelman, Harley D. "The Absurd in Three Representative Spanish American Novelists". *Surrealism to the Absurd,* ed. Wolodymyr T. Zyla. (Proceedings of the Comparative Literature Symposium, Vol. II, 29-30, enero, 1970). Lubbock, Texas: Interdepartmental Committee on Comparative Literature, Texas Technological University.

――― "A Forgotten Text of Juan Rulfo". (Sobre "Un pedazo de noche"). *Hispania*. 55 (1972). 167-168.

Ochoa, Guillermo. "No tengo obligación de escribir". *Excelsior*. 2 marzo 1969. págs. 1-A, 10-A.

Omil, Alba. "*Pedro Páramo*: El trasmundo y su expresión artística". *La naturaleza y el hombre en la novela hispanoamericana: Primer Seminario Internacional de Literatura Hispanoamericana*. Antofagasta, Chile: Universidad del Norte, 1969.

O'Neill, Samuel. "*Pedro Páramo* (Juan Rulfo)". "Psychological Literary Techniques in Representative Contemporary Novels of Mexico". Tesis doctoral. University of Maryland, 1965.

――― "*Pedro Páramo*". *Homenaje a Juan Rulfo*, 1974. *Vide supra*, B. 1.

Ortega, José. "Estructura temporal y temporalidad en *Pedro Páramo*". *La palabra y el hombre* (México). 16 (1975). 19-26.

Ortega, Julio. "*Pedro Páramo*". *Comunidad latinoamericana de escritores*. 2 (1968). 3-9. También publicado en *Homenaje a Juan Rulfo*, 1974. *Vide supra*, B. 1.

――― "La novela de Juan Rulfo: 'Summa' de arquetipos". *La narrativa de Juan Rulfo*, 1974. *Vide supra*, B. 1.

Ospovat, L. "El mundo de Juan Rulfo". *Ravnina v Ogne. Pedro Páramo*, 1970. *Vide supra*, A. 2. b.

Pacheco, José Emilio. "Imagen de Juan Rulfo". *México en la cultura* (México). 19 julio 1959. pág. 3.

Palma, María Marta. "Análisis de *Pedro Páramo*". Tesis de maestría. Universidad de El Salvador.

Pasamanik, Luisa. "Juan Rulfo y la fuerza telúrica". *El Universal* (México). 9 julio 1967. pág. 5. También publicado en *La Gaceta* (México). 16

(1970). 17-19.

Paschero, Celia. Sobre *El llano en llamas. Ficción* (Buenos Aires). 38 (1962). 87-88.

Passafari de Gutiérrez, Clara. "El realismo mágico en Juan Rulfo". *Los cambios en la concepción y estructura de la novela mexicana desde 1947*. Rosario: Universidad Nacional del Litoral, 1968.

Peñaloza, Frank. "*Pedro Páramo". El mundo* (Caracas). 22 enero 1965. s. pág.

Peralta, Violeta y Liliana Befumo Boschi. *Rulfo, la soledad creadora*. Buenos Aires: Fernando García Cambeiro, 1975.

Pla, Josephina. "En torno al libro *El arte de Juan Rulfo". El Nacional* (México). 5 mayo 1966. s. pág. También publicado en *Revista mexicana de cultura* (México). 14 mayo 1966. s. pág.

Poniatowska, Elena. "Charlando con Juan Rulfo". *Excelsior* (México). 15 enero 1954. págs. 1-B y 7-B.

_____. "Perfiles literarios: Juan Rulfo". *Revista mexicana de literatura*. 8 (1956). s. pág. También publicado en *Recopilación de textos sobre Juan Rulfo*, 1969. *Vide supra*, B. 1.

_____. "En México donde todo el mundo. . ." y "Montes de Oca y Juan Rulfo". *México en la cultura* (México). 14 diciembre 1958. págs. 2 y 10.

Pragg, J. A. "Juan Rulfo: *Pedro Páramo". Norte* (Amsterdam). 3 (1962). s. pág.

Prenz, Juan Octavio. "Pedro Páramo: Una metáfora procesal". *Nuevos Aires*. 8 (1972). 3-10.

Pupo-Walker, Enrique. "Personajes y ambiente en *Pedro Páramo". Cuadernos americanos*. 4 (1969). 194-204.

_____. "Rasgos del lenguaje y estructuras en *Pedro Páramo". Papeles de Son Armadans*. 57 (1970). 117-136.

_____. "La transposición de valores pictóricos en la narrativa de Terretis y Rulfo". *Nueva narrativa hispanoamericana. I* (1971). 95-103.

_____. "La creación de personajes en *Pedro Páramo*: Notas sobre una tradición". *Annali Instituto Universitario Orientale, Sezione Romanza*. 14 (1972). 97-105.

_____. "Tonalidad, estructura y rasgos del lenguaje en *Pedro Páramo". Homenaje a Juan Rulfo*, 1974. *Vide supra*, B. 1.

R. T. Sobre *Pedro Páramo. San Francisco Chronicle*. 30 agosto 1959. pág. 16.

Rabell, Malkah. "Rulfo: Una obra solitaria y única". *El Día*. 26 noviembre 1970. pág. 10.

Ramírez, Arthur. "Style and Technique in Juan Rulfo". Tesis doctoral. University of Texas at Austin, 1973.

_____. "Style and Technique in Juan Rulfo". *Dissertation Abstracts International*. 34 (1973). 2449A (Texas, Austin).

_____. "Hacia una bibliografía de y sobre Juan Rulfo". *Revista iberoamericana*. 86 (1974). 135-171.

Rebetez, René. "Número 7: Lo fantástico en la literatura mexicana: Juan Rulfo—Salvador Elizondo". *El heraldo cultural*. 273 (31 enero 1971). 4-5.

Nila Gutiérrez Marrone

Restrepo Fernández, Iván. "La cacería de Juan Rulfo". *Mundo nuevo*. 39-40 (1969). 43-44.

Reyes, Alfonso. "Edición francesa de *Pedro Páramo*". *Vida Universitaria* (Monterrey, México). 9 (1959).

Reyes Nevares, Salvador. "Los libros: *Pedro Páramo*". *Revista mexicana de cultura*. 424 (15 mayo 1955). 12.

_____. "Papel y tinta". (Nota sobre *La cordillera*, novela incompleta de Juan Rulfo.) *La cultura en México* (México). 12 febrero 1964. pág. xix.

Robbins, Stephanie M. "Yuxtaposición como técnica en un cuento de Juan Rulfo: 'Macario' ". *Insula*. 286 (1970). 10.

Robles, Reynaldo. "Juan Rulfo, un modo de novelar". *Cultura* (El Salvador). 40 (1966). 93-96.

Rodman, Selden. "*Pedro Páramo*". *The New York Times Book Review*. 7 junio 1959. pág. 5, 27.

Rodríguez Alcalá, Hugo. "Análisis estilístico de 'El llano en llamas' de Juan Rulfo". *Cuadernos americanos*. 24 (1965). 211-234.

_____. *El arte de Juan Rulfo*. México: Instituto de Bellas Artes, 1965.

_____. "Estudio estilístico de 'En la madrugada' de Juan Rulfo". *Hispanic Review*. 34 (1966). 228-241.

_____. "En torno a un cuento de Juan Rulfo: 'No oyes ladrar los perros' ". *Papeles de Son Armandans*. 41 (1966). 135-150. También publicado en *Homenaje a Juan Rulfo*, 1974. *Vide supra*, B. 1.

_____. "Un cuento entre dos luces: 'En la madrugada' de Juan Rulfo". *Actas del Segundo Congreso Internacional de Hispanistas*, Nijmegen, 20 al 25 agosto 1965, eds. Jaime Sánchez Romeralo y Norbert Poulssen. Nijmegen, Holanda: Instituto Español de la Universidad de Nimega, 1967.

_____. "Juan Rulfo: Nostalgia del paraíso". *Cuadernos americanos*. 140 (1969). 211-234. También publicado en *Nueva narrativa hispanoamericana, II* (1972), 65-75 y en *Homenaje a Juan Rulfo*, 1974. *Vide supra*, B. 1.

_____. "Bajo el peso de la cruz". *Recopilación de textos sobre Juan Rulfo*, 1969. *Vide supra*, B. 1.

_____. " 'El poema de Doloritas' en *Pedro Páramo*". *Estudios de literatura hispanoamericana en honor a José J. Arrom*, eds. Andrew Debicki y Enrique Pupo-Walker. Chapel Hill: Publications of the Department of Romance Languages, University of North Carolina, 1974.

_____. "Sobre Elio Vittorini y Juan Rulfo: Dos viajes en la cuarta dimensión". *La palabra y el hombre* (México). 16 (1975). 27-33.

Rodríguez-Luis, Julio. "Algunas observaciones sobre el simbolismo de la relación entre Susana San Juan y Pedro Páramo". *Cuadernos hispanoamericanos* (Madrid). 270 (1972). 584-94.

Roffe, Reina. "Juan Rulfo: autobiografía armada". *Latinoamericana*. 1 (1972). 73-88. También publicada como libro: *Juan Rulfo: autobiografía armada*. Buenos Aires: Ediciones Corregidor, 1973.

Rojas Zea, Rodolfo. "Rulfo analiza al escritor iberoamericano". *Excelsior* (México). 4 marzo 1971. págs. 1-A, 12-A.

Ros, Arno. *Zur Theorie Literarischen Erzahlens: Mit einer Interpretation der "cuentos" von Juan Rulfo*. Frankfurt: Athenaum, 1972.

Bibliografía

Rosser, Harry Lee. "Social Realism in the Contemporary Rural Mexican Novel". Tesis doctoral. University of North Carolina at Chapel Hill, 1975. (Juan Rulfo es uno de los autores de que se ocupa esta tesis.)

Rosson, Mary Ada. "Elements of Mexican Fatalism in Juan Rulfo's Works". Tesis de maestría. University of Texas, 1965.

S. A. "Ayuquila, Dionisio Arias, una casta condenada: *La cordillera*". *La Gaceta* (México). 11 (1964). 7.

Sacoto, Antonio. "*Pedro Páramo*". *El guacamayo y el serpiente* (Ecuador). 7 (1973). 3-39.

_____. "*Pedro Páramo*: Las técnicas narrativas". *El guacamayo y el serpiente* (Ecuador). 8 (1973). 64-90.

_____. "El personaje y las máscaras mexicanas en *Pedro Páramo* de Juan Rulfo". *Homenaje a Juan Rulfo*, 1974. *Vide supra*, B. 1.

_____. "Las técnicas narrativas". *Homenaje a Juan Rulfo*, 1974. *Vide supra*, B. 1.

Sainz, Gustavo. Sobre *El llano en llamas* y "Los 25 mejores cuentos mexicanos, selección y notas". *México en la cultura* (México). 8 julio 1962. págs. 1, 9.

Sánchez, Elizabeth Doremus. "The Motif of Descent into Inferno in *Los pasos perdidos* and *Pedro Páramo*". Tesis de maestría. University of Texas, 1969.

Sánchez, Porfirio. "La dimensión estético-temática y la novelística de Juan Rulfo y Tomás Mojarro". *Cuadernos americanos*. 175 (1970). 197-216.

_____. "Relación entre la negación del tiempo y el espacio y Comala en *Pedro Páramo*. *Cuadernos americanos*. 203 (1975). 212-221.

Schade, George D. "Introduction". *The Burning Plain*. Texas: University of Texas Press, 1970.

Schneider, Luis Mario. "*Pedro Páramo* en la novela mejicana: ubicación, bosquejo". *La novela hispanoamericana actual*, 1971. *Vide supra*, B. 1.

Selva, Mauricio de la. "Asteriscos: Reseña de *Pedro Páramo* (sexta edición)". *Diorama de la cultura* (México). 22 noviembre 1964. pág. 4.

Sepúlveda, Irma Sabina. "El arte de Juan Rulfo". *Vida Universitaria* (México). 10 julio 1966. s. pág.

Sepúlveda Llanos, Fidel. "*Pedro Páramo*: Análisis estilístico y estético". *Seminario memoria para optar al título de Profesor de castellano: 8 estudios*. Santiago de Chile: Facultad de Filosofía y Ciencias de la Educación, Universidad Católica de Chile, 1968.

_____. "El ritmo novelesco en *Pedro Páramo*". *Anales de la Facultad de Filosofía y Ciencias de la Educación*. Santiago de Chile: Universidad Pontificia Católica de Chile, 1969.

_____. "Lo social en Juan Rulfo". *Taller de letras*. 1 (1971). 63-65.

Serno-Maytorena, M. A. "El hombre y el paisaje del campo jaliciense en 'La Cuesta de las Comadres', cuento de Juan Rulfo". *Cuadernos americanos*. 177 (1971). 208-216.

_____. "Elementos plásticos y cromáticos en 'Macario' de Juan Rulfo". *Boletín del Instituto de Literatura*. 2 (1972). 43-55.

Server, Alberta Wilson. "Juan Rulfo: 'El llano en llamas' y otros cuentos". *Books Abroad*. 19 (1955). s. pág.

159

Nila Gutiérrez Marrone

Server, Alberta Wilson. "Juan Rulfo, *Pedro Páramo*". *Books Abroad.* 30 (1956). s. pág.

Serra, Edelweis. "Estructura de *Pedro Páramo*". *Nueva narrativa hispanoamericana. III* (1973). 211-239.

Smith, Gaylord Ewing. "The Short Stories of Juan Rulfo". Tesis de maestría. University of Texas at Austin, 1964.

Solana, Rafael. "Arreolismo y Rulfismo". *La Gaceta* (México). 16 (1969). 2-3.

Sommers, Joseph. "Through the Window of the Grave: Juan Rulfo". *After the Storm: Landmarks of the Modern Mexican Novel.* Nuevo México: University of New Mexico Press, 1968. También publicado en *New Mexico Quarterly.* 38 (1968) y en versión española ("A través de la venta de la sepultura: Juan Rulfo") en *Homenaje a Juan Rulfo,* 1974 y en *La narrativa de Juan Rulfo,* 1974. *Vide supra,* B. 1.

——. *Yáñez, Rulfo y Fuentes: La novela mexicana moderna.* Caracas: Monte Avila, 1973.

——. "Entrevista: Juan Rulfo". *Hispamérica.* 4 (1973). 103-107.

——. "Introducción" y "Los muertos no tienen tiempo ni espacio: un diálogo con Juan Rulfo". *La narrativa de Juan Rulfo,* 1974. *Vide supra,* B. 1.

Soriano, Elena. "Tres escritores de un mundo". *Ibero Amerikanische Rundschau* (Hamburgo). 18 (1965). 22-24.

Speratti Piñero, Emma Susana. "Un narrador de Jalisco". *Buenos Aires Literaria.* 2 (1954). 57.

Souto, Arturo. Sobre *El llano en llamas. Ideas de México.* 4 (1954), 182-184.

Teja, Ana. "*Pedro Páramo*: Dialéctica e historia". *Chasqui.* 4 (1975). 51-59.

Toral Morena, Alfonso. "Juan Rulfo, *Pedro Páramo*". *Et Caetera.* 15 (1955). 111-112.

Torre, Gerardo de la. "Juan Rulfo, *El llano en llamas*". *Vida Universitaria* (México). 20 diciembre 1970. s. pág.

Torre, Guillermo de. "Para una polémica sobre la nueva novela". *Mundo nuevo.* 34 (1969). 83-85.

Torres Rioseco, Arturo. "El arte de Juan Rulfo". *Revista mexicana de cultura.* 992 (3 abril 1966). 7.

Torriente, Loló de la. "Juan Rulfo y el arte de narrar". *El Mundo* (La Habana). 9 mayo 1964. pág. 4.

Usabiaga, Mario. "Otra lectura de *Pedro Páramo*". *Revista de la Universidad de México.* 4 (1971). 28-36.

Valadés, Edmundo. "El libro de Juan Rulfo quema las manos". *México en la cultura,* 29 noviembre 1953. s. pág.

Véas Mercado, Luis Fernando. " 'Macario' ". *Nueva narrativa hispanoamericana.* 4 (1974). 275-282.

Verzasconi, Ray. "Juan Rulfo y 'La Cordillera': The Fox is Wiser!". *Hispania.* 58 (1975). 330.

Von Munk Benton, Gabriela. "El ambiente rural de *El llano en llamas*". *Literatura Iberoamericana: Congreso del Instituto Internacional de Literatura Iberoamericana.* México, 1965.

Waller, Claudia Joan. "The Opaque Labyrinth: Chiaroscuro and the Evolution of the Spanish American Novel". Tesis doctoral. University of Miami, 1975. (El Capítulo VI está dedicado a la obra de Rulfo.)

Wickenden, Dan. "A Haunting Mexican Novel: *Pedro Páramo*". *New York Herald Tribune Book Review*. 2 agosto 1959. pág. 5.

X. Y. Z. "Rulfo por carambola". *México en la cultura* (México). 22 abril 1962. pág. 2.

Xirau, Ramón. "*Pedro Páramo*, the First Novel of Juan Rulfo". *Recent Books in Mexico*. 1 (1955). 3.

_____. "Books in Review: *Pedro Páramo*". *The News* (México). 24 mayo 1959. s. pág.

_____. "Juan Rulfo: Nuevo escritor de México". *Insula*. 16 (1961), 4.

Yáñez, Agustín. Palabras en la ceremonia de la entrega de premios del Premio Nacional de Letras, 1970. *El Día*. 26 noviembre 1970.

Zaid, Gabriel. "Artículo sobre Rulfo". *La cultura en México*. 29 mayo 1968. pág. xiii.

Zapata Olivella, Manuel. "La atmósfera socioantropológica en la novelística de Juan Rulfo". *Boletín Cultural y Bibliográfico* (Bogotá). 11 (1968). 143-146.

Zelaya, María Elena. "*El llano en llamas*". *Revista interamericana de bibliografía*. 3 (1954). 241.

Zendejas, Francisco. "Los libros de última hora: *El llano en llamas*". *México en la cultura* (México). 1 noviembre 1953. pág. 2.

_____. "Donde los sollozos hablan". *México en la cultura* (México). 24 abril 1955. págs. 2, 5.

_____. "Yet. . .". Reseña de la segunda edición corregida y aumentada de *El llano en llamas*. *Excelsior* (México). 25 septiembre 1970. pág. 27-A.

3. Libros y ensayos generales que se refieren a la obra de Rulfo

Alegría, Ciro. "Notas sobre el personaje en la novela hispanoamericana". *Memorias del V Congreso del Instituto de Literatura Iberoamericana*. Albuquerque, Nuevo México, 1955.

Alegría, Fernando. *Breve historia de la novela hispanoamericana*. México: Ediciones de Andrea, 1959.

_____. *La novela hispanoamericana del siglo XX*. Buenos Aires: Centro Editor de América Latina, 1967.

Algaba Martínez, Leticia. "Notas sobre la novela mexicana en los últimos quince años". *Armas y letras*. 1 (1962). 5-24.

Alvarez, Federico. "1953/63: La novela mexicana". *La cultura en México* (México). 3 julio 1963. págs. xiii-xv.

Alvarez Z., María Admes. *Literatura mexicana e hispanoamericana*. Décima edición. México: Editorial Porrúa, 1970.

Anderson Imbert, Enrique. "Formas en la novela contemporánea". *Crítica interna*. Madrid: Taurus, 1961.

_____. *Spanish American Literature: A History*, trad. John V. Falconieri. Detroit: Wayne State University Press, 1963.

Nila Gutiérrez Marrone

Anderson Imbert, Enrique. "La novela en América Latina". *Cuadernos* (París). 89 (1964). 7-13.

——. *Historia de la literatura hispanoamericana, II.* México: Fondo de Cultura Económica, 1966.

Anónimo. "Prose and Poetry in Spanish America: The Move Away from European Styles and Themes". *The Times Literary Supplement.* 5 agosto 1955. pág. xlviii.

——. "Las dos mejores novelas de 1955". *México en la cultura* (México). 15 enero 1956. pág. 2.

——. "Fifteen Young Mexican Writers". *Recent Books in Mexico* (Bulletin of the Centro Mexicano de Escritores). 3 (1957). 1-2, 6-7.

——. "Cinco grandes cuentistas". *Tiempo* (México). 7 septiembre 1964. pág. 98.

——. "Notas para un panorama de la novela en América Latina". *Revista nacional de cultura.* 29 (1967). 76-113.

——. "Aguja de diversos. . . ". *La cultura en México* (México). 29 mayo 1968. pág. xiii.

——. "Escaparate". *México en la cultura* (México). 4 (1970). 7.

Arrom , José Juan. *Esquema generacional de las letras hispanoamericanas: Ensayo de un método.* Bogotá: Instituto Caro y Cuervo, 1963.

Aub, Max. *Guía de narradores de la Revolución Mexicana.* México: Fondo de Cultura Económica, 1969.

Augier, Angel. "Polémica de la novela". *Unión* (Revista de la Unión de Escritores y Artistas de Cuba). 6 (1968). 139-46.

Baez, Ivette J. de. "Desacralización y búsqueda en la novela mexicana actual". *Revista de estudios hispánicos* (Puerto Rico). *I* (1972). 173-183.

Baker, Armand F. "El tiempo en la novela hispanoamericana". Tesis doctoral. University of Iowa, 1968.

Benavides, Ricardo F. "Hacia una poética del mito en la nueva narrativa hispanoamericana". *Chasqui: Revista de literatura latinoamericana.* 2 (s. f.). 2, 5-9.

Brotherson, Gordon y Mario Vargas Llosa. "Introducción". *Seven Stories from Spanish America.* Nueva York: Pergamon Press, 1968.

Brushwood, John S. y José Rojas Garcidueñas. *Breve historia de la novela mexicana.* México: Ediciones de Andrea, 1959.

Brushwood, John. *Mexico in Its Novel.* Austin: University of Texas Press, 1966.

Caballero Calderón, Eduardo. "La novela y la soledad". *Cuadernos* (París). 70 (1963). 26-28.

Camacho Guizado, Eduardo. "Notas sobre la nueva novela hispanoamericana". *Nueva narrativa hispanoamericana.* *I* (1971). 133-135.

Cambours, Arturo. *El problema de las generaciones literarias.* Buenos Aires, 1963.

Campos, Jorge. "Narradores mexicanos de Rubén Darío a Luis Spota". *Insula.* 24 (1969). 11.

Campos, Julieta. "¿Realismo mágico o realismo crítico?". *Revista de la Universidad de México.* 15 (1961). 4-8.

Carballo, Emmanuel. "Las letras mexicanas de 1949 a 1954". *Ideas de Mé-*

162

xico. 5 (1954). 3-12.

Carballo, Emmanuel. "Cuentistas jóvenes de México". *Revista de la Universidad de México.* 11 (1956). 4.

———. *Cuentistas mexicanos modernos.* México: Eds. Libro-Mex, 1956.

———. "Mi pequeña constelación jaliciense". *Universidad de México.* 11 (1957). 4.

———. "Los diez mejores cuentos mexicanos del siglo XX según Luis Leal". *México en la cultura* (México). 28 agosto 1960. pág. 4.

———. "Del costumbrismo al realismo crítico". *Casa de las Américas* (La Habana). 3 (1963). 3-19.

———. *El cuento mexicano del siglo XX.* México: Empresas Editoriales, 1964.

———. "La prosa narrativa en México". *Casa de las Américas* (La Habana). 5 (1965). 3-17.

———. "Historia sexenal del cuento mexicano". *La cultura en México.* 12 mayo 1965. págs. ii-iii.

———. *Diecinueve protagonistas de la literatura mexicana del siglo XX.* México: Empresas Editoriales, 1965.

———. "El cuento jaliciense". *México en la cultura.* 5 marzo 1966.

———. "La narrativa mexicana de hoy". *Sur.* 320 (1969). 2-14.

Carter, Boyd G. *Literatura hispanoamericana a través de sus revistas.* México: Ediciones de Andrea, 1968.

Castagnino, Raúl. "Algunos rasgos comunes en la novela hispanoamericana actual". *La novela iberoamericana contemporánea: XIII Congreso Internacional de Literatura Iberoamericana,* 1968.

———. "Algunas cuestiones de sociología literaria frente a la nueva novela hispanoamericana". *Nueva narrativa hispanoamericana. II* (1972). 33-34.

Castellanos, Rosario. "La novela mexicana contemporánea". *México en la cultura* (México). 22 agosto 1960. págs. 1, 5, 10. Publicado también en *Juicios sumarios.* Xalapa, Veracruz: Universidad Veracruzana, 1966.

———. "La novela mexicana contemporánea y su valor testimonial". *Hispania.* 47 (1964). 223-230.

———. "Tendencias de la novelística mexicana contemporánea". *Universidad de México.* s. n. (1966).

Castro, Rosa. "La responsabilidad del escritor: Una entrevista con Alí Chumacero". *México en la cultura* (México). 21 febrero 1954. 3

Coddou, Marcelo. "Del cuento naturalista al superrealista en Hispanoamérica". *Nueva narrativa hispanoamericana. II* (1972). 196-198.

Cohen, J. M. "Tendencias indias y europeas en la literatura reciente mexicana". *La Gaceta del Fondo de Cultura Económica.* 2 (1955). 3.

Colina, José de la. "Novelistas mexicanos contemporáneos". *La palabra y el hombre* (México). s. n. (1959). 574-589.

Congrains Martin, Enrique. *Antología contemporánea del cuento mexicano.* México: Instituto Latinoamericano de Vinculación Cultural, 1963.

Couffon, Claude. "La muerte lleva el juego", trad. José Emilio Pacheco. *Estaciones.* 4 (1959). 494-495.

———. "Carlos Fuentes y la novela mexicana". *Cuadernos del Congreso por*

Nila Gutiérrez Marrone

la Libertad de la Cultura. 42 (1960). 67-69.

Coulthard, Gabriel R. "Spanish American Novel: 1940-1965". *Caribbean Quarterly*. 12 (1967). 3-29.

Courtney, Winifred F. *The Reader's Adviser: A Guide to the Best in Literature*. Eleventh edition. Nueva York: R. R. Bowker, 1968.

Cruz Castelán, Charlotte Abbott. "Vista general del cuento corto contemporáneo de México y de los Estados Unidos de Norteamérica". Tesis. Universidad Nacional Autónoma de México, Escuela de Verano, 1956.

Chavarri, Raúl. "La novela moderna mexicana". *Cuadernos hispanoamericanos*. 58 (1964). 368-379.

―――. "Notas para el descubrimiento de una novela". *Cuadernos hispanoamericanos*, 60 (1964). 526-531.

―――. "El personaje de la moderna novela mexicana". *Cuadernos hispanoamericanos*. 215 (1968). 395-400.

Chumacero, Alí. "Las letras mexicanas en 1953". *Las letras patrias*. (México). 1 (1954). 117-118.

―――. "Las letras mexicanas en 1955". *Universidad de México*. 10 (1956). 25-29.

Díaz Seija, Pedro. "Una ojeada a la novelística hispanoamericana en cinco dimensiones". *La novela iberoamericana contemporánea: XIII Congreso Internacional de Literatura Iberoamericana*, 1968.

Earle, Peter C., ed. *Voces hispanoamericanas*. Nueva York: Harcourt, Brace & World, Inc., 1966.

―――. "Camino oscuro: la novela hispanoamericana contemporánea". *Cuadernos americanos*. 26 (1967). 204-222.

Englekirk, John E. "Mexican Literature Today: 1950-1963". *The Caribbean and Mexico Today*. ed. A. Curtis Wilgus. Gainsville, Florida: University of Florida Press. 1964.

Esquenazi-Mayo, Roberto. "Marginal Note on the Twentieth Century Spanish American Novel". *Prairie Schooner*. 39 (1964). 126-131.

Flores, Angel. "La novela y el cuento en Hispanoamérica". *Et Caetera* (México). 6 (1953). 54.

―――. "Magical Realism in Spanish American Fiction". *Hispania*. 38 (1955). 187-193.

―――. "Los cuentos de hoy". *Américas* (México). 8 (1956). 36-37.

―――. "Introduction". *Great Spanish Stories*. Nueva York: Dell, 1962.

Fontaine, Joffre de la. *Diez cuentos mexicanos contemporáneos*. Xalapa, Veracruz: Universidad Veracruzana, 1967.

Fornet, Ambrosio. "La nueva narrativa y sus antecedentes". *Casa de las Américas*. 4 (1964). 3-10.

Franco, Jean. *An Introduction to Spanish American Literature*. Cambridge: Cambridge University Press, 1969.

―――. *The Modern Culture of Latin America*. Baltimore: Penguin Books, 1970.

Fressard, Jacques. "Cultura americana en Europa". *Excelsior* (México). 22 enero 1967. pág. 7.

Galaos, José Antonio. "Hispanoamérica a través de sus novelas". *Cuadernos hispanoamericanos*. 143 (1961). 241-249.

Bibliografía

Gally C., Héctor. "Prefacio". *30 cuentos de autores mexicanos jóvenes*, 1967. *Vide supra*, A. 1. a.

Gertel, Zunilda. *La novela hispanoamericana contemporánea*. Buenos Aires, Editorial Columba, Nuevos Esquemas, 1970.

Gill, Mary Joyce. "Perimeters of Experience in the Contemporary Mexican Short Story". Tesis doctoral. Texas Technological University, 1975.

Giordano, Jaime. "Hacia una definición del realismo en la novela hispanoamericana contemporánea". *Nueva narrativa hispanoamericana. I* (1971). 127-132.

———— y Charles Vance, eds. *Hispanoamérica mágica y misteriosa: Once relatos*. Nueva York: Holt, Rinehart & Winston, 1973.

Goic, Cedomil. "Estructura de la novela hispanoamericana contemporánea". *La naturaleza y el hombre en la novela hispanoamericana: Primer Seminario Internacional de Literatura Hispanoamericana*. Antofagasta, Chile: Universidad del Norte, 1969.

Gómez-Gil, Orlando. *Historia crítica de la literatura hispanoamericana*. Nueva York: Holt, Rinehart & Winston, 1968.

González, Manuel Pedro. *Trayectoria de la novela en México*. México: Ediciones Botas, 1961.

————. "La novela hispanoamericana en el contexto de la internacional". *Coloquio sobre la novela hispanoamericana*. México: Fondo de Cultura Económica, 1967.

González Casanova, Enrique. "La actividad cultural en México: Análisis general". *El Día* (México). 26 junio 1962. pág. 5.

————. "Un cuento de nunca acabar: los cuentistas". *La cultura en México* (México). 17 julio 1963. págs. 24-25.

González Peña, Carlos. *History of Mexican Literature*. Traducción de Gustav Barfield Nance y Florence Johnson Dunstan. Dallas: Southern Methodist University, 1968.

————. *Historia de la literatura mexicana: Desde los orígenes hasta nuestros días*. Con un apéndice elaborado por el Centro de Estudios Literarios de la Universidad Nacional Autónoma de México. México: Editorial Porrúa, 1969.

González y Contreras, Gilberto. "Las letras mexicanas durante medio siglo". *Cuadernos*. 9 (1956). 168-174. Publicado también en *Boletín Bibliográfico de la Secretaría de Hacienda y Crédito Público*. 10 octubre 1956. pág. 3.

Goodsell, J. N. "Mexican Miniatures". *Christian Science Monitor*. 4 de enero 1968. pág. 11.

Hamilton, Carlos D. "La novela actual de Hispanoamérica". *Cuadernos americanos*. 187 (1973). 223-251.

Helvig, Werner. "Mexikanischer Orpheus". *Stuttgarter Zeitung*. 8 noviembre 1958.

Henestrosa, Andrés. "La nota cultural". *El Nacional* (Caracas). 22 abril 1966. pág. 3.

Hernández, Julia. *Novelistas y cuentistas de la Revolución*. México: Unidad Mexicana de Escritores, 1960.

Iglesias, Ignacio. "Novelas y novelistas de hoy". *Mundo nuevo*. 28 (1968),

165

Nila Gutiérrez Marrone

84-88.

Jaen, Dider R. *Los narradores ante el público*. México: Joaquín Mortiz, 1966.

Kulin, Katalin. "Reasons and Characteristics of Faulkner's Influence on Modern Latin-American Fiction". *Acta Litteraria Academiae Scientiarum Hungaricae* (Budapest). 13 (1971). 349-363.

Latcham, Ricardo. "Perspectivas de la literatura hispanoamericana contemporánea". *Atenea*. 38 (1958). 305-336.

Leal, Luis. "The Mexican Short Story". *Arizona Quarterly*. 12 (1956). 24-34.

——. *Breve historia del cuento mexicano*. México: Ediciones de Andrea, 1956.

——, ed. *Antología del cuento mexicano*. México: Ediciones de Andrea, 1957.

——. "Trends in the Development of the Spanish American Novel". *Emory University Quarterly*. 13 (1957). 27-34.

——. *Bibliografía del cuento mexicano*. México: Ediciones de Andrea, 1958.

——. "Escritores del México actual". *La nueva democracia*. 40 (1960).

——. "The New Mexican Short Story". *Studies in Short Fiction*. 8 (1971). 9-19.

——. *México: Civilizaciones y culturas*. Boston: Houghton Mifflin Co., 1971.

——, ed. *Cuentistas hispanoamericanos del siglo veinte*. Nueva York: Random House, 1972.

——. "La nueva narrativa mexicana". *Nueva narrativa hispanoamericana, II* (1972). 89-97.

Leal Cortes, Alfredo. "50 años de literatura mexicana". *Mañana*. 13 octubre 1959. pág. 124-126.

Loveluck, Juan. "Notas sobre la novela hispanoamericana actual". *Hispania*. 48 (1965). 220-225.

——. "Una revisión de la novela hispanoamericana". *Atenea*. 163 (1966). 139-148.

——. "Introducción: Crisis y renovación de la novela hispanoamericana". *La novela hispanoamericana*, 1969. *Vide supra*, B. 1.

Lyon, Thomas E. "Orderly Observation to Symbolic Imagination: The Latin American Novel from 1920 to 1960". *Hispania*. 54 (1971). 445-451.

Magill, Frank N., ed. *Survey of Contemporary Literature, V*. Nueva York: Salem Press, 1971.

Martínez, José Luis. *Literatura mexicana del siglo XX*. México: Antigua Librería Robredo, 1950.

——. *La emancipación literaria de México*. México: Antigua Librería Robredo, 1955.

——. "La literatura mexicana actual (1954-1959)". *Revista de la Universidad de México*. 14 (1959). 11-17.

——. "Las letras patrias". *México y la cultura*. México: Secretaría de Educación Pública, 1961.

——. "La literatura". *México: Cincuenta años de revolución—la Cultura, IV*. México: Fondo de Cultura Económica, 1962.

Bibliografía

Maura Ocampo, Aurora. *Literatura mexicana contemporánea, bibliografía crítica*. Tesis. Facultad de Filosofía y Letras, Universidad Nacional Autónoma de México, 1963.

McMurray, George. "Current Trends in the Mexican Novel". *Hispania*. 51 (1968). 532-537.

Menton, Seymour. *El cuento hispanoamericano: Antología crítico-histórica*. México: Fondo de Cultura Económica, 1964.

Meregalli, Franco. *Narratori Messicani*. Milán, 1957.

Miliani, Domingo. *La realidad mexicana de su novela de hoy*. Caracas: Monte Avila, 1968.

Millán, María del Carmen. "Las novelas clásicas mexicanas de los últimos veinticinco años". *Revista iberoamericana*. 35 (1969). 521-529.

Monguió, Luis. "A Decade of Spanish American Prose Writing". *Hispania*. 40 (1957). 287-289.

Monterde, Francisco. "The Mexican Short Story, from the Revolution to the Present". *Recent Books in México*. 2 (1956). 1 y 6.

Mora, Gustavo. "Reconocen la preocupación de GDO [sic] por exaltar los valores culturales". *Novedades*. 26 noviembre 1970. págs. 1 y 9.

Ocampo de Gómez, Aurora M. *Literatura mexicana contemporánea*. México: Universidad Nacional Autónoma de México, 1965.

_____. *Diccionario de escritores mexicanos*. México: UNAM, Centro de Estudios Literarios, 1967.

Olza Zubiri, Jesús. "Novelistas contemporáneos hispanoamericanos". *Estudios centroamericanos* (San Salvador). 21 (1966). 215-218.

Ortega, Julio. *La contemplación y la fiesta: Notas sobre la novela latinoamericana actual*. Caracas: Monte Avila, 1969.

Ospina, Uriel. *Problemas y perspectivas de la novela americana*. Bogotá, 1964.

Pagés Larraya, Antonio. "Tradición y renovación en la novela hispanoamericana". *Mundo nuevo*. 34 (1969). 76-82.

Passafari, Clara. "Apuntes para una comprensión de la novela mexicana actual". *Universidad* (Santa Fe, Argentina). 68 (1966). 267-296.

Poniatowska, Elena. *Palabras cruzadas*. México: Era, 1961.

Prenz, Juan Octavio. "La temática de la novela hispanoamericana". *Filoski Pregled* (Belgrado). 3 (1964). 89-101.

Rama, Angel. "Diez problemas para el novelista latinoamericano". *Casa de las Américas*. 4 (1964). 8-43. También publicado en *La novela hispanoamericana*, 1969. *Vide supra*, B. 1.

_____. "Fantasmas, delirios y alucinaciones". *Actual narrativa latinoamericana*. La Habana: Casa de las Américas, 1969.

Ríos, Roberto E. *La novela y el hombre hispanoamericano: El destino humano en la novela hispanoamericana contemporánea*. Buenos Aires: Editorial y Librería la Aurora, 1969.

Roa Bastos, Augusto. "La narrativa latinoamericana actual". *Temas* (Montevideo). 2 (1965). 3-12.

_____. "Imagen y perspectiva de la literatura actual". *Universidad* (El Salvador). 1 (1968). 8-17.

Rodman, Selden. *Mexican Journal: The Conquerors Conquered*. Nueva

Nila Gutiérrez Marrone

York: Devin-Adair, Co., 1958.

Rodríguez, J. M. "La inversión intelectual es tanto o más importante para el país que la económica". *El Día* (México). 26 noviembre 1970. pág. 1.

Rodríguez Monegal, Emir. "The New Novelists". *Encounter* (Londres). 25 (1965). 97-109. También publicado en *La novela iberoamericana contemporánea: XIII Congreso Internacional de Literatura Iberoamericana*, 1968, en versión española. *Vide supra*, B. 1.

———. "La nueva novela en Latinoamérica". *Life en español*. 25 (15 marzo 1965). También publicado en *La novela hispanoamericana*, 1969. *Vide supra*, B. 1.

Roja Zea, Rodolfo. "México en las Ciencias, la Pintura y las Letras, según los Premios". *Excelsior* (México). 22 noviembre 1970. pág. 1-A, 18-A.

Romero, Graciela. "Nuevos descubridores de América: Novelistas desterrados". *Excelsior* (México). 15 diciembre 1968. pág. 6-A.

Rosaldo, Renato. "A General Survey of the Contemporary Novel in Mexico". *Arizona Quarterly*. 11 (1955). 101-116.

———. "A Decade of Mexican Literature: 1950-1960". *Arizona Quarterly*. 16 (1955). 319-331.

Sábato, Ernesto. "Realidad y realismo en la literatura de nuestro tiempo". *Cuadernos hispanoamericanos*. 178 (1964). 5-20.

Sainz, Gustavo. "Diez años de literatura mexicana". *Espejo* (México). 1 (1967). 167-173.

Salazar Mallén, Rubén. "El mensaje en la obra". *El Universal* (México). 21 junio 1955. pág. 3.

———. "Siglo y medio de la novela mexicana: Boceto de un ensayo". *Mañana* (México). 892 (1960). 204-205.

Sánchez, William T. "El cuento hispanoamericano". *Revista iberoamericana*. 16 (1950). 30.

Schneider, Luis Mario. *La literatura mexicana, II*. Buenos Aires: Centro Editora de América Latina, 1967.

Schulman, Ivan, et. al. *Coloquio sobre la novela hispanoamericana*. México: Fondo de Cultura Económica, 1967.

———. "La novela hispanoamericana y la nueva técnica". *Universidad de Antioquía*. 171 (1968). 75-94.

Schwartz, Kessel. *A New History of Spanish American Fiction: Social Concern, Universalism, and the New World, II*. Coral Gables, Florida: Univesity of Miami Press, 1972.

Sommers, Joseph. "The Present Moment in the Mexican Novel". *Books Abroad*. 40 (1966). 261-266.

Sousa, Raymond. "Language vs. Structure in the Contemporary Spanish American Novel". *Hispania*. 52 (1969). 833-839.

Torres Rioseco, Arturo. "Novelistas contemporáneos de América". *Papeles de Son Armadans*. 28 (1963). 125-144.

———. "Spanish-American Novelists of Today". *Aspects of Spanish-American Literature*. Seattle: University of Washington Press, 1963.

———. "Notas para el desarrollo de la literatura hispanoamericana desde 1916". *Hispania*. 50 (1967). 955-962.

Traba, Marta. "Crónica de México". *Revista Eco* (Bogotá). 1965.

Undarraga, Antonio de. "Crisis en la novela latinoamericana". *Cuadernos* (París). 80 (1963). 62-65.

Valadés, Edmundo. "El cuento mexicano reciente". *Armas y letras.* 3 (1960). 19-30.

Valbuena Briones, Angel. "Una cala en el realismo mágico". *Cuadernos americanos.* 166 (1969). 233-241.

Valenzuela, Alberto. "Nuevos ingenios mexicanos". *Abside.* 22 (1958). 81-100.

Vásquez A., José. "A Literary Letter from Mexico". *The New York Book Review.* 16 septiembre 1956. pág. 45.

Vela, Arqueles. *Fundamentos de la literatura mexicana.* México: Editorial Patria, 1966.

Vélez, Joseph Francisco. "El tema de la muerte en la novela contemporánea mexicana". Tesis doctoral. University of Oklahoma, 1969.

Verdugo, Iber H. "Perspectivas de la actual novela hispanoamericana". *Mundo nuevo.* 28 (1968). 75-83.

Von Hanffstengel, Renate. "El México de hoy en la novela y el cuento". Tesis. Universidad Nacional Autónoma de México, Escuela de Verano, 1966.

Washburn, Yulan M. "*Cosmopolitanismo* in the Contemporary Mexican Short Story". Tesis doctoral. University of North Carolina, 1967.

Xirau, Ramón. "Mexicanism: The Theory and the Reality". *Texas Quarterly.* 2 (1959). 22-35.

———. "Variety and Contrast: The New Literature". Traducción de Juan M. Alonso. *Atlantic.* 213 (1964). 142-145.

Zendejas, Francisco. "Carta a los intelectuales de México". *Revista de América.* 31 julio 1955. págs. 11-13.

C. General: Obras de literatura, de crítica literaria y de lingüística

1. Libros que contienen más de un ensayo utilizado en este estudio

Essays on the Language of Literatures. Eds. Seymour Chatman y Samuel Levin. Boston: Houghton Mifflin Co., 1967.

Style in Language. Ed. Thomas A. Sebeok. Cambridge, Mass.: The M. I. T Press, 1968.

Contemporary Essays on Style. Eds. Glen A. Love y Michael Payne. Glenview, Ill.: Scott, Foresman and Co., 1969.

Linguistics and Literary Style. Ed. Donald C. Freeman. Nueva York: Holt, Rinehart and Winston, Inc. 1970.

Nila Gutiérrez Marrone

Essays in Stylistic Analysis. Ed.Howard S. Babb. Nueva York: Harcourt Brace Jovanovich, Inc., 1971.
Homenaje a Gabriel García Márquez. Ed.Helmy F. Giacoman. Nueva York: Las Américas Publishing Co., 1972.
Los fundamentos de la gramática transformacional, segunda edición. Ed. Heles Contreras. México: Siglo XXI Editores, 1973.

a. Obras de literatura y de crítica literaria

Agudiéz, Juan Ventura. *Inspiración y estética en 'La Regenta' de Clarín.* Oviedo: Imprenta La Cruz, 1970.
Alas, Leopoldo (Clarín). *La Regenta.* Madrid: Alianza Editorial, 1969.
Alazraki, Jaime. "Para una revalidación del concepto 'realismo mágico' en la literatura hispanoamericana". *Homenaje a Andrés Iduarte.* Eds. Jaime Alazraki, Roland Grass, Russell O. Salmon. Clear Creek, Indiana: The American Hispanist Inc., 1976.
Alonso, Dámaso. *Poesía española. Ensayo de métodos y límites estilísticos.* Madrid: Biblioteca Románica Hispánica, Editorial Gredos, 1950.
Azuela, Mariano. *Los de abajo.* México: Fondo de Cultura Económica, 1967.
Bermúdez, María Elvira. *México y lo mexicano: tres ensayos.* México: Antigua Librería Robredo, 1955.
Castagnino, Raúl H. *El análisis literario: Introducción metodológica a una estilística integral.* Buenos Aires: Editorial Nova, 1973.
Cortázar, Julio. "Algunos aspectos del cuento". *Casa de las Américas.* 2 (1963).
Daydí, Santiago. "Characterization in *Los de abajo*". *The American Hispanist.* 2 (1976). 9-11.
Forster, E. M. *Aspects of the Novel.* Nueva York: Harcourt, Brace & World, Inc., 1954.
García Márquez, Gabriel. *Cien años de soledad.* Buenos Aires: Editorial Sudamericana, 1967.
Gullón, Ricardo. *García Márquez y el arte de contar.* Madrid: Taurus Ediciones, 1970.
Higginson, Fred H. "Style in *Finnegan's Wake*", (abstract). *Style in Language,* 1968. *Vide supra,* C. 1.
Keller, Gary D. "Mariano Azuela's *Los de abajo*: Revolution as the Redress of Affronted Honor". Ensayo no publicado.
Leal, Luis. "El realismo mágico en la literatura hispanoamericana". *Cuadernos americanos.* 153 (1967). 230-235.
Lukács, György. *Teoría de la novela.* Traducción de Juan José Sebreli. Buenos Aires: Ediciones Siglo Veinte, s. f.
Ohmann, Richard. *Shaw: The Style and the Man.* Middletown, Conn.: Wesleyan University Press, 1962.
Ortiz Aponte, Sally. *Las mujeres de "Clarín".* Barcelona: Artes Gráficas Medinaceli, 1971.
Otero, Carlos Peregrín. *Letras I.* Barcelona: Editorial Seix Barral, 1972.
Paz, Octavio. *Corriente alterna.* México: Siglo Veintiuno Editores, 1967.

170

Paz, Octavio. *El laberinto de la soledad.* México: Fondo de Cultura Económica, 1969.

Propp, Valdimir. *Morfología del cuento.* Argentina: Editions Gallimard, 1972.

Rodríguez Monegal, Emir. "Novedad y anacronismo de *Cien años de soledad".* *Homenaje a Gabriel García Márquez,* 1972. *Vide supra,* C. 1.

Sobejano, Gonzalo. *El epíteto en la lírica española.* Madrid: Editorial Gredos, 1970.

Vargas Llosa, Mario. *García Márquez: Historia de un deicidio.* Barcelona: Barral Editores, 1971.

Valbuena Briones. "Una cala en el realismo mágico". *Cuadernos americanos.* 166 (1969). 233-241.

Villavicencio, Laura N. "Reiteración y extremismo en el estilo creativo de Clarín". *Hispania.* 54 (1971). 459-469.

Volkening, Ernesto. "Gabriel García Márquez o el trópico desembrujado". *Homenaje a Gabriel García Márquez,* 1972. *Vide supra,* C. 1.

b. Obras de lingüística

Allen, J. P. B. y Pit S. Corder, eds. *Techniques in Applied Linguistics.* (The Edinburgh Course in Applied Linguistics, III). London: Oxford University Press, 1974.

Alarcos Llorach, Emilio. *Gramática estructural.* Madrid: Editorial Gredos, 1969.

Alonso, Amado. "Para la lingüística de nuestro diminutivo". *Humanidades.* (La Plata). 1930.

———. *Estudios lingüísticos.* Temas españoles. Madrid: Biblioteca Románica Hispánica, Editorial Gredos, 1951.

Alonso, Martín. *Evolución sintáctica del español.* Madrid: Aguilar, 1972.

Bierwisch, Manfred. "Poetics and Linguistics". *Linguistics and Literary Style,* 1970. *Vide supra,* C. 1.

Brown, Roger and Albert Gilman. "The Pronouns of Power and Solidarity". *Style in Language,* 1968. *Vide supra,* C. 1.

Burke, Kenneth. *Language as Symbolic Action.* Los Angeles: University of California Press, 1966.

Burt, Marina K. *From Deep to Surface Structure: An Introduction to Transformational Grammar.* Nueva York: Harper and Row, Publishers, 1971.

Cárdenas, Daniel. "El español de Jalisco: Contribución a la geografía lingüística hispanoamericana". *Revista de filología española.* Madrid: Consejo Superior de Investigaciones Científicas, Anexo LXXXV, 1967.

Castro Leal, Antonio. "Vocabulario". *La novela de la Revolución Mexicana, II.* Madrid: Aguilar, 1962.

Cole, Bennett Ogburn. "Spanish Relative Clauses and Descriptive Adjectives: A Semantic Approach". Tesis doctoral. Georgetown Univerity, 1975.

Contreras, Heles. *A Theory of Word Order With Special Reference to Spanish.* Amsterdam: North-Holland Publishing Co. (The Linguistic Series Analysis, Vol. 29), 1976.

171

Nila Gutiérrez Marrone

Cook, Gerard Le Strang. "Mode, Code, and Performance: Analyses and Discussions of the Indicative/Subjunctive Contrast in Spanish with Reference to a Theory of Language Use". Tesis doctoral. University of California, Los Angeles, 1975.

Corbett, Edward P. J. "A Method of Analyzing Prose Style with a Demonstration Analysis of Swift's *A Modest Proposal*". *Contemporary Essays on Style*, 1969. *Vide supra*, C. 1.

Coseriu, Eugenio. *Teoría del lenguaje y lingüística general*. Madrid: Editorial Gredos, 1967.

Cressey, William W. "Relativos e interrogativos en español: Análisis transformacional". *Lenguaje* (Cali, Colombia). 1 (1972). 99-114.

Chatman, Seymour y Samuel Levin, Eds. *Essays on the Language of Literature*, 1967. *Vide supra*, C. 1.

Chomsky, Noam. *Syntactic Structures*. La Haya: Mouton, 1957.

———. *Aspects of the Theory of Syntax*. Cambridge, Mass.: The M. I. T. Press, 1965.

———. *Language and Mind*. Nueva York: Harcourt Brace Jovanovich, Inc., 1972.

———. *Aspectos de la teoría de la sintaxis*. Traducción de Carlos Peregrín Otero. Madrid: Aguilar, 1971.

———. *Studies on Semantics in Generative Grammar*. La Haya: Mouton, 1972.

Christensen, Francis. "A Generative Rhetoric of the Paragraph". *Contemporary Essays on Style*, 1969. *Vide supra*, C. 1.

Diccionario de la lengua española. Décimo-octava edición. Madrid: Real Academia Española, 1956.

Farmer, Harry. "A Transformational Analysis of Pronominalization Rules in Spanish". Tesis doctoral. Georgetown Univesity, 1973.

Farmer, Jill. "A Transformational Analysis of Comparison in Spanish". Tesis doctoral. Georgetown University, 1973.

Foley, J. A. "Spanish Morphology". Tesis doctoral. Massachusetts Institute of Technology, 1965.

Fowler, Roger. "Linguistics, Stylistics: Criticism?". *Contemporary Essays on Style,* 1969. *Vide supra*, C. 1.

Frengle, Dennis Paul. "A Generative Phonology of Thirteenth-Century Castillian". Tesis doctoral. The University of Michigan, 1975.

Freyre, María Luisa. "Personal Pronominalization in Spanish". Tesis doctoral. University of Illinois, Champaign-Urbana, 1974.

García, Elena. *The Role of Theory in Linguistics*. Amsterdam: North Holland Publishing Co., (The Linguistic Series Analysis: The Spanish Pronoun System, Vol. 19), 1975.

Gibson, Walker. "Tough Talk: The Rhetoric of Frederick Henry". *Contemporary Essays on Style*, 1969. *Vide supra*, C. 1.

———. "Styles and Stylistics: A Model T Style Machine". *Linguistics and Literary Style*, 1970. *Vide supra*, C. 1.

Gili Gaya, Samuel. *Curso superior de sintaxis española*. Barcelona: Bibliograf, 1961.

———. *Estudios de lenguaje infantil*. Barcelona: Bibliograf, 1974.

Gooch, Anthony. *Diminutive, Augmentative and Pejorative Suffixes in Modern Spanish*. Segunda edición. Nueva York: Pergamon Press, 1970.

Green, G. M. y J. L. Morgan. *A Guide to the Study of Syntax*. Champaign-Urbana: Department of Linguistics, University of Illinois, 1972.

Hadlich, Roger. *A Transformational Grammar of Spanish*. Englewood Cliffs, New Jersey: Prentice Hall, Inc., 1971.

———. *Gramática transformativa del español*. Traducción de Julio Bombín. Madrid: Editorial Gredos, 1973.

Hayes, Curtis W. "A Study in Prose Styles: Edward Gibbon and Ernest Hemingway". *Linguistics and Literary Style*, 1970. *Vide supra*, C. 1.

Halliday, Michael A. K. "The Linguistic Study of Literary Texts". *Essays on the Language of Literature*, 1967. *Vide supra*, C. 1.

Islas Escarcega, Leovigildo. *Diccionario rural de México*. México: Editorial Comaval, 1961.

Jacobs, Roderick A. y Peter S. Rosenbaum. *English Transformational Grammar*. Waltham, Mass.: Blaisdell Publishing Co., 1968.

———. *Transformations, Style and Meaning*. Waltham, Mass.: Xerox Publishing Co., 1971.

Jakobson, Roman. "Linguistics and Poetics". *Essays on the Language of Literature*. 1967. *Vide supra*, C. 1.

Jespersen, Otto. *The Philosophy of Grammar*. Nueva York: W. W. Norton & Co., Inc., 1965.

Keller, Gary D. "La norma de solidaridad y la de poder". *The Bilingual Review/La revista bilingüe*. 1 (1974). 42-58.

Klein, George S. "The Personal World Through Perception". *Perception, An Approach to Personality*. Nueva York: The Ronald Press Co., 1951.

Krause, Florence P. "The Grammatical Aspect of Browning's Style". Tesis doctoral. The University of Tennessee, 1970.

Leech, Geoffrey. "This Bread I Break". *Linguistics and Literary Style*, 1970. *Vide supra*, C. 1.

Lope Blanch, Juan M. *Observaciones sobre la sintaxis del español hablado en México*. México: Publicaciones del Instituto Hispano-Mexicano de Investigaciones Científicas, 1953.

———. "Sobre la influencia de las lenguas indígenas en el léxico del español hablado en México". *Actas del Primer Congreso Internacional de Hispanistas* (Oxford, 6-11 septiembre 1962). Eds. Frank Pierce y Cyril A. Jones. Oxford, 1964.

López Román, Blanca. "Análisis de oraciones castellanas mediante la aplicación de reglas generativas". *Filología moderna* (Madrid). 50-51 (1974). 371-391.

Marino Flores, Anselmo. *Bibliografía lingüística de la República Mexicana*. Prólogo de Manuel Gamio. México: Instituto Indigenista Interamericano, 1957.

Martin, Rudolph Francis. "A Semantic and Syntactic Analysis of Adverbial Complementation in Spanish". Tesis doctoral. University of Colorado, 1975.

Matluck, Joseph H. "La pronunciación en el español del Valle de México". Tesis doctoral. Universidad Nacional Autónoma de México, 1951.

Nila Gutiérrez Marrone

Matluck, Joseph H. "Rasgos peculiares de la ciudad de México y del Valle". *Nueva revista de filología hispánica* (México). 6 (1952). 109-20.

Meyer, Norma L. "Syntactic Features of William Faulkner's Narrative Style". Tesis doctoral. The University of Nebraska, 1971.

Millic, Louis T. "Against the Typology of Styles". *Contemporary Essays on Style*, 1969. *Vide supra*, C. 1.

_____. "Connectives in Swift's Prose Style". *Linguistics and Literary Style*, 1970. *Vide supra*, C. 1.

Mukarovsky, Jan. "Standard Language and Poetic Language". *Linguistics and Literary Style*, 1970. *Vide supra*, C. 1.

Náñez Fernández, Emilio. *El diminutivo: Historia y funciones en el español clásico y moderno*. Madrid: Editorial Gredos, 1973.

Nuessel, Frank H. Jr. "Complement Structures in Spanish". Tesis doctoral. University of Illinois, Champaign-Urbana, 1973.

_____. "A Bibliography of Generative-Based Grammatical Analysis of Spanish". *Lenguaje y ciencias* (Universidad Nacional de Trujillo). 14 (1974). 105-125.

Ohmann, Richard. "Generative Grammars and the Concept of Literary Style". *Linguistics and Literary Style*, 1970. *Vide supra*, C. 1.

_____. "Literature as Sentences". *Essays in Stylistic Analysis*, 1971. *Vide supra*, C. 1.

_____. "Modes of Order". *Linguistics and Literary Style*, 1970. *Vide supra*, C. 1.

_____. "Prolegomena to the Analysis of Prose Style". *Essays in Stylistic Analysis*, 1971. *Vide supra*, C. 1.

Paulín, Georgina. *Monolingües y bilingües en la población de México, en 1960*. México: Instituto de Investigaciones Sociales, Universidad Autónoma de México, 1971.

Perlmutter, David M. *Deep and Surface Structure Constraints in Syntax*. Nueva York: Holt, Rinehart and Winston, Inc., 1971.

Prado, Marcial. "A Transformational Analysis of Clitic Pronouns in Spanish". Tesis doctoral. Georgetown University, 1975.

Ramos, Antonio Manuel. "The Concept of Auxiliary in Spanish: A Transformational View". Tesis doctoral. Columbia University, 1973.

Richards, I. A. "Poetic Process and Literary Analysis". *Essays on the Language of Literature*, 1967. *Vide supra*, C. 1.

Ricón Gallardo, Carlos. *Diccionario ecuestre*. México, 1945.

Riffaterre, Michael. "Criteria for Style Analysis". *Word*. 15 (1959). 154-174.

_____. "Stylistic Content". *Word*. 16 (1960). 207-218.

_____. "Describing Poetic Structures: Two Approaches to Baudelaire's 'Les Chats' ". *Structuralism*. Ed. Jacques Ehrmann. Nueva York: Anchor Books, 1970.

Rimblas, Mary. "Contextual Constraints in a Transformational Grammar of Spanish". Tesis doctoral. Georgetown University, 1973.

Rivero, María Luisa. "Una restricción de la estructura superficial sobre la negación en español". *Los fundamentos de la gramátrica transformacional*, 1973. *Vide supra*, C. 1.

_____. "Definite and Indefinite Noun Phrases in Spanish". *Linguistic Stud-*

Bibliografía

ies in Romance Languages. Washington D. C.: Georgetown University, School of Languages and Linguistics, 1974.

Rosenblat, Angel. *El castellano de España y el castellano de América.* Caracas: Universidad Central de Venezuela, 1965.

_____. *Lengua literaria y lengua popular.* Caracas: Universidad Central de Venezuela, s. f.

Ruwel, Nicolás. *Introducción a la gramática generativa.* Traducción de Elena Bombín y Marcos Martínez Hernández. Madrid: Editorial Gredos, 1974.

Sánchez, Rosaura Arteaga. "A Generative Study of Two Spanish Dialects". Tesis doctoral. The University of Texas, Austin, 1974.

Santamaría, Francisco J. *Diccionario general de americanismos.* México: Editorial Pedro Robredo, 1942.

_____. *Diccionario de mejicanismos.* México: Editorial Porrúa, 1974.

Saporta, Sol. "The Application of Linguistics to the Study of Poetic Language". *Style in Language,* 1968. *Vide supra,* C. 1.

Saussure, Ferdinand de. *Curso de lingüística general.* Traducción, prólogo y notas de Amado Alonso. Buenos Aires: Editorial Losada, 1976.

Schroten, Jan. *Concerning the Deep Structures of Spanish Reflexive Verbs.* La Haya: Mouton, 1972.

Sebeok, Thomas A. "An Analysis of Structure Content, with Application of Electronic Computer Research, in Psycholinguistics" (abstract). *Style in Language,* 1968. *Vide supra,* C. 1.

Seco, Francisco. *Gramática española.* Madrid: Aguilar, 1967.

Silva Aceves, Mariano. "Virgilio y su poeta mexicano: Estudio de formas del español de México". *Homenaje a Virgilio.* Eds. Pablo González Casanova, Joaquín Ramírez Cabana y Mariano Silva y Aceves. México, 1931.

Smith, Rosslyn Hall. "Spanish Clictic Pronouns: A Transformational Description". Tesis doctoral. The University of New Mexico, 1975.

Solé, Carlos A. *Bibliografía sobre el español en América, 1920-1967.* Washington, D. C.: Georgetown University Press, 1970.

Spencer, John y Michael J. Gregory. "An Approach to the Study of Style". *Linguistics and Literary Style,* 1970. *Vide supra,* C. 1.

Spitzer, Leo. *Linguistics and Literary History: Essays in Stylistics.* Princeton: Princeton University Press, 1948.

_____. "Linguistics and Literary History". *Linguistics and Literary Style,* 1970. *Vide supra,* C. 1.

_____. "Linguistic Perspectivism in the *Don Quijote*". *Essays in Stylistic Analysis,* 1971. *Vide supra,* C. 1.

Staczek, John J. "Problems in Case Grammar Arising from an Analysis of Spanish Texts". Tesis doctoral. Georgetown University, 1973.

Stankiewicz, Edward. "Linguistics and the Study of Poetic Language" (abstract). *Style in Language,* 1968. *Vide supra,* C. 1.

_____. "Expressive Language" (abstract). *Style in Language,* 1968. *Vide supra,* C. 1.

Swanson, T. J. "A Transformational-Generative Approach to Style in John Updike's Novels". Tesis doctoral. Southern Illinois University,

1973.

Thorne, James Peter. "Stylistics and Generative Grammars". *Linguistics and Literary Style*, 1970. *Vide supra*, C. 1.

Ullmann, Stephen. *Language and Style*. New York: Barnes and Noble, Inc. 1964.

_____ "Style and Personality". *Contemporary Essays on Style. Vide supra*, C. 1.

Voegelin, C. F. "Casual and Noncasual Utterances within Unified Structure". *Style in Language*, 1968. *Vide supra*, C. 1.

Whitley, Melvin Stanley. "Toward a Generative Theory of Dialectology with Reference to English, Scots, Spanish and German Dialect Areas". Tesis doctoral. Cornell University, 1974.

Widdowson, H. G. "Stylistics". *Techniques in Applied Linguistics, III*. Eds. P. B. Allen y S. Pit Corder. London: Oxford University Press, 1974.

Wolfe, D. L. "A Generative-Transformational Analysis of Spanish Verb Forms". Tesis doctoral. University of Michigan, 1966.

Wonder, John P. "Complementos de adjetivo del genitivo". *Hispania*. 54 (1971). 114-120.

Wright, J. R. "Spanish Verb Morphology". Tesis doctoral. Indiana University, 1972.

Zeigler, Janet De Long. "An Aspect of the Lexicon: Semantic Distinctive Features of Some Spanish Adverbs of Time". Tesis doctoral. Georgetown University, 1975.

2. Otras obras usadas en este estudio

Lewis, Oscar. *Los hijos de Sánchez*. México: Editorial Joaquín Mortiz, 1965.

_____ *Tepoztlán: Un pueblo de México*. México: Editorial Joaquín Mortiz, 1968.

_____ *Pedro Martínez*. México: Editorial Joaquín Mortiz, 1970.

Pozas, Ricardo. *Juan Pérez Jolote: Biografía de un tzotzil*. México: Fondo de Cultura Económica, 1973.

Reyes Nevares, Salvador. "El machismo en México". *Nuevo mundo*. 46 (1970). 14-30.

Romero-Buj, Sebastián. "Hispanoamérica y el machismo". *Nuevo mundo*. 46 (1970). 28-32.

Russell, Ewing C., ed. *Six Faces of Mexico: History, People, Government, Economy, Literature and Art*. Tucson: University of Arizona Press, 1966.